李晓波资助翻译出版

Enterprising Nonprofits: A Toolkit for Social Entrepreneurs by J.Gregory Dees,Jed Emerson & Peter Economy

ISBN: 9780471397359

中国人民大学中国公益创新研究院推荐教材

非营利管理译丛

主编／康晓光 郭超

# 创业型非营利组织：

## 社会企业家的战略工具

# ENTERPRISING NONPROFITS:

## A TOOLKIT FOR SOCIAL ENTREPRENEURS

〔美〕**J. 格雷戈里·迪斯**（J. Gregory Dees）

〔美〕**杰德·艾默生**（Jed Emerson）

〔美〕**彼得·伊卡诺米**（Peter Economy）／编

李 博 崔世存／译

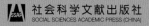

社会科学文献出版社
SOCIAL SCIENCES ACADEMIC PRESS (CHINA)

**致**

埃温·玛瑞恩·考夫曼先生。秉承"已所不欲，勿施于人"这条简洁有力的价值信念，他成功地领导了自己的商业帝国和基金会。

**致**

世界各地积极参与为社区及公民提供社会价值和创业领导力的社会企业家。

# 非营利管理译丛总序

**为什么译书？**

近几十年来，非营利部门的爆发性发展是一个世界性的现象，也是一个不可逆的全球大趋势。非营利部门在国内的发展，也可以说势头迅猛。特别是伴随着经济的持续增长、中产阶级的不断壮大、移动互联网日新月异的发展，这个领域的创新层出不穷。实践在发展，研究也在齐头并进，比较而言，非营利教育事业显得相对滞后，突出表现为稳定的价值观尚未形成，对概念的使用还很混乱，基础理论和研究工具还不完善，学科体系和教学体系远未成熟。

近年来，大学里与非营利部门相关的研究院、研究所、研究中心，如雨后春笋般涌现，但是大多名不副实，课程体系设计、教材编写、案例库建设、教师培育等硬碰硬的基础性工作并不尽如人意。学科基础教育工作，作为非营利研究与实践的转换枢纽，必须扎扎实实地开展。硬骨头总要有人来啃，这些重要的、必需的、紧迫的事总要有人来做。

万事开头难，发展非营利教育事业，首要问题是发掘一套好的教材。教材最好是由我们自己基于国内的理论与实践来编写，但是我们眼下既没有足够的知识创造与储备，也缺乏功底扎实的作者，在时间上也来不及。只能退而求其次，寻找捷径。捷径是什么？翻译！

**如何选书？**

对于我们的目标而言，把书选好非常重要，选书如果不成功，翻译得再好也是失败。因此，谁来选、如何选、选什么书，都必须要有通盘考虑。

本套译丛的书目选择工作由康晓光、郭超两位主编负责，按照以下程序和标准展开：首先，确定非营利管理专业的核心课程名录，并考虑各类课程的优先级；其次，在此基础上，确定五本为首批译丛书目；再次，选书的标准包括内容与课程需要的符合程度、再版次数、引用率、作者的学术地位和行业影响力；最后，还要有时效性，最好是在近五年内出版的。

需要特别说明的是，我们还邀请了三位非营利研究领域的学界泰斗参与选书；这三位教授都为非营利领域的研究做出了杰出的贡献，也产生了世界性的影响。其中 Ram Cnaan，现为美国宾夕法尼亚大学宗教与社会政策研究中心主任，非营利组织与志愿行动研究协会（ARNOVA）前会长；Alan Abramson，美国乔治·梅森大学政府与国际事务学院教授，ARNOVA 前会长；David Horton Smith，美国波士顿学院社会学系荣休教授，ARNOVA 创始会长、《非营利与志愿部门季刊》（NVSQ）创刊主编，被公认为非营利及志愿服务研究领域的奠基人。三位资深教授的加盟，为本套译丛的权威性提供了强有力的支撑。

**选了什么书？**

按照上述原则和标准，我们筛选出五本书作为译丛的首批选项。

《非营利世界：市民社会与非营利部门的兴起》在全球化背景和国别比较的视野下，侧重从整体层面考察非营利部门的情况，尽力为读者提供一个大的脉络和框架，帮助读者对第三部门及其与外部环境之间的关系有更加清晰的了解，有助于读者在国际国内政治经济及文化结构中建立第三部门的方位感。

《非营利组织管理》从非营利部门自身出发，侧重探讨非营利部门内部的运行和管理逻辑，是对非营利部门研究的具体化，有助于读者在部门层面理解非营利组织的运作机制。该书理论与实践并重，书中大量的实际案例反映出作者强烈的行动取向。

《实现卓越筹款》已经成为经典教材，出版过多个修订版。"筹款"承担了非营利部门的"供血"角色，作为非营利部门的"命脉"，具有特殊的重要性。这本书不仅仅从观念上化解和颠覆了诸多对"筹款"工作的传统误解，有助于确立筹款者和捐赠者正确的价值导向，而且还提供了一系列涉及筹款全流程的、行之有效的手册化操作建议，可以说是非营利部门发展到成熟阶段后所表现出来的研究与实践的专业化、精细化。

《创业型非营利组织》是一本由三位作者共同完成的著作，他们作为资深的研究者和实践者共同关注社会创新。近年来，"社会创新"越来越成为跨越中西的时髦词语，解决社会问题的各种创新形式被不断创造出来，这本书结合了大量经典案例，按照组织管理学的基本框架展开，试图从组织管理的角度探索这些社会创新背后的思考逻辑和行动方式，从而为研究者和实践者提供启发。

《有效合作之道：合作优势理论与实践》关注非营利组织的组织间合作，非营利组织本身就是社会合作的一种典型形式，而组织间的合作更进一步超越了单体的"各行其是"。如何为非营利组织之间的合作寻求理论基础，将已有的合作转化为经验和理论沉淀，并进一步促进和指引新的合作，以达成合作参与方自身以及共同目标，这是本书关注的焦点。

除了每一本书需要满足选择标准，聚焦各自的核心问题，从而发挥各自的优势之外，还必须有"整体性"的考虑，也就是它们合在一起能够有某种超越个体的系统性效果，最好在逻辑上可以涵盖非营利部门的重要方面，这也正是我们的期待。我们希望这五本书作为一个整体，既能够让读者对非营利部门有概要性、结构性的了解，还能对部门资源的获取、内部的运作、组织间合作，以及非营利部门的创新升级都有相当程度的理解。通过这几本书，不仅让读者获取一些片段化的知识碎片，而且在一定程度上建立起有系统、有结构的学科整体观感。真正细心的读者，完全能够顺着这几本教材提供的脉络"按图索骥"，走进非营利的世界，探索其中的奥秘。

**如何选译者？**

译者在很大程度上决定了一本书翻译的成败。

什么是好的译者？从专业的角度来说，必须要足够懂非营利这一专业领域，英语要足够好，还要有足够的中文水准。这些条件固然重要，但更重要的是，译者必须足够投入、足够用心。在今天的大学考核体系里，译书可谓"劳而无功"。各个大学的业绩考核，教材不算数，翻译教材更不算数，功成名就者不愿伸手。所以，有研究或实践经验的优秀年轻学者是本套译丛译者的首选。

本套丛书的九位译者都有相当长的非营利领域研究或实践经历。杨丽、游斐、刘洋、王伊、董强在大学和研究院工作，付琳赟和那梅有多年的海内外非营利部门工作经验，崔世存和李博正在海外攻读非营利方向的博士学位。应当说，九位译者完全符合我们的预期，尤为重要的是，翻译这套丛书于他们并不是某种纯粹外在因素的驱动。他们都关心和了解这个领域，他们都在反思这个领域面临的问题，他们也在这个领域推动着实践。翻译工作充分激活、调动了他们自身所沉淀的思想，反过来翻译也促进了他们未来的思考和行动。

**资助与出版**

一般而言，现在由出版社所组织的翻译，给译者的稿费与译者的专业能力和时间上的付出极度不匹配，往往也由此挫伤了译者的积极性，进而影响翻译质量。值得庆幸的是，本套译丛的翻译和出版得到了中国公益创新研究院理事李晓波先生的慷慨资助，既为译者提供了合情合理的报酬，也为本套译丛的出版提供了质量保障。

在选择出版社方面，倒是没有费什么工夫。关于出版社，最关键的是两个方面，一个是要相互信任，另一个是要有处理版权贸易的能力。社会科学文献出版社是我们的最佳选择，中国公益创新研究院与社会科学文献出版社有着多年的成功合作经验。他们拥有专业、出色的编辑出版和版权贸易能力，本次译丛的顺利出版再次证明了这一点。在此特别感谢社会科学文献出版社王绯女士对本丛书出版工作的大力支持，感谢黄金平、高媛的高质量的编辑工作。本丛书的顺利出版，也离不开研究院工作人员舒萍、田凤君在书目筛选、译者招募和筛选、翻译进度把控、译著审阅、与出版社沟通等各个环节付出的努力。

**写在最后**

译丛付印之际，写下这个"总序"，可谓五味杂陈，内心深处有一种强烈的不甘！

如我们开篇所言，"翻译"的确是学科建设尤其是教材建设的一条"捷径"。近代以来，广义的"翻译"一直是中国学习西方的必由之路，借此实现"后发优势"，但是"东施效颦""邯郸学步"也是必须付出的代价。因此，有必要回答一个问题："翻译"究竟只是一种阶段性的、权宜性的选择，还是唯一的、最佳的、最终的选择？

中国是一个文明古国，有自己的文化传承，当下又有与众不同的政治社会环境，所以，中国的非营利事业必然自有特色。尽管非营利事业有全球共性，但是中国特色也不容忽视，外部经验总有不适合中国的地方。再者，十几亿人口的中国，不能总是伸手向别人索取，也有义务对世界贡献自己的经验和反思。作为研究者，作为教师，作为专业研究机构的领导者，除了翻译外文教材，竟然无所作为，真是深感惭愧。

我们选择的教材出自基于资本主义制度的西方社会。在那里，个人主义、理性、效率、合作、公民社会、宪政体制……已经浑然一体。这样一个实现了高度整合的、庞大的文明类型，对中国的示范效应很大，我们必须取长补短，老老实实地学习其精髓。但与此同时，这个文明与今日的中国差异也很大，这种差异在未来也不会完全消失，至少在文化价值观维度上的差异将深刻而持久地存在。文化和价值观也是弥散化的，有生命力的文化会渗透式地影响到一个文明体的方方面面。具体到非营利部门，活着的文化必须落地，必须作用于组织、项目，对其发生真实而且强有力的影响。

因此，中国的非营利领域的实践在普遍特征之外必然呈现其特殊性，相应的理论也一定具有中国特色，作为本土的教材也应该有其特色。只有充分显现自身的文化特色，才是立身之本。中国自己未来编著的第三部门教材，应当确立自己的文化和价值观并探索与之相应的组织模式，在非营利部门的治理结构、组织结构、管理方式、激励机制、项目设计、项目运营方式、各类利益相关者的关系，法律形式，政府管理方式等诸多方面展现其作为"中国的"特殊所在，处理好西方经验与本土化的关系，以中华文化之"体"吸纳西方现代文明之"用"。

要做到上述这一切，要求我们必须开展有价值立场的"行动性研究"，处理好理论与实践的关系。理论不但要跟上实践，还要有能力推动实践。理论必须从实践中来，到实践中去。真正立足本土，面对现实，研究真问题，才可能对这块土地负责，对这块土地之上的人民负责，也对我们身处其中的时代负责。

希望我们能尽早写出自己的教材，而且这些教材也值得别人翻译和学习。

康晓光　郭　超

2019 年 9 月 9 日于北京

5

## 致 谢

　　我要感谢我的好朋友，考夫曼基金会的汤姆·麦克劳林，没有他的远见和鼓励，就不会有这个项目。对我来说，与彼得·伊卡诺米和杰德·艾默生共事真的是一种享受。杰德是一位集热情、智慧、经验和包容于一身的理想同事，彼得则特别擅长将复杂概念变得简单易懂，他还能够保证像这样的大型项目按时有序地推进。本书各章节的作者不仅有着丰富的知识经验，而且都非常耐心灵活，正是他们的不吝帮助，使得我们能够将零散游离的主题和概念以一种系统的方式呈现出来。

　　我还要感谢那些鼓励和帮助我进行社会企业家研究的朋友和同事。可能我无法在这里列出所有人的名字，但我要说的是，在麦肯锡、耶鲁、哈佛、社区经济发展山地协会（MACED）和斯坦福的许多同事一直是我的榜样、教练、导师、啦啦队队长和精神伙伴。数不清的社会企业家和慈善家帮助我理解了将商业概念应用于社会部门的优势以及可能的局限，他们中有近三十位愿意成为本书案例分析的对象，还有许多为本书提供了宝贵意见。有时候我会听到一些批评，比如我的社会企业家精神研究从根本上就不对，或者从职业发展角度看并不是一个明智的选择，但正是这些朋友、同事和社会企业家给了我坚持下去的力量。现在我可以特别肯定地说，这是我这一生最满意的工作。

最后，我还要感谢我的妻子，贝蒂·安（Betty Ann），感谢她一直以来的耐心和支持。她是我最好的朋友和最坚强的后盾。

——J. 格雷戈里·迪斯

我要感谢其他两位联合主编，J. 格雷戈里·迪斯和杰德·艾默生。感谢他们的耐心，也感谢他们毫无保留地分享有关社会企业家精神的丰富知识和独特见解。我还要感谢各个章节的作者始终如一地支持这样一个长期项目，同你们合作真的非常愉快。特别感谢艾莉森·卡尔森（Alison Carlson），是她将我介绍给了这个团队；感谢 EMKF 的约翰·泰勒（John Tyler）和苏珊娜·马特斯（Suzanne Mathes），他们多次放下手头的工作来帮助我；感谢玛莎·库利（Martha Cooley）——我们在 John Wiley 的最开始的项目编辑，她帮助我们将想法付诸实践。EMKF 的史蒂夫·罗林是我要着重感谢的，感谢你邀请我加入《创业型非营利组织》团队。感谢你对这个项目的出色领导，我将永远感谢你让我有幸成为这本书的一部分。

——彼得·伊卡诺米

我要特别感谢乔治·R. 罗伯茨（George R. Roberts），他的信任让我能够最大限度地发挥自己作为社会企业家的作用，并学习如何最好地帮助其他社会企业家。真诚地感谢梅琳达·段（Melinda Tuan），如果没有她，我不可能学到现在所知道的，也不会去各地做有关社会企业家精神的演讲。还要感谢父母对我的信任。衷心感谢凯莉的支持，感谢佩尔和拉斯塔的耐心。最后还要感谢哈佛商学院的同事对我的帮助，感谢对我的知识之旅提供帮助的所有人。

——杰德·艾默生

# 译者序

　　近年来社会企业在国内成为理论研究和实践开展的热门议题，但是作为一个新兴的概念，社会企业缺乏边界的现实掣肘了理论研究，因而实践的开展也缺乏可靠的理论指导。社会企业是一个舶来的概念。但是，他山之石，可以攻玉，在探索符合本土环境的社会企业发展道路的过程中，对国外相关理论经验的学习借鉴必不可少。同时，也要注意，各国的社会企业实践都植根于相应的经济环境、社会基础和制度背景中，这就要求我们在学习借鉴的过程中更细致地解读真实案例，思考来龙去脉，探索背后的逻辑。

　　本书是一本关于社会企业的经典之作。3位编者和其他7位作者要么是社会企业的学术研究领袖，要么是社会企业实践的资深从业者。他们独具慧眼的观察和深度提炼的经验为读者展示了这一有关社会企业战略工具的盛宴。

　　针对社会企业这一新兴的组织形式，本书详细介绍了组织管理过程中的各个方面：使命定义、机遇评估、资源动员、责任机制、风险管理、创新管理、客户管理、财务管理以及商业规划。本书不仅内容丰富，每章节都提供了极具代表性的经典案例，让读者能够在具体情境中感受应用各项战略工具的步骤方法及需要避免的常见错误，而且语言生动易懂，阅读时，读者不会遇到那些晦涩难懂的专业术语，也不会产生理论与实践脱节的空洞感。本书从构架到内容设计都旨在为读者提供能够快速便捷地运用于组织实践的专业指导。相信不论是非营利部门的从业者、专家、学者，还是仅仅对创业创新类主题感兴趣的普通读者，这本书都会成为读者经常翻阅、搜寻有效解决方案的工具书。

我们很荣幸能够参与中国人民大学中国公益创新研究院非营利管理译丛翻译项目，感谢丛书主编康晓光教授与郭超教授对我们的信任！翻译本书让我们有机会深入思考并近距离地学习社会企业实践。翻译过程中，我们力图在传递原意、体现作者语言表达风格的基础上，做到符合中文读者的阅读习惯。但是由于译者语言水平和实践经验的限制，难免会有疏漏。对于可能出现歧义的术语和需要读者注意的地方，我们添加了英文原文或译者注，便于读者查阅和批评指正。

译稿几经修改最终得以完成，离不开很多专家学者背后的默默付出和支持。特别感谢社会科学文献出版社的高媛编辑对本译稿的审阅，她的认真和耐心在极大程度上保证了本译稿的质量。还要感谢中国公益创新研究院的舒萍老师和田凤君老师在整个翻译过程中予以我们协调和支持！

希望随着中文译本的出版，书中描述的各项战略工具为更多的国内读者熟知，并最终应用于建立和管理创业型非营利组织的实践中。

李 博 崔世存
2021 年 5 月

# 前　言

埃温·玛瑞恩·考夫曼（K先生）是一位成功的商人，同时也是堪萨斯城皇家棒球队的前任老板。他希望能用自己积累的财富帮助儿童及青少年成为对社会有用的人才，所以创立了以自己名字命名的基金会（埃温·玛瑞恩·考夫曼基金会）。该基金会在堪萨斯城开展了多种项目，包括培养青少年的道德情操，协助戒绝酒精和毒品，帮助他们顺利入学及从各学习阶段顺利毕业。

上述四个项目投入运行几年后，K先生发现要想帮助儿童、青少年及其家庭变得更加独立，不再依赖各种救助，他还有更多的事情要做。由于K先生一直是个企业家——通过努力工作、不断创新，他有限的个人积蓄变为一笔可观的财富——所以他也自然而然地认为，只要通过在全美范围内培养和推广企业家精神，就能实现自己的目标。经过几个月的仔细研究，他决定将基金会定位为在青少年及成人群体中推广、培养企业家精神的先锋，并着手将这个想法变为现实。

埃温·玛瑞恩·考夫曼基金会有一个充满活力和奉献精神的理事会，其员工也都能力出众，对企业理念高度认同，基金会下的社会企业家领导力中心设立并资助了许多具有突破性的创新项目，为青少年及成人传授企业家精神。这一领域的工作早期仅着眼于营利企业，但随着时间的推移，K先生注意到成功的营利企业家的态度和技能也广泛盛行于许多成功的非营利企业家领导中。在K先生的敦促下，基金会很快增加了大量的资源投入去培养、支持、鼓励非营利部门的企业家。

多年来我们遇到了许多优秀的、鼓舞人心的、敬业的、勇敢的社会企业家，其中很多人的经历都在本书中有所提及。非营利组织一直面临一个困境：如何平衡组织的财务需求和服务需求，以便为无法支付费用的客户提供他们需要的服务。长期以来，非营利组织依赖政府、企业、基金会及个人的慷慨资助来获取运营和项目资金。如果没有这些传统的资金来源，现今的大多数非营利组织将不复存在。然而，在过去10年中，许多传统资金来源已经枯竭。独立部门（Independent Sector）的一项研究显示，美国联邦政府用于非营利组织的支出（不含对个体的救助）减少了300多亿美金。

针对这些发展趋势，越来越多的非营利组织开始考虑采取新颖的、不同以往的方式来获得运营资金。事实上，对于许多组织来说，社会企业——采用企业家行为及技术的非营利组织——已不仅限于管理学界的一个新兴词语，而迅速变成了组织生存的一项必要条件。许多非营利组织已不再视商业部门为天敌，而是开始学习如何将商业技巧及框架应用于他们活跃的社区以创造社会价值。

但是，切勿以为这项工作轻而易举。多数情况下，社会企业家精神不是一门科学，不能简单地从营利部门复制——非营利组织有其独特性，这正是本书的意义所在。本书不仅能帮助社会企业家学习在什么情况下应该以及如何运用创新技能，从而实现组织的使命、为客户创造社会价值，还为社会企业家提供把重要概念付诸实践的必要工具及资源。

考夫曼先生于1993年逝世，但通过基金会的各项事务及他所熟识的友人，他留下的精神财富仍然鲜活。现今，社会企业家，包括营利企业及非营利组织，越来越多地开展合作，创造更美好的世界，考夫曼先生必将为此感到欣慰。正如他所言："没有我们的同心协力，再多的金钱也不能解决世界上所有的问题。只要同心协力，我们就能不断发掘人们最大最好的潜能，从而变得所向披靡。"

希望这本书可以帮助你发掘自身潜力，实现为客户创造重要社会价值的目标。

史蒂夫·罗林

埃温·玛瑞恩·考夫曼基金会

# 内容简介

你手中的这本书，是考夫曼基金会的企业家领导力中心所发起的讨论的第一个成果，这个讨论始于 1998 年春。营利部门关于企业家精神的讨论已有几十年，而我们的讨论旨在帮助非营利组织领导者从对营利部门的探讨中学习经验并应用工具。讨论的参与者具备在跨部门工作的丰富经验，深知对商业部门经验的照搬全抄对非营利部门意义不大。市面上有许多关于商业企业家精神的优秀著作，社会部门的领导者可以轻易地在书店里找到这类主题的书。然而，这类书中的大部分内容对于非营利部门的工作者并不适用，因为非营利组织的使命往往是创造社会价值而非财务利润。商业部门的经验需要进行调整才能更好地适应社会部门独特的使命、运营环境及规范。这种跨部门的转换并不容易，但是我们坚信它将会意义非凡。本书就是我们试图进行这种转换的第一个尝试。

本书遵从以下要求编写以求达到预期效果：

- 基于商业企业家精神的成熟想法
- 调整各种观点以适用于社会部门
- 将这些想法与非营利组织管理的最佳想法相结合
- 采取以实践为导向的方法
- 让之前没有经历过商业训练的读者也能看懂

总之，我们提出的战略工具以现实为导向，帮助社会部门领导者磨炼创业技能，从而更有效地服务组织的社会使命。我们并不是要将非营利组织变成营利企业，那样的后果不堪设想。我们的目标是帮助具有前

1

瞻性思维的非营利组织领导者向商业部门学习，让他们变得更具创新精神，从而在所在领域产生更积极、更长远的影响。这不是一本关于"社会企业家自我欣赏"或社会创业理论的书，而是一本基于对两个部门创业者的研究和实践经验的总结得出的关于"如何做"的书。

## 本书内容

在第一次尝试列举我们认为重要的、需要涵盖的主题时，我们列出了二十多个章节。这对一本书来说太多了。在 Wiley 出版社编辑的帮助下，我们决定将内容分成两本书出版，并设立一个辅助性网站。这两本书与网站一起，为正在创业或寻找当前工作新视角的您，提供可利用的材料。

第一本书提供了必不可少的战略工具，涵盖了社会企业家精神的核心要素，即使是对管理经验颇丰的读者也极具吸引力，因为这本书能够帮助他们改变当前想法，提升自身能力。这本书提供了理解和应用社会企业家精神的核心概念的起点，帮助读者完成从定义组织使命到创建商业计划的全过程，书中详细介绍了包括机遇识别、资源动员、责任机制、风险管理、客户识别、创新和财务管理等各个步骤，每章都提供了可以直接应用的工具。

第二本书，我们暂时命名为《创业型非营利组织Ⅱ：社会企业家的更多工具》，将为您的工具包添加重要工具，包括定义服务愿景、制定战略、员工和理事会管理、绩效衡量、应对增长的机遇和挑战。

除了这两本书之外，我们还决定创建一个网站，提供有关社会企业家的相关资源支持和最新信息。您可以直接通过网址 www.enterprisingnonprofits.org 或通过 Kauffman Foundation 的 EntreWorld 网站（www. EntreWorld.org）进行访问。EntreWorld 网站将为全国范围内的企业家提供资源支持。

## 本书形式

本书的目标是被使用，而不仅是被阅读。虽然书中的每个作者都有自己的写作风格，但我们在一些方面做出了统一要求。我们希望读者能够轻松找到所需内容并将相关的想法应用于实践，为此，书中使用了大量标题、项目符号、图表和摘要，便于特定主题的查询。我们还利用图标来突出显示特别重要的内容，图标说明如下。

Core concept　核心概念：重要概念或框架

Tool of the trade　应用工具：应用核心概念的框架或技巧

Practical tip　实用技巧：精练的、关于有效使用相关工具的建议

Reality check　实践应用：详细介绍工具应用的例子

Gem of wisdom　至理名言：引用颇具经验或特别成功的专家的言论

Red flag　红色警示：可能出现的问题、风险、陷阱或复杂情况

Action step　行动步骤：具体的概念或工具的应用步骤

Concept check　概念回顾：关于之前介绍的概念或工具的回顾

我们努力让本书成为实用且"用户友好"的工具书，而不仅仅是提供一些程式化的建议。我们敦促每一章作者使用示例和案例研究，同他们介绍的概念、框架和工具与实践建立联系。我们所选择的例子都是具有代表性的能说明关键概念的例子。但要说明的是，这些例子仅作为教学工具，不代表对任何组织的宣传。所有组织都有自己的优势和劣势，作为例子引用的过程中往往只侧重于该组织某一方面的优势或教训，我们认为这样选择会对读者的理解有所帮助。

如果您能够将我们提供的工具应用到现实中，并改进了组织的绩效，那么本书就实现了它的终极价值，否则，就是我们的失败。但请注意，任何项目符号、图表或示例都不能代替您把工具变为现实，您必须亲力亲为。我们为此提供了帮助：在书中的关键部分，作者都提示您思考如何将这些概念付诸实践，并通过提供练习、清单和行动步骤等指导您完成整个过程。当然，良好的创新性的管理不是简化的公式或烹饪料理的食谱。我们的框架可以为您指明正确的方向，但仍需要您根据自身具体情况加以调整。为了让本书内容切合您的具体情况，您可能还需要重新定义特定章节的主题。这种重新定义也符合创业创新精神。对于书中的每一个实用工具，我们的作者都努力提供了详细的解释，以便您在应用过程中能够把握核心概念的基本逻辑，并在此基础上灵活运用。如果您

觉得仍需要更进一步的解释，我们在附录 B 中列出了额外的阅读材料，这些书籍、文章可以让您更深入地理解每章的主题。

## 总　结

有太多人怀着良好的心愿和十足的干劲儿，购买了有关"方法"和"自我提升"的书籍，但最终却将它们束之高阁、鲜少翻阅。如果这也是本书的命运，那么我们会特别失望。我们努力使本书做到实用且易于使用，但书中提供的方法技巧的应用仍需要您做出包括心态、行为习惯、技能等方面的巨大改变。我们希望这个过程是有趣的，并且坚信您最终的改变能为您带来巨大的收益，但我们也深知，这一过程并不容易。请尝试阅读使用本书，并通过我们的网站反馈建议和意见。本书的所有版税收入将捐予考夫曼基金会，以支持社会企业家的各项工作。您的意见可以帮助我们确保这些版税得到充分利用！

最后，祝愿您在创业过程中一切顺利。请记住，幸运之神总是偏爱有准备的思想——所以请利用本书建立学习型的组织以帮助您实现个人的和整个社区的梦想。期待美好的未来吧！

J. 格雷戈里·迪斯

彼得·伊卡诺米

杰德·艾默生

# 目　录

# 第一章　社会企业家精神

### J. 格雷戈里·迪斯　彼得·伊卡诺米[*]

## 本章内容提要

什么是社会企业家精神

是什么让创业者成为社会企业家

创业成功的因素

当代的非营利组织领导者比以往任何时期更需要学习如何转变成为创业者，因为业内领导者们的共识是，非营利组织的经营和管理越来越复杂。世界正在变化，非营利组织的领导者面临诸多挑战：政府资金日益削减，基金会不断提升对业绩指标的要求，企业希望从慈善事业中获得战略利益，来自商业部门的新型竞争愈演愈烈，公众严重质疑传统慈善救济的方式在解决社会问题方面的有效性及适用性。这些变化带来了机遇和挑战。共和党及民主党的政客都希望利用非营利组织找到解决社会问题的新方法。为了更有效地应对这种变局，非营利组织领导者有必要特别关注和培养企业家精神、提高创业技能，并将这些技能付诸实践。所以说，变化的局势为新的社会企业家提供了施展空间。

企业家精神这一概念已存在数百年。每个人可能对创业者一词都有自己的理解，对一些人而言，创业者可能是在当地市场经营一家颇受欢

---

[*]　J. 格雷戈里·迪斯，斯坦福大学商学院，米莉亚母和彼得·哈斯公共服务讲席教授，社会创新中心联合主任；彼得·伊卡诺米，商业作家，www.petereconomy.com。

迎的书店的女老板；对另一些人而言，创业者可能是不顾风险倾其一生的积蓄（可能还包括房子的二次抵押和所有信用卡的未结余额）用于购买麦当劳特许经营权的人；还有一些人可能会想到比尔·盖茨式的人物。1975 年，比尔·盖茨与合伙人保罗·艾伦（Paul Allen）共同创立了微软公司，并将微软发展成为世界上最大的软件公司，微软 2000 年的年销售额近 230 亿美金。

即便是你非常了解商业部门所谈论的企业家精神，你也不一定就清楚在非营利组织中如何应用企业家精神。这一领域不用财务利润的多寡，而是用社会使命完成得有多好来衡量成功。虽然营利部门与非营利部门对于企业家精神的定义有所不同，但是这种差异也许也没有我们想象中的那么大。

本章将介绍什么是企业家精神，以及企业家精神何以能成为非营利组织的一股强大而积极的力量。我们将探讨为什么应该关注社会企业家精神并将其纳入组织的战略规划，你将有机会完成自我测试来评估你的创业技能。最后，基于评估结果，我们将帮助你确定应该关注哪些领域才能最大限度地提高你作为社会企业家的成效。

先贤说：

> 不闻不若闻之，
>
> 闻之不若见之，
>
> 见之不若知之，
>
> 知之不若行之。

即便你没给自己贴上社会企业家的标签，你身边许多人可能已经是社会企业家了。在接下来的几页讲述中，你可能会意识到自己也是社会企业家；如果你现在已经是社会企业家了，本章将帮助你提高自己。我们不仅会告诉你如何成为一个更有成效的社会企业家，还会让你在参与的过程中识别需要在哪些领域提高技能并建立相应的学习目标。最终的目的是，你能够最大化地掌握这些技能并应用到组织中，从而提高组织的效率。

## 什么是社会企业家精神

你肯定听说过创业者，他们具有冒险精神、乐于创立和发现新的商机。一些创业者可能开创了新的互联网商业形态，一些创业者可能成立了特殊材料钢铁厂，还有的创业者只是在街上开了家新的熟食店。我们认为创业者是推动当前经济增长与创新的力量。这给了你什么启示？

作为非营利组织的领导者或者员工，你是否可以受益于创造性的思考与行动？本书认为，你可以！你也应该从中受益。在开始讨论如何成为社会企业家之前，让我们先看看相关的定义。

### 企业家精神是……

人们对于创业者一词并没有唯一的定义。200 多年前，法国经济学家创造了创业者一词，但时代的变迁也赋予了这个词更多的含义和重要性，连接这些变化的强大传统反映了企业家精神的内在力量。

**核心概念**

从法语的字面意思上来看，创业者是指承担责任的人——这个承担责任的人不是指殡仪业人员①，而是指那些承担重要任务或项目的人。很快，创业者一词就与具有冒险精神的人联系在了一起，因为具有冒险精神的人通过发掘更新更好的做事方式推动了经济的发展。

19 世纪初，法国经济学家让·巴蒂斯特·塞（Jean Bapiste Say）在描述创业者时总结道，"创业者将经济资源从生产力洼地转移到生产力高地"。换言之，企业家通过转移生产力来创造价值。

20 世纪初，经济学家约瑟夫·熊彼特（Joseph Schumpeter）大胆地宣称"创业者的功能在于改变或革新生产方式"。创业者"通过利用新的发明，或更一般地说，利用未经使用的技术来生产新的商品或以新的方式改造旧的商品，或通过开辟新的材料供应来源及新的产品销售渠道，通过产业重组等方式"来实现生产方式的改变和革新。在熊彼特的心中，创业者通过创新来创造价值。

---

① 英文中动词"undertake"的名词形式 undertaker 的含义为殡仪业人员。

近代管理学大师彼得·德鲁克（Peter Drucker）这样描述创业者和企业家精神，"创业者总是寻求变化、应对变化、利用变化来创造机会"，创业者更多看到的是变化所带来的机遇而非挑战。

"这个杯子是半空的还是半满的？"是一个古老的问题，哈佛心理学家艾伦·兰格（Ellen Langer）在她的一项具有里程碑意义的研究中找到了问题的核心。该研究考察小学生对残疾人的态度。在第一个教室，研究者展示了一张坐轮椅的人的图片，问道："这个人能开车吗？"得到的答案是压倒性的"不能"，以及许多不能的原因。在第二个教室，研究者问道："如何能让这个人开车？"短暂停顿过后，学生们就如何实现让一个坐轮椅的人可以开车提出了很多富有创造性的想法。

同样，创业者们都是机会导向型的，他们看到可能性，并思考达成目标的可能方式，而不是看到障碍，并寻找不能达到目标的借口。哈佛商学院的霍华德·史蒂文森（Howard Stevenson）是企业家精神的著名理论家，他在研究企业管理及普通行政管理有何差异时把随机应变定义为创业者的一种特质，并认为创业管理的核心定义是"不受制于当前所掌握的资源而竭力追求机会"。他发现创业者不仅能够发现并追求那些普通管理者意识不到的机会，而且能够避免让自己的初始资源掣肘可能的选择：企业家会撬用他人的资源去实现自己的创业目标。

**核心概念**

在思考了所有的关于创业者的构成因素之后，我们提炼出以下定义：

**创业者是创新的、机会导向的、随机应变的、创造价值的变革推动者。**

创业者从不满足于现状，他们是经济增长的强大引擎。基于这一特点以及我们接下来会提到的其他原因，不难理解为什么社会企业家有能力对客户及所在社区产生巨大的积极影响。

## 是什么让社会企业家与众不同

社会企业家与商业企业家在很多方面存在差异，其中最重要的一点就是社会企业家在创立之初就有一个明确的社会使命，他们的主要目标是让世界变得更好。这一愿景影响到他们如何衡量成功、如何架构他们的企业。

　　另一个不同之处在于，社会企业家不会像商业企业家那样得到市场反馈。从长远来看，有成效地为客户创造价值的商业企业终将获得回报——最终以利润的形式回馈投资者；然而，创造社会价值并不一定为社会企业或社会企业家带来同样的长期回报。这意味着不能用营利能力来反映组织的业绩。这样一来，社会企业家在吸引资源和证明自身的存在价值时就面临诸多挑战。

5

**核心概念**

　　社会企业家是否成功的最佳衡量标准不是他们创造的利润，而是他们在多大程度上创造了社会价值。社会企业家通过以下方式来推动社会部门的变革。

　　√ 以创造和维持社会价值为使命。对于社会企业家而言，推动社会进步的使命至关重要，创造社会价值优于创造经济利润。相较于以速度为目标的快速解决方案，社会企业家寻找的是可持续性的改进方法。

　　√ 为实现使命而坚持不懈地发掘并追求新的机遇。别人看到问题的时候，企业家看到的是机遇！社会企业家心怀如何实现目标的愿景，并且下决心用行动去实现愿景。

　　√ 持续不断地创新、适应和学习。社会企业家探索创新性的方式来确保他们的企业能够创造社会价值并确保获得创造这些价值所需的资源和资金。

　　√ 冲破当前资源限制，大胆行动。社会企业家善于少花钱、多办事，也善于吸引他人的资源。他们对资源选择的探索从不墨守成规，无论是纯慈善的方法还是模仿商业部门营利的方法，能用尽用。

　　√ 对其服务的受益人和所创造的结果具有高度的责任感。社会企业家采取各种措施确保能够创造价值。他们力争在为受益人及其社区提供真正的社会改善的同时，也为投资者提供有吸引力的社会回报和财务回报。

　　社会企业家创造社会企业。他们是当今社会的改革者和变革者，他们的行动为社会部门的行为方式带来根本性的变革；他们展望广阔的愿景，努力寻求机会改变社会；他们积极行动，追溯社会问题的根本原因而不止步于应对社会问题的表面症状。尽管社会企业家只活跃于他们选择的特定地域，但只要是他们选择的领域，无论是教育、卫生保健、工作培训和发展、环境、艺术，还是其他任何社会事业，他们的行动往往具备潜力触发全球范围的改善。

### 创业者的特征？

没有人与生俱来就是创业者，所有人都需要在整个生命过程中不断学习如何创业，并且在学习的过程中培养必要的特征和技能。如果你现在还不是社会企业家，也许你可以通过学习将来成为社会企业家；如果你现在已经是社会企业家，可以通过关注需要加强的领域来轻松快速地学习或提高技能。

当然，并不是每个人都要成为创业者。尽管研究发现不存在一个统一而通用的创业者"模子"，但成功的创业者们往往展现出某些特定的行为特征。

**应用工具**

巴布森学院（Babson College）创业研究中心主任威廉·D. 拜格雷夫（William D. Bygrave）认为创业者具有以下特征，即"10D"（以下十个特征的英文单词均以 D 开头）。我们将拜格雷夫的解释稍作调整以适用于社会企业家。

√ 梦想家（Dreamer）。社会企业家对于未来的自己、未来的组织和未来的社会都有一个憧憬。更重要的是，他们有能力实践梦想。

√ 决策果断（Decisiveness）。他们迅速作出决定，从不拖延。迅速是他们成功的一个关键要素。

√ 行动者（Doers）。一旦决定采取行动，他们就会尽快实施并在实施过程中作出必要的调整。

√ 坚定的决心（Determination）。他们全身心投入自己的创业，即使面对难以克服的困难也很少放弃。

√ 无私奉献（Dedication）。他们全身心投入到自己的创业过程中，有时甚至不惜以牺牲家庭和朋友关系为代价；他们孜孜不倦地工作，在创业初期，每周工作 7 天、每天工作 12 小时的现象并不罕见。

√ 热情投入（Devotion）。社会企业家热爱工作，这种热爱支撑他们渡过难关，坚定不移地履行使命。

√ 注重细节（Details）。俗话说，细节决定成败，这对于初创期和成长期的新企业尤为恰当。社会企业家必须掌控至关重要的细节。

√ 掌控命运（Destiny）。他们掌控自己的命运而不依赖他人。

√ 经济意识（Dollars）。变得富有不是社会企业家创业的首要目的，但金钱对于他们维持企业运转必不可少。因此，他们懂得自己组织的经济学，并不遗余力地维持组织的良好运营。

√ 放权（Distribution）。社会企业家将责任和功劳分配给那些能够决定创业成败的利益相关者①，在活动参与中培养他们对活动的拥有感。

## 访 谈

7

### 比尔·斯特里克兰（Bill Strickland）
#### 曼彻斯特工匠公会（Manchester Craftsmen's Guild）

比尔·斯特里克兰是宾夕法尼亚州匹兹堡市的两家社会企业——曼彻斯特工匠公会及比德韦尔培训中心的主席兼 CEO。曼彻斯特工匠公会于 1968 年成立，旨在通过艺术教育，帮助问题青少年获得生活技能并打破他们贫困生活的循环。斯特里克兰于 1972 年创立了比德韦尔培训中心，旨在通过和当地企业开展合作，为流离失所的成年人提供实用的工作技能培训。近 500 名学生可以免费参与曼彻斯特的项目，另外 4000 名学生可以通过公会的资助每周参加在匹兹堡 12 所公立高中开展的培训。每年夏天，学生们还受邀参加当地大学的艺术项目。

斯特里克兰被乔治·布什总统任命为国家艺术基金会（NEA）的理事会成员，任期 6 年。他还因为在艺术领域的领导力和创造力于 1996 年获得麦克阿瑟奖（MacArthur Fellow Award）。

斯特里克兰展现了以上所说的拜格雷夫总结的成功企业家的很多特

---

① William D. Bygrave, *The Portable MBA in Entrepreneurship*（New York：John Wiley & Sons, 1994），p. 5.

征。毫无疑问，斯特里克兰有梦想，有决心，还是一个行动者。在阅读以下访谈的过程中，请思考他是否还展现了其他特征。

**问题**：曼彻斯特工匠公会和比德韦尔培训中心与其他非营利组织有何不同？

**斯特里克兰**：有几点不同。第一，员工及整个组织都认可同一套价值观，该价值观涉及质量、卓越、绩效、测评，并且不将非营利身份当作是无法获得商业技能的借口。第二，我们鼓励员工在追求自己的事业、变得更加专业的过程中不断创新。

**问题**：你是如何成为社会企业家的？

**斯特里克兰**：完全是个意外。我倒想说成为企业家都是因为成功的分析和深刻的远见，但我不确信事实真的是这样。不过我记得，哈佛商学院的经历让我备受鼓舞，几年前我在那儿做过演讲。我用幻灯片展示完我们的工作后，反响热烈。课程结束时，教授宣称我就是一名社会企业家——这个词我以前闻所未闻。在获得这个称谓前，我一直以为自己做的就是为组织创造多元化的收入策略和项目策略，其中一些属于这种特殊企业的范畴。

8　　**问题**：你做了什么使得你如此与众不同？

**斯特里克兰**：我专注于和市场展开合作。第一，在培训员工之前，我会向雇主询问他们对员工的期望——教育培训需要直接对接企业的期望。第二，我坚持我们培训出的员工在工作能力上要超越雇主的期望，我们永远支持自己的产品（即培训的员工）。第三，从不同维度去了解公司。举个例子，我们为拜耳化学公司（Bayer Chemical Company）培训化学技师，拜耳还有个聚合物部门。当我们表示对聚合物感兴趣时，产生了两个结果：我们明年将要针对聚合物注塑项目开展培训；我们使用拜耳的塑料制成的爵士乐 CD 获得了格莱美奖，拜耳明年将拆分独立成为一家新的公司。与拜耳沟通后，我们达成了合作意向，在我们的光盘产品中使用他们的塑料，这最终给我们带来了巨大利润。

**问题**：你对未来有什么展望？

**斯特里克兰**：有好几个想法。第一，将在旧金山复制我们的匹兹堡模式，威力·布朗（Willy Brown）市长对此很感兴趣，也一直在支持我们。我们的设想是，理事会成员来自惠普、思科、富国银行、安达信会计师事务所以及嘉信理财集团，我们在旧金山湾区有土地，有一名建筑师，有资金。我们将以匹兹堡模式为原型建造一个面积为 90000 平方英尺的高科技艺术培训中心。第二，我和一个朋友希望在匹兹堡建一个 45000 平方英尺的高科技温室，种植兰花和水培西红柿并进行市场销售。第三，我们现在和一个公立学校系统开展了正式合作，他们希望我们能够建立一所着眼于未来科技的高中。他们的实际期望是"希望你们替代公立学校系统来开展职业教育"。

**问题：**你有什么建议可以鼓舞和激励其他的社会企业家？

**斯特里克兰：**人是非常重要的资源，特别是在组织治理结构中要拥有具备创新思维能力的人才。因为这是一个全新的、正在发展的领域，你需要同思路相投、懂得创新的人不断地交流并相互鼓励，这与传统官僚体制不同。不幸的是，因循守旧的做事方式仍然盛行于许多组织中——尤其是在公共部门。所以在理事会及员工团队中，需要有能够为对话作出贡献而非仅仅提出质疑的人。

*行动步骤*

下一次，请从繁忙的日程中抽出几分钟时间来思考你在哪些方面展现了上述特征？有一些特征是否已经成为你管理公司的核心，而另一些则需要进一步培养？就已经展现出来的特征，花点时间鼓励自己；也需要下定决心改进需要加强的领域。通过有意识地关注每一个需要改进的方面，你会发现不知不觉中已经做到了改进。

## 是什么让创业者成为社会企业家

美国的社会部门规模庞大、发展健全且多种多样，涵盖了教堂、学院、大学、私立学校、医院、疗养院、药物和酒精成瘾者康复项目、家庭辅导服务、工作培训、紧急救援机构、经济适用房开发、流动厨房（食物救济站）、食物银行、表演中心、博物馆、环境保护组织、社区服务项目，以及其他许多种类的组织。

不论你是否意识到，我们每天的生活都在和社会组织接触，从出生到死亡——以及其中的日子——我们的生活也因社会组织提供给客户及社区的各类服务而变得丰富多彩。

### 不同组织服务不同的需求

社会企业，如国际仁人家园（the Habitat for Humanity）、二次丰收（Second Harvest）所属的各地区性食物银行、善意工业（Goodwill Industry），明显有别于传统的商业公司，如西尔斯、索尼、雪佛龙、IBM以及街边的小食店。

核心概念

社会企业区别于商业公司的主要特点是什么？以下是社会企业的两个重要方面。

√ 社会企业拥有社会目标。社会企业的主要目标是维持和改善社会条件，而非仅仅为组织的资助者、管理者、员工或客户谋求经济利益。

√ 社会企业融合了社会的方法及商业的方法。除了尽力挖掘一些利益相关者的善意捐赠之外，它们还寻找创造性的方式（比如商业方式）来增加收入。在其业务充分商业化后，社会企业就成为商业企业和慈善组织的混合体。

到此为止，也许你还是不太确定什么是社会企业。以下案例是一些成功的社会企业，它们给客户及所在社区带来了巨大的影响。

卢贝肯（Rubicon）：一家位于加利福尼亚州里士满的社会企业，其商业公司每年通过烘焙、居家服务以及一个建筑维护公司获得近400万美元的收入，但它的主要目标是社会性的：为企业不考虑雇用的人提供就业培训的机会。公司员工就是主要的项目参与者，即该地区无家可归的人或残疾人。公司大约一半的收入用以支付公司各个项目的运行，另一半经费来自善意的捐赠。具体项目包括工作培训、住房、心理健康咨询和就业。[1]

大自然保护协会（the Nature Conservancy）：总部位于弗吉尼亚州阿灵顿，是一个全球性的非营利组织，运行着世界上最大的私人自然保护

---

① Heather McLeod，"The New Social Entrepreneurs," *Who Cares*，April 1997，p.34.

区。自 1951 年创立以来，仅在美国就保护了超过 900 万英亩有重要生态意义的土地。在美国以外，其保护的土地已超过 6000 万英亩。大自然保护协会的活动对环境保护带来了宏大而积极的影响，也在切实践行它的使命，即"通过保护生存所需的土地和水域，保护代表地球生物多样性的植物、动物和自然群落"[①]。大自然保护协会在发展过程中不断创新，比如，成立了一家营利公司——东海岸可持续发展公司，在实现保护环境目标的同时产生利润并创造就业机会。[②] 再比如，与佐治亚太平洋股份有限公司建立合作伙伴关系，在选定的保护区进行环境友好的、可持续的木材采伐。尽管有同商业企业合作的收益，它也还需要依靠 100 万组织会员及其他捐赠者的善意捐赠。

奥菲斯室内乐团（Orpheus Chamber Orchestra）：纽约市的一家非营利组织，总部坐落于上曼哈顿莫宁塞得区历史悠久的河滨教堂。奥菲斯的目标是将最高水准的艺术享受带给所在的社区、整个纽约市乃至全世界。奥菲斯与当地社区有密切的联系，除了定期在卡耐基音乐厅演出之外，乐团还从 1996 年起在河滨教堂开启了一系列备受欢迎的社区音乐会，在纽约市公立学校发起了一项非常成功的古典音乐欣赏计划——这是一个最近正在扩张的项目，得益于彼得·J. 夏普基金会一笔 25 万美元的捐款，并和纽约城市大学柏鲁克学院（Baruch College）一起建了一个新宿舍。奥菲斯室内乐团的运营方式非常具有创造性，通过销售系列音乐会的门票、CD（迄今已有 50 余种）、寻求公司赞助等多种方式筹集组织运营资金。[③]

## 案例分析

11

### 为人类建造居住家园

这是一个全美排名前二十的住宅建设组织，曾在 50 多个国家建造了 7 万多间住宅，并为至少 35 万人提供安全、低价和体面的住房，你会如何称呼它？面对这样一个拥有强烈的社会使命感并孜孜不倦地为实现使命而奋斗的组织，你又如何称呼它？我们称之为国际仁人家园（Habitat

---

① www. tnc. org（The Nature Conservancy's Website）.

② J. Gregory Dees, "Enterprising Nonprofits," *Harvard Business Review*, January – February 1998, p. 66.

③ Orpheus Chamber Orchestra press kit, February 2000.

for Humanity），它是米勒德·富勒（Millard Fuller）和琳达·富勒（Linda Fuller）1976年在佐治亚州的阿梅里克斯县创办的社会企业。

作为一家非营利的基督教住房组织，国际仁人家园致力于在全球范围内消除不达标的住房和无家可归的现象，并且基于良心、付诸行动，努力提供数量充足且价格可负担的住房。该组织以成本价零利润向合作家庭出售房屋，并通过可承担的零利息贷款为这些家庭提供财务支持。仁人家园的成长历程是过去三十年社会企业家精神最典型的例子之一。

尽管推动仁人家园发展的主要引擎是源于善意捐赠的越来越多的志愿劳动、免税捐赠的资金和建筑材料，但该组织的独到之处在于，它要求未来的房主投入300到500小时的劳动，参与建造自己的住宅或者他人的住宅，即劳动产权（sweat equity）。房主的参与不仅减少了建造成本，还让房主在为社区提供合作加强联系的同时获得了个人拥有感，虽然房主仍需要为房子支付适度的抵押贷款，最终通过自己的劳动和金钱购得住宅。

仁人家园同前总统吉米·卡特（Jimmy Carter）及其夫人罗斯林（Roslyn）有密切的关系，因此吸引了不少媒体的目光。1984年，仁人家园提出发起年度项目"吉米·卡特工作项目"，该想法得到了卡特总统的支持。在这个项目中，卡特总统和夫人以及志愿者们在选定的地点集中工作了1周，目标是为有需要的人建造100套低成本住宅。1999年，卡特总统和6000名志愿者用了1周时间在得克萨斯州休斯敦建造了100套住宅。整个过程中，他们钉了50万英尺长的木材，吃了7万顿饭，喝了3.5万加仑的水，用了10万磅的冰。

毫无疑问，仁人家园是一个受强烈社会目标驱动的组织：为低收入人群提供住宅，同时让他们自力更生、获得自尊；它也是一个社会企业，通过融合商业的及社会的方法获得实施项目所需的大量现金、劳动力及各种材料。仁人家园和客户建立的是合作伙伴关系而非依赖关系。卡特总统评价道："我们在工作中平等对待每一个人，因此我们是合作伙伴。这不是慈善，不是施舍。"通过和客户一起并肩工作、帮助他们切身体会拥有一份自己的美国梦的自豪感——这份美国梦是他们通过投入自己的时间、精力和金钱换来的，仁人家园在贫困的汪洋中建立起了希望的岛屿。随着仁人家园帮助的人越来越多，这些希望的岛屿也在不断扩大。

**为什么社会企业对你非常重要**

社会部门在过去的几十年经历了天翻地覆的变化，慈善救济的时代已经一去不复返了，通过发放现金进行补贴的方式往往事与愿违地让项目参与者产生依赖性，而不能帮助他们准备好去承担自己应该承担的责任。随之消逝的，还有那些可以从政府及基金会唾手可得的资金，从来没有人对那些资金使用的效果进行过问责。

## 当前社会部门的发展趋势

**核心概念**

社会组织中兴起了一种新的精神，即社会创业精神。这种精神出现了以下几种趋势，这些趋势在过去的几十年中得到稳步强化，包括：

1. 高度关注传统政府和慈善的方法在满足社会需求方面的有效性；

2. 不断寻求创新方式，以期实现持续改善；

3. 人们更开放地接受在社会部门试验一些基于市场和商业化的方法；

4. 公共服务私有化日益加剧，结果是营利企业和非营利组织都可以获得政府合同；

5. 私人慈善机构和政府机构的资助都从需求导向转到结果导向；

6. 在社会和社区事务中都要求融入更深入的、更系统的参与方式。

这些趋势共同促进了世界范围内公共产品和服务提供方式的重大转变，由此，行业界限变得日益模糊，社会部门愈发需要企业家精神。具体而言，社会企业家在新形势下需要不断地搜寻解决社会问题的可持续的方式和更持久的资金来源。

尽管传统慈善救助将会一直是社会部门的一部分，但许多新方法的支持者认为传统方式并不能解决潜在的问题，反而会导致不健康的依赖关系，使项目参与者失去尊严。

**核心概念**

社会企业家正在努力将改善社会环境的重点从慈善救助的方法转移

到新的系统方法。他们特别运用了以下方法：

- 减少对慈善援助的需求，而不是简单地满足需求（如卢贝肯的就业项目）；
- 让人们参与改善自己生活的过程并承担一定的责任（如国际仁人家园要求房主对所得的房屋付出劳动并支付一定的房款）。

虽然好的、传统的慈善援助仍然是许多社会组织的必要部分，但是人们普遍认为还需要全新的方式才能解决不断出现的问题。

社会企业家也正从严重依赖慈善转变为更多地采用私营部门创业组织所广泛使用的商业手法。从长远来看，慈善资源可能不稳定、不可靠、易变化，并且寻求捐赠的过程会耗费组织太多的时间和精力。所以，社会企业家正在寻找新的资金来源。为此，他们采取了如下行动：

- 探索获得资金的商业方式（见奥菲斯室内乐团案例）；
- 成立使命相关的商业组织（见卢贝肯案例）；
- 同企业合作建立互惠的伙伴关系（见大自然保护协会案例）。

## 14　新的机遇，新的挑战

社会企业家精神为非营利组织创造了各种各样新的机会，同时也带来了诸多挑战。对于需要依靠慈善援助来支撑运营和项目活动的组织，或者根本没有能力、没有员工来应对改变的组织，这些挑战尤为明显。

### 新的资金机遇

如果说社会企业还算学到了一点东西的话，那就是，当今时代的社会企业将创业活动引入组织有很多机遇，唯一的局限就是想象力。

以下是社会企业普遍采用的一些创新的资金策略，这些策略的运用使组织更有能力减少对纯慈善的依赖程度。

**按服务收费和还款计划**。这些项目都要求参与者至少支付一部分服务费用，如果付费涉及贷款和其他义务，允许参与者在数月或数年内还贷至少一部分费用。按服务收费和还款计划具有以下优势：

√ 能提供市场反馈；

√ 减少参与者对项目的依赖和被救助感；

√ 作为筛选真正需求的一种工具。

**商业企业和商业伙伴关系**。许多社会企业都在成立自己的商业企业或与营利企业建立合作伙伴关系后获得了巨大成功。不论是基督教青年会向公众销售健身计划，女童子军销售饼干，还是关节炎基金会允许制药公司使用其商标，越来越多的非营利组织都在尝试商业策略。商业企业和商业伙伴关系具有以下优势：

　√ 能提高效率或改善效果；

　√ 实现自给自足；

　√ 提供不受限制的资金流。

应用工具

**社会企业范围图谱**

社会企业家意识到可以用很多不同的方法去组建自己的组织，如表1.1 社会企业范围图谱所示。表1.1用简单的方法展示了社会企业的两个极端：纯慈善组织在一端，纯商业组织在另一端，其他各种可能的组织形式居中。

**表1.1　社会企业范围图谱**　　15

| | 选项连续体 | | |
|---|---|---|---|
| | ←――――――――――――――――――→ | | |
| | 纯慈善 | 混合型 | 纯商业 |
| 动机 | 以善意为根本 | 混合动机 | 以个人利益为根本 |
| 动机 | 使命驱动 | 使命和市场的平衡 | 市场驱动 |
| 目标 | 创造社会价值 | 创造社会价值和经济价值 | 创造经济价值 |
| 关键利益相关者 | | | |
| 受益人 | 免付费 | 支付部分费用，或者一部分人全价付费、另一部分人零付费相结合 | 以市场价付费 |
| 资本金 | 捐赠 | 低于市场价的资本，或者一部分人全价付费、另一部分人零付费相结合 | 市场价的资本 |
| 劳动力 | 志愿者 | 低于市场价的工资，或者志愿者与全职带薪员工相结合 | 市场价薪酬 |
| 供应商 | 实物捐赠 | 特殊优惠，或者实物捐赠与全价付费相结合 | 按市场价定价 |

那么，你的组织现在位于社会企业范围图谱的哪个位置？你想让它将来处于哪个位置？

**新的挑战**

毫无疑问，社会创业给组织带来新的机遇，同时也会带来新的挑战，关键是随着社会企业组织的不断发展，你需要注意到存在这样一些挑战，并准备好解决方案。比如，随着组织向社会企业范围图谱的商业方向更多地延伸，需要注意的挑战有：

√ 难以建立新的组织产能；

√ 管理资源供应不足；

√ 新的资助方式可能带来文化冲突；

√ 最初的资助者可能减少资助；

√ 关键利益相关者可能不认可这种商业化转变；

√ 组织外部的政治反对；

√ 次要部分可能开始支配全局。

# 创业成功的因素

应用工具

管理学大师、哈佛商学院教授罗莎贝特·莫斯·坎特（Rosabeth Moss Kanter）绘制了一份以可以帮助企业成功的 4F 清单，这份清单随后被巴布森学院创业研究中心的威廉·D. 拜格雷夫发展为 9F 清单。在阅读这份清单时，请思考你的组织是否也展现了同样的特征。

1. 创始人（Founders）：每个刚起步的公司都需要一流的创业者团队。如果没有真正的创业精神支撑组织，成功的机会将大大减小。

2. 专注（Focused）：创业公司专注于利基市场和专业化发展。创业者寻找他们有能力、最擅长，且能让消费者获得最大受益的产品或服务，并全力以赴专注于此，不贪多也不凑合。

3. 迅捷（Fast）：创业者决策果断，执行迅速。并不是说创业者们需要草率而不经思考地做决定，恰恰相反，之所以能够快速作出决定是因为他们提前花时间做了所有研究及准备，这样，时机一到，他们就能快速行动。

4. 灵活（Flexible）：他们思想开放，灵活应变。创业者总是寻求市场中可以利用的变化和机遇，而不会囿于过去。

5. 永远创新（Forever-innovating）：他们是孜孜不倦的创新者，坚信任何一件事情都有更好的处理方式，不论是为客户提供更好更便宜的产品，还是提高质量及时回应客户需求，他们都会不断地探寻一个又一个更好的方式。

6. 扁平化（Flat）：创业组织有较少的管理层级。他们不愿把时间、金钱或耐心浪费在对组织使命没有贡献或仅有很少贡献的员工上。

7. 节俭（Frugal）：创业组织通过降低开支和提高生产率来降低成本，这让他们比缺乏财务纪律的竞争对手更具竞争力。

8. 友好（Friendly）：创业公司对客户、供应商及员工非常友好。你想要和哪种公司打交道，真正关心你的组织还是不在乎你的组织？

9. 有趣（Fun）：与创业公司建立联系非常有趣。为一个快速发展并对业务开展有冒险态度的组织工作可能是世界上最令人激动的事情了。可能你会比以往任何时候都更加努力地工作，无论是精神上还是财务上的回报也会远远超过你最大胆的预期。①

你是否在自己的组织中找到了上面的一些预示创业成功的因素？如果还没有，请思考怎么在组织中找到上述的一些因素进行拓展，使之成为组织开展业务的一部分。

## 总　结

越来越多的非营利组织发现，融入更多的创业精神可能让组织在很多方面都受益，除了财务收益，还能提高组织的员工、志愿者、资助者和客户的士气，并激发他们的能量。本章阐述了社会创业的定义，以及是什么让一个企业变成一个社会企业。我们学习了为什么社会创业对你和组织至关重要，并回顾了成功企业的特点。逐渐阅读本书的过程中，请记住你可以选择和决定如何创业，这个问题没有任何简单的正确答案，对你的组织、客户和利益相关者最好的方案就是正确答案。

---

① Bygrave，*The Portable MBA in Entrepreneurship*，p. 23.

需要记住的关键点如下。

√ 创业者是创新的、机会导向的、随机应变的、创造价值的变革推动者；

√ 社会企业家是铭记社会使命的创业者；

18　　√ 衡量社会企业家成功的最好办法不是看获得了多少财务利润，而是看创造了多少社会价值；

√ 社会企业和商业企业的关键差异在于：（1）社会企业拥有社会目标；（2）社会企业融合了社会和商业的方式；

√ 传统慈善及政府资金和支持的减少使得越来越多的非营利组织创立企业；

√ 社会企业家精神为非营利组织创造了新的机遇，也带来了新的挑战；

√ 社会企业范围图谱从纯粹的慈善组织延伸至纯粹的商业组织，但大多数组织介于两者之间。

# 第二章　制定组织使命

罗伯特·约翰斯顿[*]

**本章内容提要**

使命是创业者最有用的工具

如何制定组织使命

基于使命进行规划和领导

在各行各业，使命都是高效组织的奠基石。组织使命指引着包括领导者、出资者及客户在内的所有相关人员清晰地认识组织的目标和存在意义。有了这一共识，创业组织才可以变成机会导向型和客户导向型的组织，积极寻找市场出现的空缺，发现客户对什么产品和服务有新的兴趣，接触正在寻求投资机遇的、兴趣相投的投资人或资助者。作为创业企业日常运营的有力工具，使命既是黏合剂也是指南针，它将人们团结在一个共同目标的周围，成为人们在充满机遇和选择繁多的现实世界中作出选择的基础。

> 使命是引航的灯塔。一切始于使命，一切围绕使命。—— 弗朗西斯·赫塞尔 (Frances Hesselbein)[①]
> 使命确定方向而非终点。组织使命告诉成员为什么而共同工作，应该怎样为世界做贡献。没有使命的指引，就无法确定为什么一些

---

[*]　德鲁克基金会项目部高级副总裁。

[①]　Frances Hesselbein, *Excellence in Nonprofit Leadership*, video program (San Francisco: Jossey-Bass, 1998).

> 预期的结果会比其他的更重要……使命能为漫长的旅途注入热情和
> 耐心。——彼得·M. 圣吉（Peter M. Senge）[1]

20　使命不只是挂在墙上的名言警句，还可以激发组织的灵感并提供实践指导。只有成为创业组织的常规规范的一部分，使命才会成为最有用的工具。

## 使命是创业者最有用的工具

千百年来，各组织及领导者面临的一个重中之重的任务就是清晰地界定和交流组织的目标。领导层在界定组织使命（即组织为何存在的原因）的过程中保持开放的态度、鼓励探讨和辩论有助于构建凝聚力、吸引注意力，这些对于组织未来的成功都十分重要。

**使命是……**

核心概念

既然使命这种工具那么有用，就有必要在使用之前透彻地理解使命的概念。在实践、日常交流及管理学文献中，使命的定义各有异同。本书采用的定义是：

**使命："我们何以为所为"，即组织存在的原因和目的**

彼得·F. 德鲁克（Peter F. Drucker）认为，简洁明晰、聚焦明确、易于交流的使命可以让组织受益。他认为："组织使命应该简洁到可以印刷在 T 恤上。"[2] 如果你还不满足，可以采用他的第一个建议：使命要简洁到可以"印刷在汽车的保险杠贴条上"[3]。当然，这不是说最好的使命就是在领导者协作竞争中脱颖而出的世界上最短的使命。适当的目标应该广为人知，应该被客户、志愿者、员工、合作伙伴、出资者、竞争者

---

① Peter M. Senge, "The Practice of Innovation," in *Leader to Leader* (San Francisco：Jossey-Bass, 1999), p. 6162.

② Peter F. Drucker, *The Drucker Foundation Self-Assessment Tool：Participant Workbook* (San Francisco：Jossey-Bass, 1998), p. 15.

③ 参见彼得·F. 德鲁克与弗朗西斯·赫塞尔，约翰·雅各布，理查德·舒伯特及作者的谈话，1992.

和普罗大众所理解并接受。一个典型的例子是国际红十字会与红新月会联合会的使命：为最弱势的群体服务。这一使命译成多种语言使用于多个国家，短短的几个字激发了人们的热情和担当，清楚地解释了这些组织"存在"的原因。

### 对客户……

在探索使命的整个过程中，客户指的是组织要为之服务的人群，只有满足了他们的需求组织才算是达到了目标。客户就是"重视你的服务、需要你的服务、认为你的服务重要"[①] 的人。社会部门的组织有两类客户：主要客户是通过组织的服务，生活得到了改善的人；支持性客户是指志愿者、组织成员、合作伙伴、出资者、推荐人、员工以及其他需要考虑其满意度的人。主要客户和支持性客户共同构成了组织绩效问责的多种群体。如果组织能够开放地保持与客户的对话，它就能开放地面对新的机遇、应对新的挑战。客户的意见和选择可以塑造使命，使命反过来也界定了组织应该服务哪些人、不应该服务哪些人。

### 作为杠杆的使命

杠杆是人类的一个简单但必要的工具。借助杠杆，一个人或者一组人可以移动重量数倍于常规情况但没有杠杆就无法移动的重物。伟大的阿基米德说过："给我一个足够长的杠杆和一个放置它的支点，我就能撬动地球。"非营利组织和社会企业可以把使命当作杠杆撬动人们的心理和思维，实现社会部门所有组织的共同目标——改变生活。

不论哪个部门的哪类组织，领导者都可以利用使命将众多他人的贡献整合起来用以服务特定的目标（见图 2.1），这种整合作用来自于对组织内外人员的目的和贡献进行协调，最终结果不是因命令和控制导致的服从，而是基于追求共同使命的承诺。就生产率而言，认可组织使命并积极贡献想法的员工总是远远优于仅仅服从命令的员工。使命导向的行动往往是众人伟大思想共同作用的结果，其卓越成效也会进一步印证这

---

①　Peter F. Drucker, *The Drucker Foundation Self-Assessment Tool：Participant Workbook*, p. 22.

些决策的正确与明智。

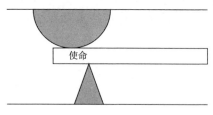

图 2.1　使命的杠杆作用

22　　　安妮·E. 凯西基金会（the Annie E. Casey Foundation）的使命是"帮助美国弱势儿童创造更美好的未来"。通过界定明确、易于理解和执行的使命，组织才能真正改变世界、改变成百上千人的命运。

**撬动领导力**

使命可以作为共享责任和权力的一种方式，例如，可以利用使命来解释为什么要评估客户的满意度才能让组织中的每个人都从客户和组织使命的角度出发，作出正确的决定。理查德·帕斯卡尔（Richard Pascale）和同事们对正经历重大转型的美军国家训练中心和一些公司进行了研究，他们发现对使命的理解程度可以决定成败。他们解释了维持变革的原则之一："只有将整体战略与个人业绩挂钩，组织成员才能做到最好。了解宏观大局［使命］并掌握具体情况下的细枝末节才能够让员工将宏大的战略意图与具体的运营因素建立关联，这对活动执行和最终成功都至关重要。"[①]

在将使命作为制定绩效标准的组织中，每个人都能在决策制定中相互交流分享。明确的使命是在组织中进行责任共享的开端和重要支撑。

**作为一项原则的使命**

使命是一项重要的原则，为每天面临机遇和挑战的个人及组织提供

---

① Richard Pascale and Anne Miller, "Acting Your Way into a New Way of Thinking," *Leader to Leader*, No. 9, Summer 1998, p. 43.

信息以作出明智的决定，简至可以印在 T 恤上的使命可以在任何时候指导我们评估机会的吸引力或威胁的严重性。使命也是一个标准，可以协助我们比较各种新想法的优劣并排序，一个令人兴奋但与使命无关的机会肯定不如一个同样令人激动但又可以进一步深化使命的机会。美国糖尿病协会的使命是预防和治愈糖尿病，改善所有受糖尿病影响的人的生活。一些方法可以深化组织使命，另一些则不能。所以，足够清晰的目标才能协助组织对诸多机遇选项进行衡量，最后明智地筛选出可以深化组织使命的机会。

使命作为原则也应该延伸到组织对捐赠者、客户、支持者及大众的责任。有一个定义清晰被广泛认同的目标，组织才可以开发出明确的业绩衡量指标。马萨诸塞州牛顿地区日间学校校长芭芭拉·罗杰斯（Sister Barbara Rogers）的学校通过重新厘清使命遏制了不断下降的入学率，他们的捐赠收入也随之提高了 6 倍。她说："对使命的清晰认识既让我们能够自由改变，又让我们能够迅速作出决定。我们不再反复无常、无法预测。"[①]

### 使命是一个灵活的工具

如果要让使命发挥最有效的使用，组织和领导者需要至少每 3 年重新审视使命，这样可以保证组织中的每一个人都将使命当作工作中的指导，并明白使命的有效性需要在实践中不断接受检验。环境比较稳定的情况下，这个 3 年一次的安排将有助于保证组织不会一直纠结于已经过时的目标中；如果环境急剧变化，客户和社区的需求也会随之迅速变化，这时可能就需要更频繁地甚至以紧急的方式来重审使命。重审使命的过程中，理事会及员工需要考虑使命在当前的有效性、客户和组织所处环境中当前存在的或未来可能出现的需求，以及个人对使命的忠诚度。这些方面的变化都可能导致使命的修订甚至重新制定。

## 如何制定组织使命

为一个组织、一次合作或者一个商业项目制定或者修订使命是一

---

① Jill Rosenfeld, "She's on a (Turnaround) Mission from God," *Fast Company*, May 2000, p. 34.

项充满挑战的任务。在这一过程中，我们可以采用从小组讨论到个人反思在内的不同方式。本节将描述制定使命的诊断方法和关键原则。本章的最后会更完整详细地描述使命的制定过程，包括成立使命撰写小组，筹备向理事会报告演示等（见案例分析，"制定使命的小组方法"）。

对于大多数在社会部门工作的人而言，使命的产生是自然而然的，因为使命是他们努力奋斗的原因，人们因为相信组织的使命才为组织工作。对于社会部门组织的领导而言，使命更加重要，使用得当的话，组织使命可以为吸引人才和资金来改变人们的生活方式奠定基础，换言之，可以基于使命来吸引资源、开发策略并激发人们的承诺。

√ 使命是必要的界定性的想法。组织的使命可以围绕组织成员现有的承诺和关注点进行构建，目的就是厘清组织为什么存在，让每个参与的人切身体会到他们的付出将会带来的进展和意义。

√ 使命的制定和演变必须有他人的参与。要把一个令人信服的使命变成一个有效的组织，领导者必须是一个"传教士"，向他人"布道"组织的使命是什么。使命需要调整时，也必须让组织成员参与整个过程。只有当组织的众多利益相关者有机会发声时，使命的相关性和组织的有效性才会得到提升。

√ 组织使命应该随情况变化而调整：有的使命实现了，有的则过时了。领导者必须为调整使命做好准备，并在需要的时候领导整个调整变化的过程。

√ 缺乏行动的使命毫无意义。彼得·德鲁克将创业者视为机遇的发掘者。一个良好的使命会为社会部门的组织带来强有力的创造变化的机会，如果使命的出现不能促成与之相协调的计划和行动方案，使命就仅限于一个良好的意愿而已。

√ 使命和行动可以改变世界。社会部门的组织所处的特殊位置在于，它们将最好的思想、最善良的心灵以及各种资源整合在一起为社会及人们的生活带来有意义的变化。如果资源有限，使命可以鼓舞人们坚持不懈。正如赫塞尔和圣吉所言，使命是"引航的灯塔"，提供面对艰难挑战需要的"韧性和耐心"。

## 你的组织需要重新修订使命吗？一个简单的诊断方法

应用工具

大多数组织和社会企业都在某个使命的激励和引导下开展工作。那么，你的组织使命是否最大化地激励了你的同事、客户和其他捐资者？是否得到了他们的认同并能持续保持这种认同？你的组织使命是否像芭芭拉·罗格斯的一样，让组织"有了变化的自由"以及"迅速作出决定的能力"？下面的诊断方法可以帮助你评估组织使命是否有效，是否需要修订才能更好地满足客户的需求、迎接当前及未来的挑战。

1. 在不参考任何资料的情况下，回想你当前的使命。

√ 你可以准确地写出使命吗？

√ 你可以用最多 25 个字写出使命吗？

√ 你可以在 30 秒内向另一个人复述使命吗？

2. 用表 2.2 的清单评估你的使命。

表 2.2　使命诊断

| | 是 | 一定程度上是 | 否 |
|---|---|---|---|
| √ 简明扼要，重点突出？ | | | |
| √ 清晰易懂？ | | | |
| √ 陈述了组织存在的根本原因？ | | | |
| √ 描述了目的而不是手段？ | | | |
| √ 足够宽泛？ | | | |
| √ 指明做事情的正确方向？ | | | |
| √ 关注和利用机会？ | | | |
| √ 与组织的竞争力相匹配？ | | | |
| √ 激发你的承诺？ | | | |
| √ 描述你期望以后人们记住的东西？ | | | |

同理事会的成员、可信任的同事、顾问或者导师分享并一起讨论使命及上述问题，让他们也用此标准对使命进行打分。

25

3. 使命是否有助于吸引资源、激励行动、引导组织去实现期望的结果？

√ 潜在的捐赠者是否明白并积极回应该使命？

√ 是不是任意三个同事都能准确讲述使命？

√ 是不是任意三个理事会成员都能准确讲述使命？

√ 他们的讲述是否一致？

√ 你的员工知道组织使命吗？关于使命的话题是否会出现在对话、会议、内部备忘录中？

## 评 分

虽然有了这些问题清单，但是仍然没有一个可以快速而实用的评价使命的规则。首先，你（还有理事会成员、可信任的同事、顾问或者导师）必须是裁判。其次，组织面临的不同情况、成立时间和机会都会导致不同的评估结论。你可能根据自己对使命的理解来领导组织，觉得组织使命不需要修订，但你还是可以努力让更多的支持者更深刻地理解组织的使命，这些人包括理事会、员工、资助者，以及其他可以帮助组织实现目标的人。

### 制定使命的关键原则

如果你想制定或者修订使命，以下原则可能会有所帮助。

1. 不要单独完成。制定或修订使命的过程是一个难得的与组织的所有利益相关者共享承诺和分担责任的机会。理事会和员工可以贡献他们的希冀、知识领域及对客户的了解、对组织未来的期望。这些新想法都可以推动实现更好的结果，你作为领导者应该贯彻为使命而管理，而他们的参与就是开端。

2. 统一评估标准。表2.2列出的标准开启了使命制定的过程，通过对大家认同的标准进行回顾和筛选，组织的利益相关者能够增强对组织使命的拥有感、承诺性和清晰度。这些标准大部分都应该包括到，但你的组织可能会根据实际情况在重要程度上进行适当的权衡，也许你们觉得应该包括组织运营的方式。例如，旧金山金门社区的使命是：协力18~30岁的高危人群的个人成长，为他们提供经济机会，以改变他们的生活。一开始制定组织使命就应该确定制定的标准，并将确定的标准贯穿到整个过程中。

3. 草拟各种可能性。利用所有的机会和不同的方式探讨和展示使命的核心思想。制定草案，对照标准进行检验，提供反馈，不断重复这一过程。

4. 对照标准检验各种可选方案并提供额外反馈。审阅每个草案时都要对照评估标准进行检验，并与理事会成员、同事、当前和潜在的支持者及客户分享结果，聆听他们的回答，记录他们的问题，也记录你自己在参照标准后得出的评价，综合使用这些审阅结果再次修订使命，若有需要，可以草拟更多的可能性。

5. 遵循组织有关批准与沟通的流程和规则。使命制定是理事会的一项重要工作，如果你的组织或项目由理事会负责管理，请确保你获得理事会领导的支持，采纳理事会的建议，尊重他们的权威，定期与理事会主席见面并汇报各种新的进展。如果可能，请理事会主席加入使命小组。

下一个需要同理事会协调的重要问题是如何同员工和利益相关者进行沟通，在制定使命的过程中，理事会的意见和反馈至关重要；使命制定完成后，他们的理解和投入更是不可或缺。

6. 灵活运用。之前提到的原则可以以不同的方式应用到各种规模和目标的组织中，最终目的就是要在制定使命的过程遵循一个简单的纪律。需要记住的是，使命制定的过程也是培育和鼓励成员认同组织目标并积极投入的过程。所以，尽管过程中让更多人参与可能会降低效率，但是他们的参与从长远来看会产生积极的效果。更加完整的使命制定过程请见本章最后的案例分析"制定使命的小组方法"。

## 基于使命进行规划和领导

使命在非营利组织的规划中起到非常重要的作用。图 2.3 描述了组织的内部规划活动，这些活动考虑了环境及客户中存在的机遇。对所有组织来说，对结果的规划始于外部因素，因此需要审视外部环境，为组织及其领导描绘组织运行的外部环境的图景，进一步了解和应对组织在计划过程中可能会面临的机遇和威胁。在掌握外部环境图景的基础上，组织需要同客户沟通来洞悉他们如何看待组织以及他们想如何从组织获益。只有基于全面的环境审视和细致的客户调查，制订出的计划才能进

27

一步深化使命，使得组织在进一步善用其特长和能力的同时，对环境和客户保持敏感度。

28　　**审视环境　利用机会**

**至理名言**

彼得·F. 德鲁克在《创新和企业家精神》一书中描述了寻找和应对环境变化的意义：

"企业家总是寻求变化，应对变化，并将变化当作机会来利用。"[①]

在审视环境时，我们可以视变化为挑战、威胁，甚至是机遇，因为变化没有固定的分类。每个领导人都应秉承创业者的精神，思考"我们如何利用这次变化？""我们如何利用变化来深化使命"。德鲁克采用的"利用"[②] 一词并不包含占别人便宜的含义。比如，他在德鲁克基金会1999 年年报中使用"利用"一词，"只有社会部门的组织在社区中运作，利用机会，动员当地资源、解决问题"。社会部门所有的领导者都应该努力利用变化中蕴藏的机遇进一步深化使命。

**挑战是什么？机遇是什么？**

组织并不是为了存在而存在，而是为了服务周围的人、社区和社会而存在。若要让组织的存在与利益相关者的需求密切相关，所有组织的领导者就需要关注周围环境中存在的机遇和挑战，包括哪些属于稳定的特征，哪些是即将到来的变化。环境审视必须回答每个组织面临的两个简单问题：什么是挑战？什么是机遇？如何审视环境会因组织的不同而不同，通常情况下需要收集的信息要素包括：

　　√ 现有客户群体和潜在客户群体的人口学特征如何变化；

　　√ 组织需要解决的社区议题在如何演变；

　　√ 相关的文化或社会趋势；

　　√ 经济趋势，是否可以获得资金和人力资源；

---

① Peter F. Drucker, *Innovation and Entrepreneurship* ( New York：HarperBusiness，1985 )，p. 28.

② 英文原文 exploit 也有剥削、盘剥的意思，因此作者特别作了说明。——译者注。

√ 组织的合作伙伴、合作关系、联盟和附属组织的状态如何；

√ 影响组织及其服务对象的政治、法律和法规；

√ 竞争程度；

√ 新的技术、模式或方法。

组织内部数据也是环境审视需要包括的因素，这些资料包括：　　29

√ 当前使命；

√ 回顾性总结；

√ 价值观陈述；

√ 道德准则；

√ 客户和成员的人口学特征；

√ 提供的服务；

√ 结果的衡量标准；

√ 组织的其他业绩衡量标准；

√ 组织结构图；

√ 财务信息；

√ 出版物；

√ 年度报告。[①]

环境审视让我们更好地认识组织运营环境中存在的机遇和挑战。但如果组织要制定达成预期目标的计划，单单依靠这些环境信息还不够，还需要进一步收集过去的、当前的、未来的客户信息。

### 客户调查

客户调查的目的就是组织在规划、讨论和决策制定的过程中听取客户的声音、采纳客户的意见。如何开展客户调查存在两个流派。"客观局外人派"认为，只有与组织不直接相关的人才能保障调查结果的客观性、避免个人偏见；"内部参与者派"认为，组织的参与者因与客户的直接接触而能提供更有用的信息，而且通过适当的培训和开放的调查氛围，这个方法可以用更低的成本获得更可靠的结果。[②] 当员工把工作时间用

---

① Gary J. Stern, *The Drucker Foundation Self-Assessment Tool*: *Process Guide* (San Francisco: Jossey-Bass, 1998), pp. 34-35.

② Gary J. Stern, *The Drucker Foundation Self-Assessment Tool*: *Process Guide*, pp. 67-68.

于调查时，他就不能参与到其他项目中，所以这种时间成本需要计算在内，机会成本可能会影响你的决策。

本书推荐应用"内部参与者派"的方法，因为这种方法可以提高调查参与者个人承诺的兑现，该调查技巧会用到的主要工具包括：

√ 对话；

√ 焦点小组；

√ 问卷调查及其他研究方法。

30 **至理名言**

可以使用多种方法和工具来理解客户如何从组织中获益，具体目标是，组织的领导者、规划者和组织成员知晓客户的需求和愿望。

### 意外的成功

彼得·F. 德鲁克在《创新和企业家精神》中描述了创新的原则，书中的章节对预期之外的成功作了以下论述：

> 不期而遇的成功比其他任何领域都提供了更丰富的机遇来取得成功创新，而且这样的创新机遇风险更小、需要付出的努力更少。然而，不期而遇的成功几乎被完全忽略；更糟糕的是，管理层倾向于主动拒绝这种机遇。[1]

做环境审视和客户调查的人应该睁开眼睛、竖起耳朵、敞开心扉来迎接不期而遇的成功。哪些客户不在你的预期服务范围内？你的服务在哪些地方带来了始料未及的变化？

你是否注意并主动寻求这些意外的成功？你是否思考如何把这种成功作为进一步发展的基础？如何拓展这种成功？它们如何影响你对客户和使命的看法？

---

[1] Peter F. Drucker, *Innovation and Entrepreneurship*, p. 37.

### 制订计划

使命在非营利组织的规划活动中扮演了重要的角色，图 2.3 展示了组织使命在规划循环的过程中扮演的不可或缺的角色。规划在特定的环境下发生，目的是回应客户的需求。确定了环境和客户以后，组织就可以拟定使命了，使命是组织的意图，解释了组织存在的原因。

**图 2.3　使命在规划过程中扮演的角色**

使命：清晰地认识了意图后，组织可以着手为预期的结果制订计划。

总目的：描述组织理想的未来。目的的数目不应太多，这样组织成员才能透彻理解并为目的的实现提供支持。

具体目标：由总目的细化而来，提供具体的可测量的业绩指标。

行动步骤：描述如何实现具体目标。

预算：在整个流程中，预算的制定是在行动方案形成以后。所以，各项活动的融资计划就是工作计划在财务体系上的体现。创业型组织的预算制定可能意味着需要开发目前尚未掌握的资源。即使融资方案有待开发，在包括组织的目的、目标和行动的整个规划过程中仍然需要在适当的时候考虑预算，这样，规划过程才能为组织使命服务。

评估：注重成效的组织总是把评估纳入所有的活动中，持续地运用绩效考核标准来评估行动步骤和具体目标。年末的年度报告中也应该将具体目标和行动步骤与所取得的结果进行比较。除此之外，还应将这些活动与总目的和预算中的财务期望进行比较。

使命：整个过程没有结束，下一个循环还是从使命开始。本着不断改进和评估的理念，每 3 年应该重新审视使命，可以安排在年度规划开始前进行。

### 治理与管理

对大多数非营利组织而言，使命和目标是理事会发挥治理角色的战略领域。管理层制定目标时就可以开展策略制定，然后接着制定实施这些策略的行动步骤和预算。此外，理事会还肩负绩效评估和每3年重温使命的责任。

32 ### 围绕使命进行领导

建立一个组织并协调众人的工作的确是对领导力的最大挑战。处于这个特殊位置的社会企业家需要一个得到共同认可的目的来激励和引导他人。使用清晰的使命当然有成本：领导者必须笃信使命所承载的语言和精神，并身体力行让所有人都明白使命语言的内涵，这么做会为组织带来明显的优势。从各方面看，清晰无误、易于理解的使命能够为组织开展结果导向型的活动奠定基础。

**应用工具**

在《未来的领导者》中，詹姆斯·L. 赫斯克特和李奥纳多·A. 施莱辛格把注重成效的领导者的特征概括为"结果导向型文化的塑造者和维护者"[①]，并具体描述了他们在工作中所呈现的六种品质。

√ 说一种不同的语言。赫斯克特和施莱辛格发现使命驱动型领导者都使用出人意料的语言，他们评论道："美国最成功的支持性服务组织服务管家清洁公司（ServiceMaster）的理事会主席遴选接班人和CEO的主要标准是拥有一颗'仆人的心'。女童子军被许多人视为社会部门组织中领导最好和管理最好的一个组织，它的前任负责人把自己的工作职责描述为确保组织是'使命导向，基于价值，人口学驱动'的，最后一个词意指女童子军应该成为更多元化的组织。美国最成功的航空公司之一西南航空公司的CEO告诉我们招聘是一个'类似宗教的经历'。"他说，这些领导者使用的语言远远不是我们想象的"头脑冷静，讲话强硬的领

---

① James L. Heskett and Leonard A. Schlesinger, "Leaders who Shape and Keep Performance-oriented Culture", *The Leader of the Future*. (San Francisco: Jossey-Bass, 1995), pp. 111-119.

导者会使用的语言，因为使用了强硬言论的人并没有产生这些领导者所产生的效果"。

√ 聆听和讲述。除了下意识地努力去关注客户和员工的声音，领导者还需要重视他人的贡献，并主动去发现这些贡献。"比如，西南航空公司的 CEO 在员工不找他的时候会主动去找员工（员工二字在西南航空总是大写，很受重视），这让他能更好地聆听来自员工的声音。"

√ 践行价值观。有的组织弘扬的价值观强调对及时、迅捷地回应客户、员工、供应商和其他重要利益相关者需求的行为进行奖励，正是这个特殊的原因让这些组织获得了成功和长存。"在服务管家组织，高层管理人员不仅与客户组织的员工一起工作，还深入参与到外部的慈善工作中。在女童子军，前总干事总是使用一致的语言来传达组织的使命和价值观，给我们的启示是'对高层领导而言，语言有无穷的力量'。" 33

√ 确保员工能力。组织利润和组织成长取决于客户的忠诚度和满意度以及影响员工满意度、忠诚度和生产率的相关因素。很多员工报告显示，是否具备开展工作的能力是决定员工满意度的重要因素。能力提升有许多方式，包括就特定工作和岗位进行筛选和分配、提供培训、技术支持和专家建议。"服务管家公司就花了数倍竞争对手的时间来开发清洁材料、设备和流程以确保生产率最大化和产品质量最优化。""女童子军赞助的领导力培训项目，从任何角度看都是世界上最大的非军方培训项目之一。75 万多名志愿者中的大多数人都是第一次作为领导者，女童子军认为领导力培训同时提高了组织能力和个人能力。"

√ 界定、塑造并使用核心价值观。尽管界定、塑造并使用普遍接受的组织价值观并不是一个新的概念，但是赫斯克特和施莱辛格在对领导者的描述中重新发现了价值观的有用性。他们认为，"尽管很少有组织会花时间去界定、塑造、交流并使用价值观，但因绩效卓著而引起我们注意的组织都是这样做的"。他们发现第一银行（Banc One）的 CEO "定期论证'非常规合作关系'的有效性并就其要素进行交流。第一银行每次进行收购时都要用支撑'非常规合作关系'的价值观去评估收购的可能性：他们必须诚实正直并有能力管理自己。服务管家公司在每 5 年一次的中长期规划中都要重新审查组织的价值观，中长期规划通常由首席执行官负责"。

√ 尊严的力量。赫斯克特和施莱辛格所记录的领导者权力的一种来源是"他们培育组织内各级别员工的尊严"。他们的权力体现在下列各专业领域："语言使用、倾听技巧、弘扬价值观、员工能力提升、澄清核心价值观和确保尊严。"他们的权力还来自于他们"建立关系的能力"。

### 保持专注又不失灵活

所有使命导向的组织都面临一个挑战：如何在专注组织使命和灵活应用既定目标之间保持平衡，这是一个很艰难的过程，许多组织都在迷失方向太久后才学会如何平衡。平衡过程的两个极端分别是"使命僵化"和"使命漂移"。表 2.4 展示了组织处于两个极端间的三个位置的一些特点。通常来说，创业专注度和变化的使命承诺有一定的关联性。位于表格左侧的组织更关注内部运行，具有更少的创新精神；位于右侧的组织更倾向于机会导向，使命的引领作用相对较弱。

表 2.4　平衡专注度与灵活性

| 使命僵化 | 使命导向 | 使命漂移 |
| --- | --- | --- |
| 使命就是一切（比如消除饥饿） | 使命是日常工作的指南 | 日常工作根本不受使命的约束 |
| 达到使命的指标异常艰巨，无法评估 | 领导者明白使命可以变化，定期重温使命才能让使命与客户和组织能力相匹配 | 无限制寻求机会，不考虑机会是否与使命有关 |
| 所有努力都用以维护现有使命，可能会忽视新的机遇 | 客户及其他利益相关者通过观察组织行动就能理解组织的使命 | 组织的行动不再诠释组织的使命，因此他人对组织使命的理解是发散的 |

在向筹资者及客户群体寻求机会以后，创业组织可能发现自己遭遇了"使命漂移"。这时候的明智之举就是重温使命，让组织参与者明白组织存在的初衷和原有意义。重温组织使命意味着可能修订使命，修订更新后的使命可以将组织从僵化局面中解放出来，让组织成员更自由地探索创业组织实现新使命的机会。

希望在机遇和使命间获得平衡的组织至少需要明白组织的使命已经

界定了行动的方向，使命决定了组织应该采用什么方式改变人们的生活。虽然机会众多，人们生活的变化应该成为组织和领导者衡量组织行为和绩效的标准和引导。使命的相关性和重要性为组织在什么场合应该说"不"提供了标准，同时，使命告诉组织新的机遇在什么时候是正确的，什么时候组织应该利用机遇去开拓市场和资源来实现真正改善人们生活的使命。

### 重温使命的必要性

世界总在变化。客户会发现旧的服务不再是必需品，需要新的服务取代。譬如，支持工作开展的技术变得日益重要，更多的人更经常地使用这些技术。社会部门组织的使命指导着组织的目的和具体工作。然而，对使命的坚持并不意味着需要把使命牢固地镌刻在石头上：无论组织的环境和客户如何变化，使命都得保持不变。所以，如果组织及领导者要把使命当成改变世界改变社会的杠杆，就必须根据现实情况定期重温使命。组织必须每 3 年 1 次对使命进行重新回顾，才能使得基于使命的重要决定具有现实合理性，基于使命的决定不能因循守旧，而要反映当下客户和环境的需求和现实。

### 如何重温使命

如果决定了要重新回顾使命，组织可以利用之前描述的使命制定的流程，也可以使用自己特有的方式制定一个能够诠释组织目标的使命，以指导理事会及员工逐步实现组织的目标。使命重温的三个重要组成部分已经在规划过程的第一步中描述过了，包括环境、客户和组织。组织必须把握这三个要素及其变化，确定这个使命在未来是否能够得到认可；如果不能，又应该如何修订才能让使命更准确地满足客户的需求、适应环境的变化并匹配组织的能力。

### 为使命而管理

将使命融入组织内每个人的日常活动中是领导者面临的最重要的挑战之一。"为使命而管理"（借用 Frances Hesselbein 的用语）的任务应该成为组织运营的常规，这样，使命才能真正为组织和客户带来变化。使命还应该是每天工作的核心思想，这就要求领导者做到以下几点。

● 行动一致。领导者的行为和组织的使命应该相互匹配，即领导者和组织的决策与行动必须能够被理解和解释为为使命服务。

● 交流分享。领导的责任是在工作中同员工分享组织的使命并强调组织使命与日常工作的密切相关性。彼得·德鲁克曾提到识别领导者的唯一方法就是是否有"追随者"。所以，领导者必须基于使命来鼓舞和引导明智的选择。这意味着行为模式化：在交流过程中用使命来衡量决策，并询问"这能否为使命服务？"

● 使用各种手段保证使命切实可行。组织必须组建系统来确保完成任务、确保使命和日常决策及任务之间有密切联系，这种方法即之前已经详细描述的规划过程。

### 践行组织使命

良好的意愿可能促使你选择了社会部门的组织，对使命的信念和认同将促成你与所需的人和资源协调配合。为了让使命成为组织生活更加核心的部分，组织领导者可以采取以下四个步骤，使用、调整、拓展、整合这些步骤，用它们来囊括社会部门组织中使命无所不在的角色，利用它们来深化组织的使命。

分享使命：让使命渗透于组织的各项对话之中，占据宣传册的重要位置，在组织网页上得到突出显示，同你见到的每个人谈论使命，询问他人的组织使命，在会议上和员工、捐资者、理事会成员等谈论使命。

使用使命：把使命写进给理事会的报告，整理组织的规划文件时要从使命开始，和员工对话时要使用使命，要把使命当作重要的决策依据。

探索使命：同组织的所有利益相关者公开探讨当前使命是否有效，提出并分享使命有效性的话题，以开放的姿态听取他人关于使命及使命相关性的看法。将使命与组织每天面临的机遇进行比较，定期重温使命。

庆祝使命：使命能够鼓舞组织中从事重要工作的人。祝贺他们为实现使命所作出的努力和取得的成就。通过不断的提醒和感激让你自己和你的同事保持使命导向。

## 总结：行动中的使命

对在社会部门工作的许多人来说，使命的出现是自然而然的过程，使命本身就解释了它出现的原因。我们为特定的组织工作是因为相信该组织的使命。对社会部门组织的领导者来说，使命更加重要。如果使用得当，使命将成为以聚合人才和资金来改变人们生活的基础。使命可以用来吸引资源、制定策略、激发人们的承诺。

### 制定使命的小组方法

**应用工具**

下面的方法改编自加里·J. 斯特恩（Gary J. Stern）的《德鲁克基金会自我评价工具的流程指南》。① 从成立使命撰写小组开始，到向理事会的报告以获得批准结束，共经过 10 个步骤，包含组织和个人的一系列活动。这 10 个步骤如下：

1. 成立使命撰写小组；

2. 确立有效使命陈述的标准，收集第一稿的想法和建议；

3. 制定一份或多份草案声明；

4. 将草案与标准相对照，提出修改意见；

5. 撰写第二稿；

6. 从撰写小组之外获取反馈；

7. 总结反馈，在小组内分享第二稿和反馈总结；

8. 提出使命陈述草案并决定接下来的步骤；

9. 就拟定的使命陈述获得初步认可；

10. 向理事会报告拟定使命，获得批准。

实际操作时既可以严格遵循上述流程，也可以根据具体的项目、组织和机遇作出相应的调整。你可能发现上述流程太过复杂，不适用于你所处的环境。如果其中的一些步骤没有必要，那么你可以将流程缩减为以下几个基本步骤：设立标准、草拟使命陈述、收集反馈、通过使命陈述。这几个简化了的核心步骤适用于各种组织机构。接下来，我们将详

---

① Gary J. Stern，*The Drucker Foundation Self-Assessment Tool：Process Guide*，pp. 133-139.

细介绍完整的 10 个步骤。

**第一步，成立使命撰写小组。**

使命撰写小组的任务就是形成一份大家一致同意的使命陈述草案，向组织的治理团队展示，请求获得批准。撰写小组成员需要包括首席执行官、理事会主席或者其他代表、执笔者、组织中不同部门的代表以及其他愿意参加的人。最好确定一个主持人，如果主持人碰巧非常熟悉组织的客户及工作情况，将会非常有帮助。

**第二步，确立有效使命陈述的标准，收集第一稿的想法和建议。**

有时候，木匠太多会把房子盖歪，解决这个问题的途径是提前确立一个大家同意的标准。第一次会议前，组织成员需要回顾标准来确定什么样的组织使命是有效的（也可以回顾彼得·德鲁克在《自我评估工具》一书中关于使命的评估[①]）。在第一次会议上，撰写小组需要将这些标准安置在挂图或者白板上，一起回顾，思考是否需要修订，并决定最终采用哪些标准来衡量即将制定的使命的有效性。以下是使命需要满足的标准：

√ 是否简明扼要，重点突出？

√ 是否清晰易懂？

√ 是否陈述了组织存在的根本原因？

√ 是否描述的是目的而不是手段？

√ 是否足够宽泛？

√ 是否指明做事情的正确方向？

√ 是否关注和利用机会？

√ 是否与组织的竞争力相匹配？

√ 是否激发组织成员的承诺？

√ 是否展望组织以后可以被人记住、为人传颂的东西？

确定了要采用的标准后，撰写小组可以开始收集使命陈述的想法和建议。撰写小组要允许比较广泛的选择，而不要过早地批判或屏蔽任何想法。记录者或主持人需要认真记录小组的讨论和反馈。收集想法可以采用以下方法：

---

① Peter F. Drucker, *The Drucker Foundation Self - Assessment Tool：Participant Workbook*, pp. 14-16, 20.

√ 开放式头脑风暴，鼓励提出任何想法；

√ 让小组成员完成句子"使命应该是……"；

√ 组建小分队进行在一定时间内拟定使命的竞赛，从中选出"最好的"使命陈述；

√ 在小组内询问使命陈述中必须包括的关键词，重复两到三次；

√ 每个人都快速地画一幅关于使命的画，进行展示并解说；

√ 其他适合组织的技巧。

本流程结束时，组织应该完成以下任务：

√ 展示并回顾所有的想法和建议，主持人圈注出现次数最多的词汇或短语；

√ 讨论新的使命陈述中必须包含的关键思想或主题；

√ 讨论新的使命陈述中必须排除的关键思想或主题。

**第三步，制定一份或多份草案声明。**

会议过后，撰写小组或者组内小分队执笔者拟定两个以上可能的使命陈述的草案，并在下次会议前分发给每一个成员。

**第四步，将草案与标准相对照，提出修改意见。**

使命撰写小组的第二次会议一开始，需要讨论评判和修改草案需要遵循什么流程（见以下步骤 A-I），应该鼓励大家辨别言外之意。这一步骤本来是高度结构化和程序化的，但是许多时候，小组的某个成员无意中冒出的某个评价或者某个词语可能会变成构建新使命陈述的基石。如果出现"找到了"的那种惊喜时刻，抓住这个灵感。请使用以下流程评判草案并提出建议：

A. 小组回顾并采纳评判组织使命陈述有效性的标准；

B. 将第一版使命陈述张贴在会议室的显著位置；

C. 组织成员各自根据每项标准逐一为草案打分（比如，达到标准，一定程度上达到标准，没有达到标准）；

D. 主持人统计汇总大家对各项标准的反馈，综合评判现有使命草案的优缺点；

E. 撰写小组讨论草案的优缺点，并提出具体的修改建议。

（注意：小组不需要进行统一的编辑或重写，应该鼓励并记录所有的建议，哪怕有些观点互相矛盾。）

40

F. 张贴第二版使命陈述草案，重复 C-E 步；

G. 撰写小组对比组员对两版草案的反馈；

H. 主持人告诉每个成员准备撰写，给两分钟写下他们现在建议使用的使命陈述。完成后，让每个人大声念出使命陈述，然后将这些陈述收集起来交给总执笔者。

I. 会议结束时进行讨论以确定：

√ 撰写小组是否确信制定了一个有效的使命陈述，可以进行下一步骤了；

√ 执笔者需要提交的是一个调整过的草案还是两个备选草案；

√ 制定下一版草案时执笔者最需要注意什么；

√ 对于形成中的使命陈述和下一版草案，还需要哪些组外人员的反馈；

√ 下一次撰写小组会议的安排。

**第五步，撰写第二稿。**

会议后，执笔者或者小组制定一个或多个新的使命陈述的第二版草案。

**第六步，从撰写小组之外获取反馈。**

本步骤将形成中的使命陈述草案交予组织的其他成员、客户及捐赠者检验。理事会主席和首席执行官决定询问撰写小组之外的哪些人员，获得他们的反馈。有时候，可能需要组织全部人员的参与和投入；有时候，可以挑选一部分理事会成员及员工参与即可，从组织外部的一些关键个人或群体获得的反馈也会很有价值。首席执行官需要监督获取反馈的整个过程。如果理事会主席不是撰写小组成员，那么他的反馈将非常重要。要为每个提供反馈的个人或群体提供组织使命陈述有效性的标准，然后询问以下信息：

A. 基于标准对每个草案进行评分（如达到，一定程度上达到，没有达到）；

B. 评议草案的优缺点；

C. 如何改进的想法或建议。

41 **第七步，总结反馈，在小组内分享第二稿和反馈总结。**

撰写小组所有成员获得审阅者的反馈总结和使命的第二版草案。

**第八步，提出使命陈述草案并决定接下来的步骤。**

对一些组织来说，使命陈述的编写可以轻而易举地形成统一意见，得到振奋人心的结果。但对大多数组织而言，使命撰写的过程可能要求太高，非常艰难，但只要最后形成一个强有力的使命陈述，各种艰辛也是值得的。还有极少的组织慢慢发现他们需要解决的简直是斯芬克斯之谜，层层迷雾，求而不得。

使命撰写小组可能会选择向理事会提供几个不同版本的使命陈述，需要理事会进行讨论来提供更多的信息和方向，也可能直接进入下一轮的草案修改，但在问题解决前先暂时留用当前的版本。如果小组真的被困在某些问题上不能前进，一种有效的应对方式是暂时搁置这一任务，等过段时间再返回解决，或是向组织外部的专家求助以获得全新的视角。正如彼得·德鲁克提醒我们的："使命优美并不算数，算数的是你的表现和业绩。"最后，可取的方案可能是采纳使命陈述的暂行方案，使用一段时间后再行决定。

在第三次会议中，撰写小组需要完成以下任务。

A. 审查形成中的陈述或第二版草案；

B. 听取并讨论从撰写小组之外获得的反馈和总结；

C. 再次依据标准对草案进行评分，并列出优缺点；

D. 如果撰写小组认为已经"接近并值得一试"，那么可以着手编辑或重写；

E. 确定已有草案是否完善到可以获得批准。如果足够完善，撰写小组应该对使命陈述进行最后润色，准备提交。如果不够完善，小组需要总结当前的进展并提出下一步行动的建议。

**第九步，就拟定的使命陈述获得初步认可。**

在向全体理事会成员报告拟定的使命陈述请求批准前，有必要得到理事会主席的初步认可。如果理事会主席不在撰写小组中，更有必要先获得他的认可。

**第十步，向理事会报告拟议使命，获得批准。**

42

理事会主席宣布拟定的使命陈述，这个仪式可以作为其他计划的一部分，也可以作为一项独立的议程。

# 第三章　识别和评估新的机遇

杰瑞·基茨[*]

**本章内容提要**

识别机遇是一项可以习得的技巧，而不是与生俱来的性格特征

时刻留意

战略规划的价值

评估机遇

机遇窗口

创业活动中最为重要的一个方面就是识别机遇，就其本质而言，识别机遇为社会企业家提供了崭新的、不同的方式去创造和产生社会价值。

若要评估哪些机遇有可能促进组织成功，那么拥有清晰的目标是必备条件。对于不断寻求新机遇的组织来说，没有目标就会导致"使命漂移"，因为，缺乏目标引导的机遇可能意味着：尽管组织获得了收入，但已偏离组织的初衷路径。

想法无所不在，但是，精彩无比的想法不一定都能够发展为可以创造和维系社会价值的机遇。好的机遇与时间有关，机遇窗口的出现随环境或人为因素的改变而改变，这一点和营利机构毫无二致。同时需意识到，社会企业的运作是在当时当下，这就要求充分运用商业技能和原理来维持创新型的项目设计。

通过不断运用各种科学与艺术的方式来创造和维持社会价值，社会

---

[*]　大堪萨斯城社会创业伙伴（SVP-GKC）总裁。

企业家们孜孜不倦地追求着新的机遇。本章将展示识别机遇的不同方法，44
并提供工具来评估某个机遇是否具有潜力。

## 识别机遇是一项可以习得的技巧，而不是与生俱来的性格特征

识别机遇的能力不会因性格特征而异。许多人错误地认为，只有乐观主义者才能成为成功的社会企业家，但事实并非如此！性格特征是否重要？当然重要。有很多研究表明，成功企业家具有某些共同特征；然而，这并不意味着一个充满激情、有动力、勤奋、永恒的乐观主义者就一定拥有良好的识别机遇的技能，事实可能恰恰相反。

杰尔·博斯奇（Jerr Boschee）在 1998 年出版的《融合使命与资金：社会企业家理事会成员指南》一书中给出以下建议："要成为一名社会企业家，首先要做到的就是坦诚，这对任何一个企业家来说可能都是最艰难的挑战。开创一个新的企业或者哪怕只是开发一个创收的策略，如果你没能诚实对待自己的产品、服务、市场、竞争、资源以及许多其他因素，都会让你举步维艰，因为上述因素直接影响成败。套用一个简单的口头禅：最隐蔽的敌人是你自己。"

任何新的企业都不可避免地会经历困难、不确定性和失望，重要的是要意识到，乐观才会有帮助。"不断追求机遇"的要义在于面对逆境仍然相信"可以做到"，但只有乐观是不够的。如何利用机会才能促进组织成功？这需要具备一定的知识和技能，需要仔细分析，需要创业直觉，还需要后续行动。

## 时刻留意

至理名言

你曾经多少次想到了可能会变得富有的法子？曾经有多少次想到可以改变世界的事情？又曾经有多少次听说过，"如果每个曾经有过的想法都值 1 分钱，那么我必定是个有钱人！"重要的是，想法的价值太低，1 毛钱一打（12 个）！不是每个想法都代表一个机遇，识别机遇完全取决于你看到什么，什么时候看到，以及与之相关的其他情况。把想法转变

为真正的机遇必须同时具备几个因素。杰弗里·蒂蒙斯（Jeffry Timmons）在他的著作《创造新型企业：21世纪的企业家精神》中建议："虽然机遇的核心始终是一个想法，但并非所有的想法都是机遇。要理解机遇与又一个想法的差异，你就必须明白：创业是一个市场驱动的过程。机遇是有吸引力的、持久的和及时的，应该围绕为买家和终端用户实现产品及服务的价值创造和价值增值而存在。"

将想法变为现实需要具备条件，并且，最终结果通常与最初想法大相径庭。提供服务的方式或在不同地点提供服务的创新想法乍一看似乎都是合理的，但通常需要对新想法所基于的假设进行多次试错实验，才可以确定该创新是否可行。社会企业家的机遇心态通常会促进他们不断改进一个想法，除非有压倒性的负面因素促使他们抛弃该想法。因此，需要不断调整原有的假设，不断测试，去伪存真。

卓越的创意只是机遇创建的道路上你不得不努力去加工的原始材料。整个过程中，可能许多想法需要搁置，但另一些想法，结合时间、需求和其他因素后有可能成为改变人生的机遇。

## 创 新

**行动步骤**

那么，应该关注哪些领域、如何训练自己的思维呢？通常可以从工作场所已有的服务和产品的创新着手，尝试以下活动。

● 从不同的视角观察：你是否从用户的角度观察过服务？有关服务或产品的决策是由管理层还是由一线服务的人作出？是否建立了机制来定期获取员工或志愿者的反馈意见？

● 改变基本假设：最初用于设计产品或服务的基本假设是否还能适用于已变化的情况？最新的资料是否仍然支持你对客户或服务的原有假设？

● 与同事和竞争者进行头脑风暴。供应商在本地和全国其他社区提供什么产品？其他机构针对同类客户提供了哪些更好和更有效的服务？与其他供应商建立合作关系是否可以改善你的服务并增加实现预期结果的机会？

● 同客户进行头脑风暴。你是否从客户那里寻求反馈？是否提出了正确的问题？是否倾听了他们的所思所想，还是只选择性地听取了你想听到的内容？你是否对计划和服务进行定期评估以确定客户的行为、状况或满意度是否有任何变化？

这些技巧并不容易。建造房屋时，如果你手头上只有锤子，那么很难想象你可以用什么方式连接两块木板。我们太容易沉浸于日常任务中，以致实际上我们自己成为创新的障碍。毕竟，我们是习惯安逸的动物，很容易受到魔咒——"如果没有损坏，就不要修理"的束缚；但"它"可能会变旧，可能会变得不再有效。通常情况下，只有外部挑战和威胁才会迫使我们去思考创新。

### 新型模式

另一种方法是通过"模式识别"让我们的经验发挥优势。"模式识别"是卡内基梅隆大学的教授赫伯特·A.西蒙在其著作《我们对创造过程的理解》（1984年出版）一文中提出的。西蒙认为，长期的经验积累会让我们能够发现事物间的潜在关系或交叉关联。如西蒙所说，积累了多达"50000条"的经验让企业家能够洞察常人难以发现的模式或关联。

你或员工是否识别出了一些独特的模式？例如，需求增加的时间周期性？阻碍参与的年龄相关因素？一条简单的行为主义经验法则是这么说的，"过去的行为是未来行为的最佳指标"。你的客户是否展示了之前你无法确定但现在可以观察到的行为模式？

社区的人口状况特征是否有所改变？社区出现老龄化了吗？是否有不同民族或种族的年轻家庭迁移到你的社区？社区经济状况的典型指标是否有变化，如是否有雇主因业务倒闭而迁出或有新的雇主迁入社区？

社区发展组织应该跟踪各种住房趋势，以便运用最相关的策略来应对情况的变化。一些策略在住房存量降低且房地产价值下降、中产阶级搬离时可能比较适用；反之，当贫困社区的房产由于旧城改造和贫困人口搬离而升值时，又需要不同的策略。

### 人际网络

小马丁·路德·金常说，他在民权运动中获得的领导地位是因为天时和地利。许多其他成功的社会企业家和财富500强企业首席执行官都

47 指出，正确的时间和正确的地点是利用好机遇获得成功的关键。从某种程度上说，我们对此也深信不疑，但你是否满足于守株待兔般等待机遇来敲门？

在正确的时间和正确的地点出现的意义在于与更多的人建立联系，而不是待在星空下静静地等待！你的人际网络越强大，就越有更多的机会听到新想法，碰撞出新机会。这种关系很重要！

**行动步骤**

加入到各种联盟、理事会、协会中去吧！因为它们专注的领域可能同你们组织的使命密切相关。联盟、理事会、网络等平台都是非营利部门研究和开发的活跃领域，这一点对于认识到了合作价值的社区尤为如此，因为在资源稀缺时，激烈竞争和寸土必争往往是常态。

加入有直接或间接关联的会员组织；参加你所在行业的贸易展览会；与竞争对手建立关系。你建立的联系越多，有越多的人知晓和理解你的使命，你就有更大的概率去发现新的机会。

## 意外事件

我们都会根据自己当前或过去的一些行动，或者其他人的行为去假设未来事件将如何发生。如果这些行动是有意而为之，那么对行动的反应可能在预期之内，这通常被称为"计划"。我们经常根据一些基本假设来预测行动会带来的结果。

这种假设经常发生在测试想法的阶段。不难想象，某个既定策略通常也会引起预期之外的反应，其中一些实际上转变成收益，而另一些则会造成不良后果。有些看似与原始想法完全无关的结果却又可能代表着潜在的方向。找到机遇并充分利用机遇最可能发生在这个领域，即某些行动造成的预期之外的收益和后果。

令人兴奋的是企业家总能发现这些机会。社会企业家的一种思维模式是在混乱中寻找机遇，从灾难中发现创新的潜力。

例如，互联网的设计意图是为家庭、办公室或任何可以进入"信息高速公路"的人提供信息交换，这带来了巨大的社会变化。意外结果是互联网为企业家带来了可观的收益。1998 年，互联网销售总额约为 104 亿美元，预计这一数字 2003 年还将继续攀升至 1000 亿美元。比如，亚马逊公司就在 3 年时间内通过其线上、线下的库存创造了 1.5 亿美元的销售量。山姆会员店和沃尔玛的 78 家店在 12 年里的年度销售额达到 1.5 亿美元。

48

当然，互联网也带来了无数预期外的后果，比如各种电脑病毒就利用互联网给上百万的客户带来混乱和不便。这些并非互联网设计之初就预料到的，但是问题的出现也使各种杀毒软件开发公司迅速打开了市场。

## 案例分析

### "网络天使"——网络社会企业家案例研究

对进入网络聊天室的人而言，聊天室增进了人们的交流，但也带来了预期之外的后果：一些"狩猎者"漫游在聊天室，寻找脆弱和天真的青少年。最近的一次美国《时代周刊》和美国有线电视新闻网的调查显示，大约有 1400 万的年轻人在 21 世纪初登录互联网。互联网还有一个问题是色情泛滥。目前色情网站以每月大约 1000 个的速度递增，这对社会造成了意想不到的严重后果！

因而，一些社会企业家已组建或重建社会企业来解决这些问题。"网络天使"就是这样一个组织，庞大的志愿者队伍负责在网站和聊天室进行巡逻，寻找"狩猎者"和其他互联网犯罪事件，如儿童色情。该组织还开发了一个网络 911 号码以帮助快速识别"狩猎者"和其他互联网违法者。

另一个利用互联网机会重塑自我的社会企业是"守护天使"。这个曾经致力于维护街道安全的组织现在增加了维护网络空间安全的使命。根据"网络天使"和"守护天使"的创始人柯蒂斯·斯利瓦（Curtis Sliwa）的介绍，他们之所以选择应对这个可怕的社会问题，是因为这也是他们的使命所关注的一部分。收听 Sliwa（斯利瓦）电台节目时，一位纽约听众的来电让他意识到，他可以守护的道路还有另一条，即信息高速公路。

与美国海关的网络走私局（Cyber-Smuggling Unit）和联邦调查局的清洁形象局（Innocent Image Unit）合作，"网络天使"的介入增加了针对网络犯罪的逮捕和定罪。

49 　　机遇一直在等待能够识别并把握它的人。在现有服务或产品中进行创新是发现机遇最常见和实用的方法，但需要仔细观察和用心倾听才能发现这种机遇。在公共政策、经济条件或技术的变化中寻找新的趋势或行为模式也是获得新机遇以增加社会利益的富有成效的方式。同样，在回顾公共政策、经济条件或技术时，想象一下预期之外的新变化可能会蕴含哪些机遇。最后一件重要的事情是，走出去，建立网络关系！

## 战略规划的价值

　　建立明确的方向对于非营利部门的成功就像对营利部门的成功一样重要。缺乏清晰的目标会削弱组织的利益相关者对组织的关注度和目标感，使可能成功的机会丧失殆尽。因此，战略规划应该是统领性文件，是组织的指南针或路线图。良好的战略规划由令人信服的愿景、陈述清晰的使命、条理清楚的预期成果和相关的实施策略等基本部分组成。

　　作为一种筛选机会的常用资源，战略规划的价值与以下三个问题相关。

　　1. 战略规划可以帮助你排除那些可能表面看起来令人兴奋但实际却会导致组织走上迷途或"使命漂移"的所谓的机会。

　　2. 在偏离原定目标时，战略规划可以让你的组织重新聚焦到本应投入时间和精力的领域。

　　3. 战略规划还可以帮助组织通过审视周围的环境来预期未来的机会。

　　并非所有企业都应该制定战略规划，只有建成的企业在发展过程中有多个关注点时才需要战略规划的功能，初创公司只会忙碌于初创时期的各项功能和公司运作的基本问题。这并不是说组织的未来不重要，更为迫切的可能是近在咫尺的问题和月末待付的工资单。因此对初创组织而言，组织创建时制定的愿景和使命的陈述足够引领组织走过初创期了。

　　另外，日常运营会滋长组织与日俱增的焦虑和关注点，要求组织能够始终向外看（对外部环境进行审视）和向内看（对提供优质服务和产品的内部能力进行核查）。战略规划为社会企业家和理事会创造了机会，50 让他们能够免受日常运营活动的羁绊。不幸的是，许多组织对于五年或十年规划的概念不以为然，因为他们认为战略规划限制着他们应对不断变化的世界。有的人把自己圈于战略规划中，对周遭条件的不断变化视而不见。

我们生活在一个瞬息万变的世界。但除了环境灾难、战争或市场暴跌（这三者都为社会企业家的工作提供了肥沃的土壤）之外，公民日常生活中发生的多数变化都会在公开辩论中持续很长一段时间。媒体对各级政府重大公共政策变化的详尽报道可以提供时间和机会，让理事会决定是否将这些变化纳入组织的规划。值得注意的是，不同来源的各种建议都会告诉你该如何进行计划以及参与规划过程的频率，所以只要能把规划落到实处并坚决贯彻实施，就不用纠结是否选择了最完美的工具。

**至理名言**

让我们来看看交替公司（Corporate Alternatives）总裁和首席执行官彼得·C.布瑞克赫夫（Peter C. Brinckerhoff）给出的建议。他在自己撰写的《基于使命的管理——带领你的非营利组织进入 21 世纪》一书中说："良好的规划实际上有助于保持灵活性……好的规划可以提醒你组织专注什么才是重要的，帮助你避免胡乱消耗资源，避免沉浸在没有结果或过时的服务中，并让员工和理事会及时了解组织所处的现实世界的最新信息。"

### 战略规划的趋势

约翰·戴维勒是贝纳德咨询集团的总裁和密苏里大学堪萨斯城亨利布洛赫商业与公共管理学院的兼职教授，他为营利企业和非营利组织提供战略规划服务。在战略规划方面，约翰见证了非营利部门在过去 5 年中发生的巨大转变。约翰认为"不做规划走一步看一步的日子结束了"。从贝纳德咨询集团获得战略规划支持的近 40% 的客户都是非营利组织。约翰指出了导致这种转变的四个变化。

1. 商业实践的影响。高管和理事会都在深入思考并更具创业精神。过去，在同一句话中既提到企业家又提到非营利组织几乎等同于自相矛盾。如今，越来越多的社会企业家意识到良好的商业实践在竞争环境中对于维持企业创造的社会价值必不可少。因此，组织运作的标准提高了，从大型

51 医疗保健公司到基层社区发展组织的理事会成员和领导层，都在使用战略规划来确立组织的发展方向和定位，目的是能够利用市场产生的机会。

2. 出资者期望的变化。政府资助和慈善捐赠等传统资金来源对战略规划的要求越来越高。从里根时代政府削减资金开始，成功企业家领导的基金会到今天联合之路慈善机构在全国各地的分支机构，都强调"成果"（outcomes）。我们看到，制定规划势在必行。很简单，非营利部门面临的压力是，资助方提出了要有明确的愿景和使命陈述，要有实现使命和愿景的实施方案，以及展示结果的方法。

3. 竞争优势。许多非营利组织认为，战略规划的存在创造了竞争优势。战略规划的存在为组织创造了营销自身的机会，不仅针对所提供服务和产品的营销，还针对组织的商业属性的营销。

4. 组织衰落。最后，许多非营利组织在制定战略规划时完全没有意识到战略规划对它们已经没用了，因为它们的组织正走向衰落或蜕变，它们以为战略规划可以阻止这种衰退。但是，"这些组织并不需要一个新的计划，它们面临一些深层次的机构问题，例如，不信任、负面文化、委员会分崩离析，等等。在这种情况下，战略规划的制定注定要走向失败，完全是浪费时间和资源"，戴维勒说。[①]

简言之，战略规划为组织建立了一个广泛的方向性框架，为组织的发展契机或新方向进行第一次过滤和筛选。战略规划也是良好的商业实践的根本，为组织在激烈的市场竞争中寻求发展提供优势。

## 评估机遇

评估机遇需要把数据收集和直觉进行融合，怎么融合既是科学又是艺术。过度依赖数据或过度依赖直觉都会导致失败。不收集有关市场潜力、可实现的结果或可持续性的足够信息就依靠直觉进行评估可能会危害组织健康。同样，花费太多时间收集数据可能导致"分析瘫痪"、成本过高、启动延迟，从而削弱甚至消除组织潜在的竞争优势。明确你和理事会大概需要多少信息才能继续开展工作，这可能会根据你评估的机遇的规模和范围不同而有所不同（见图 3.1）。

---

① 1999 年约翰·戴维勒的访谈。

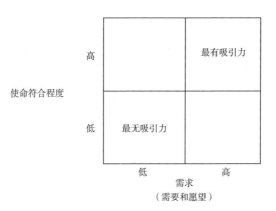

**图 3.1　机遇评估快速指南**

## 需　求

首次考虑新机遇时，可以使用简单的评估。需求存在吗？这个机遇是否满足了社会需要？是否有证据表明目标人群愿意使用该服务？例如，一个青年服务组织正在考虑在课后服务中增加一个戒烟项目。有足够的信息表明青少年的吸烟现象正在增加；然而，众多预防研究发现，青年人并不乐意参加戒烟项目。戒烟项目确实着眼于一个强烈的社会需求，但目标人群没有使用这项服务的愿望，在"规模"这项上得分较低，因此，不一定是个好机遇。

### 使命符合程度

新的机遇与使命一致吗？预防青少年怀孕组织也关注吸烟人数的增加，特别是怀孕青少年中的吸烟人数。怀孕期间吸烟是导致不良妊娠的高风险因素。戒烟项目是否与使命一致？如果组织的使命和主要目的是防止怀孕，那么戒烟项目应该得低分，但如果使命和目的也包括积极的妊娠过程，那么该项目应该得高分。

一旦确定这是一个值得追求的想法，就应该进行更正式的评估。请记住，新的企业充满了未知数，当前状态下的很多想法可能看起来没什么潜力，但是在测试、改良和调整以后可能大为改观，也有可能是因为在刚开始考虑是否具有潜力时，没法获得足够的信息来支持判断。

### 机遇评估模型

威廉·D. 拜格雷夫（William D. Bygrave）在其所著的《企业家的便携式 MBA》中提供了一个评估新业务机会的绝佳工具。他把各项标准按照其成功潜力的不同程度进行分析。同样的模型可用于非营利部门，只不过需要更加具体地说明非营利工作的社会价值和可持续性的问题和条件。

**行业工具**

使用表 3.1 ~ 表 3.3 提供的框架来分析你正在考虑的一项机遇。

#### 表 3.1 社会价值潜力

| 增值领域 | 高 | | 低 |
|---|---|---|---|
| 战略一致性 | 服务和产品创造与使命一致的社会价值 | ⇔ | 服务和产品创造的社会价值与使命没有紧密和直接的联系 |
| 可实现的结果 | 服务和产品将给使用者的行为、状况或满意度带来有意义的变化 | ⇔ | 服务和产品将不会给使用者的行为、状况或满意度带来明显的或有直接关联的变化 |
| 合作伙伴关系 | 额外的伙伴关系会产生协同效应并增加实现预期结果（产生社会价值）的可能 | ⇔ | 服务和产品的变化潜力小到可以忽略，不会受益于伙伴关系 |
| 组织利益 | 成功的服务和产品将增加或创造社区对机构的积极态度，赢得政府对机构的支持 | ⇔ | 不成功的服务和产品将造成社区对机构的消极态度，机构得不到政府的支持 |

54

#### 表 3.2 市场潜力

| 需求领域 | 高 | | 低 |
|---|---|---|---|
| 用户需求 | 社会需求明显，有开放的机遇窗口 | ⇔ | 没有数据和证据表明社会有需求，关闭的机遇窗口 |
| 用户愿望 | 有证据显示使用者感兴趣，或者有证据显示其他社区提供相同的服务获得了成功 | ⇔ | 没有数据和证据表明使用者感兴趣，在其他社区服务的使用率在下降 |

续表

| 需求领域 | 高 | | 低 |
|---|---|---|---|
| 资助者兴趣 | 资助者感兴趣的证据，或在制造和政府购买合同中对类型服务的需求出现显著趋势 | ⇔ | 没有数据或其他证据，显示潜在资助者对类似服务有兴趣 |
| 市场份额 | 有证据表明是一个竞争不激烈的开放性市场 | ⇔ | 要么有证据显示竞争非常激烈，要么缺乏任何数据或证据表明竞争者是否有兴趣参与市场竞争 |

### 表 3.3　可持续潜力

| 资产需求 | 高 | | 低 |
|---|---|---|---|
| 构建想法 | 有容易获得的研究和发展的资源 | ⇔ | 没有可用的资金或者人员时间投入 |
| 初创开支 | 组织初创时成本较低，或者容易获得初创时期需要的资金 | ⇔ | 组织初创时成本较高，或可缺乏资源或兴趣来支持初创 |
| 成本收益率 | 低成本的项目活动换取高程度的公共效益 | ⇔ | 所有项目活动高成本，但获得的公共效益微乎其微 |
| 组织人员能力 | 有现成的理事会、员工或志愿者并具有备潜在的服务或项目所需的能力 | ⇔ | 现有的理事会、员工或志愿者成员缺乏服务所需的能力 |
| 创收潜力 | 有证据显示目标人群有可支配的收入，并且有能力和意愿为服务付费 | ⇔ | 没有证据显示目标人群具有可支配的收入，或有能力或意愿为服务付费 |
| 组织产能 | 内部结构、空间、技术等井井有条，易于调整以适应新增服务或扩展服务 | ⇔ | 内部结构有限，需要大幅升级才能支持新出现的机会 |
| 资助者兴趣 | 有证据显示资助方在 3~5 年的兴趣趋势 | ⇔ | 在过去的 3~5 年中，资助方没有明显的兴趣或兴趣下降 |

55    ## 社会价值潜力

营利性市场非常善于淘汰不能为客户创造价值的服务或产品，但非营利部门如何衡量仁慈和社会收益却没有类似的市场测试或回报率可以参照。预防艾滋病传播、防止水污染、为贫困和老年人提供护理、为贫困儿童提供优质的启蒙教育（Head Start）等都具有重要的社会价值。但是，一个投资者眼里具有极高的社会价值的某项事业在另一个投资人眼里可能完全是在浪费金钱。

成功的社会企业家善于评估专业领域内机遇的价值。他们了解客户，包括使用服务或产品而受益的直接客户以及购买或投资服务产品以便为有需要的人创造利益的间接客户。考虑使用这个工具时，你还需把社会价值凭感觉按等级从极高社会价值到极低社会价值进行划分。

√ 战略一致性。出现的机遇是否符合当前的使命陈述？回顾之前提到的"网络天使"案例，"守护天使"的使命专注于保护街道上儿童、青少年和家庭的安全，这是否代表了创造或维持社会价值的机会？信息高速路真的契合保持街道安全的使命吗？想一想，确定一下信息高速路与使命的契合度在战略一致性（从高到低）的连续体上处于什么位置。

√ 可实现的成果或预期的结果。服务和产品是否有可能按照预期带来用户行为、状况或满意度的变化？如果之前提到的戒烟项目的预期结果是停止吸烟，并且提供的服务严格遵循青少年的教育策略进行，那么根据预防研究的结果，戒烟项目不太可能取得预期的结果（低潜力）。

√ 增值的合作伙伴关系。合作伙伴或战略联盟会对服务或产品产生协同效应或增加实现预期结果的机会吗？例如，戒烟教育计划与制药公司建立了产品捐赠的合作伙伴关系——捐赠尼古丁贴片。据最新调查，仅实施教育策略一项内容只会产生微乎其微的成效；然而，与制药公司的合作以及在教育项目中结合产品捐赠能够增加达到预期结果的机会

56  （高潜力）。在评估可持续潜力时也可考虑类似的合作伙伴关系。同其他组织合作是否有可能创造预期的结果并降低成本、增加可持续性？

√ 组织利益。服务或产品是否有助于提高社区对组织的认可、增加政府对组织的支持？为社区提供有积极成果的新服务在现实中也会提高用户、资助者或其他政治支持者对服务和组织的接受程度，从而增加对其他项目活动的接受度或参与度，进而提高组织的社会价值。如前所述，

加强对组织价值的认可也会提高组织的可持续潜力！

**市场潜力**

尽管衡量 20 世纪末美国人类生存状况的指标积极地反映了经济的健康增长，但供给仍远远不能满足社会需求。独立部门的非营利组织数目从 1976 年的约 27.6 万个增长到 20 世纪末的 65 万以上，这些非营利组织的营收约为 5000 亿美元，占美国经济产出的 6%。自 1970 年以来，独立部门的机构增长速度是国民经济增速的 4 倍。然而，对社会服务的需求仍然远远大于供给，对资源和客户的竞争非常激烈。

本部分的工具旨在帮助你评估在满足客户（服务用户）和资助者（服务购买者）的市场需求时机遇所处的位置。

√ 用户需求。是否有证据显示存在需求，或者就已有的需求而言是否有证据显示存在开放的机遇窗口？以"网络天使"为例，预测的登录互联网的年轻人有庞大的数量，同时，每个月新出现的色情网站的数量大幅增加，聊天室里成年"狩猎者"的报告数量也与日俱增，这些数据叠加的评估结果显示存在真正的需求，而且存在开放的机遇窗口（高潜力）。

√ 用户愿望。是否有证据显示用户对服务或产品感兴趣，或者在人口规模和条件相近的其他社区提供类似的服务时，是否有参与率可以显示用户有兴趣？也可能对这项服务或产品存在真正的社会需求，但用户却不愿意去获取服务。无家可归是一个严重的社会问题。无家可归的青年男性对住房援助的渴望较少（低潜力），然而，无家可归的有孩子的女性对住房援助的需求一直在增加，特别是家庭暴力受害者的需求（高潜力）。

√ 出资者的兴趣。是否有证据显示慈善界感兴趣（例如，基金会、企业捐赠计划、联合之路）？各级政府机构合同购买的服务是否有所增加？资料显示针对低收入妇女的生殖健康服务是真实存在并且使用者愿意获得的服务。但是，许多潜在的资助者都不愿参与这样一个带有感情色彩的社会议题。"网络天使"的案例显示，政府拒绝干预，基金会又未意识到这种社会需求。因此，帕里·法特（Parry Afrat）和她的志愿者作出了个人牺牲，耗费了大量的精力才启动了这个项目（低潜力，但无论如何他们做到了）。

57

√ 市场份额。假设已经获得有关需求、愿望和资助者兴趣的证据，那是否存在潜在市场份额的证据？市场是否挤满了竞争对手？市场准入水平是否足够证明相应资本投入是值得的？例如，如果一个社区已经拥有完善的童子军活动、篝火、4H（包括医院、宾馆、家、花园的先进医疗服务管理）和基督教青年会服务，是否还有足够的空间需要另一个为社区提供青年领导力发展服务的组织？答案到底是有还是无，取决于服务使用的水平和目标人口的数量。你甚至可以通过推广创新性的服务方案把现有组织的客户吸引过来。确定你的商机（利基市场），并同该领域内已有的服务进行比较，看新商机有多大的潜力。

**可持续潜力**

大多数的非营利组织都面临日常发展的可持续性问题，除非该组织获得了大量的捐赠基金。非营利组织收到具有行业特征的资助是软性捐款，软性捐款的特征是经常受到不断变化的条件的影响，例如政治风向的变化、企业捐赠者季度收益的波动，或经济衰退导致捐赠者收紧了原本可用于购买你的服务或产品的可自由支配的资金。

机遇在评估的时点上可能具有很高的社会价值潜力但很低的可持续潜力；但是，随着时间的推移，条件发生了变化，从不同的投资者获得了更多资源，或你自己的预算发生了变化，那么这个机遇就具备了可行性。

矛盾总是存在，一方面，组织不断追求机遇为维持企业运营提供资源；另一方面，组织也追求机遇创造社会价值，但是却没有足够的收入来源可以支付成本，非营利组织很少安排研究和发展的预算！

√ 构建想法。你是否有资源投入去开发第一阶段的服务和产品？你是否让工作人员分割一部分现有时间用以构建新的想法？你是否已经拥有资源，还是需要技术支持和顾问协助才能外出观察其他社区的类似服务，开展员工培训、课程开发、焦点小组测试等？你是否拥有潜在的资金来源能涵盖进行服务构思和撰写实施方案会产生的费用？

√ 初创开支。初创开支的资本需求是否高不可及？可否使用现有的员工、技术、设施、设备等进行启动？可否使用其他合作伙伴的设施？使用合同工还是需要全职人员？潜在的资助者是否会对提议的成本表示担忧？

√ 成本收益率。为一个客户提供服务的成本与预期结果的价值之间的比值是多少？"美国青年建设"（Youth Build USA）是一项青年发展项目，每个客户的成本约为 20000 美元。而童子军每个客户的平均成本低于 1000 美元，而且其中大部分费用由服务收费支付。两者在参与者获得的价值和社区的公共利益评价方面都得到很好的结果。有谁能不支持、不关注"老鹰童子军"呢？根据成本收益率，1000 美元换取的高度社会价值相比于 20000 美元自然是当之无愧的高效率。然而，"美国青年建设"项目的目标人群是有高风险行为的年轻人，通常是辍学者，进过少管所，留有案底，这个人群可预见的未来是失业和定期监禁。一名囚犯每年的监禁费用从 25000 美元到 40000 美元不等，具体数额取决于拘留设施的类型和地点，更不用说失去生产力和应缴税收给国家造成的损失。与失去有意义的生命时光和高昂的公共成本投入相比，让一个濒临失足的青年转变为一个受过良好教育、训练有素、毅力坚定的人，投入 20000 美元是否值得？答案显而易见（高潜力）。

√ 机构人员能力。你的组织是否拥有现成的人力资源可以抓住这个机遇？新机会是否要求招聘有不同专长的新员工，还是要求为现有员工和志愿者就新的专业知识进行广泛的培训？新机会是否需要很长的时间才能让人力资源准备就绪以提供服务或产品？与其他具有现成能力的组织建立伙伴关系是否能够既实现预期结果，又降低服务成本？

√ 组织产能。你的组织是否有能力启动新的项目或服务？是否需要额外的技术、场地、财务会计系统（例如患者账单）、运输需求等？如果这些需求很重要，是否可以轻松地获得资金？同其他机构合作是否能解决这些能力需求问题？

√ 创收潜力。该项目或服务是否有可能向客户收费？是否有足够强 59
烈的需求和愿望同一定程度的酌情付费相结合的滑动费率机制为组织创收？非营利部门的组织往往是社会救助系统中的兜底机构，然而，更多的基金会和企业捐赠项目在考虑拨款之前都会施加压力让非营利组织对服务进行收费，哪怕金额不高。请记住，创收的潜力越大，营利企业参与竞争同类客户的程度也越高。有的客户可能真的是零收入，根本无力支付任何服务费用，这种情况下的创收潜力极低。但是请记住，对这个因素的评估等级低并不意味着应该忽略这个机遇！

√ 出资者的兴趣。是否有证据显示资助者感兴趣，例如是否有对类似服务的赠款或购买合同？最终，基金会、联合之路、政府、企业捐赠项目和其他资助方都会提出可持续性的问题，"在我们的三年资助结束以后这个项目何以为继？"许多主管认为，基于他们对该行业的软性捐款现实的了解，这个问题无法回答，或者，这个问题并不相关。但是，可持续性问题总是被问到。在没有项目、没有服务捐赠、没有政府合同的情况下，解决长期可持续性潜力的选择方案少之又少。

你的研究是否表明有基金会在资助与此机遇相关的领域？在"网络天使"的案例中，社会需求迅速增长，但该需求几乎没有得到基金会或其他慈善资金来源的认可。由于资助者没有兴趣，可持续潜力评级较低。

只有你认识到评估是一个不精确的持续的过程，整个过程需要根据经验进行判断和不断修正，那么此工具才会对你有所帮助。评估不是简单的"非A即B"的二选一的决定。使用评估工具可以帮助你把机遇用特定的方式从低到高进行潜力排序，但不能为你提供一个必然成功的科学公式。杰尔·博斯奇说：

> 真正的创业者明知缺乏确定性仍会毅然采取行动，只有把创业当梦想的人才会等待他们需要的那个完美的计划。但是，今天热情澎湃地落实的尚可执行的计划一定能打败明天的那个完美计划，主要原因可能是，世上就不存在所谓的完美计划。

鉴于新出现的机遇，评估工具还可用于分析和确定是否该停止现有的服务或项目。评估能帮助你识别哪些是容易实现的目标，并帮助你在机遇转瞬即逝之前抓住它。

## 机遇窗口

机遇是有保质期的。关键是如何确定机遇窗口会出现在什么位置，最高潜力出现在机遇窗口首次打开时。估计机遇窗口能保持打开多长时间更是一门不可捉摸的艺术，因为机遇窗口开放时间的长短受到经济条件、政治变化、客户愿望等诸多因素的影响。

因此，需考虑的关键问题就是你对窗口位置的反应速度有多快。市场没有兴趣等待哪个特别的人。如果在影响机遇窗口发生变化的因素出现之前，没能迅速规划、调动资源、培训员工，那么即使是一个具有强烈使命感、充满热情的智多星也将陷入困境。杰弗里·蒂蒙斯（Jeffry Timmons）在他的著作《创建新企业：21世纪的企业家精神》中讨论了在市场机遇窗口开放时能够抓住机遇的重要性。他作了一个类比如下。

**至理名言**

另一种思考方法是，创造和抓住机会的过程正像你从移动的传送带上挑选物件（机遇）的过程，该传送带通向开放式窗口（机遇窗口）。传送带的速度会发生变化，那扇窗口不断地打开和关闭。窗口的不断开合和传送带速度的不断变化代表了市场的不稳定性和时机的重要性。要创造和抓住一个机遇，就必须在窗口关闭之前，从传送带上逮住它。

许多条件都会影响机遇之窗。如果完全没有机会启动项目或项目没有可持续性的话，即便需求量很高且市场条件开放，机遇窗口仍然会关闭。有些机遇窗口是特别设计的，如大型慈善机构或政府部门发布的大型招标计划（RFP）。尽管我们已经拥有丰富的知识和资源，但人类生存状况依然脆弱，创造公共利益的服务和产品总不缺机遇，机遇之窗可能会持续多年处于打开状态。从更广泛的角度看机遇窗口可清楚地了解机遇会在哪里出现，时机是成功的关键标准。

## 总　结

机遇为组织的发展提供方向，帮助组织创造或维持社会价值。然而，良好的机遇受到各种各样问题的影响，包括时间、环境的变化和人类的条件。识别和追求机遇的能力是非营利组织获得成功的关键技能。在这一章中，我们思考了识别机遇的能力，以及如何留意所有的可能性。我们探讨了制定战略规划的价值和评估机遇的最佳方式。最后，我们学习了如何识别机遇之窗，在机遇消逝前如何加以利用。

以下是本章的要点。

- 只有乐观主义是不够的。

61

- 从现有的服务或产品开始思考创新。

- 注意发展趋势和新的行为模式。

- 要意识到机遇也会存在于混乱或灾难中。

- 关系非常有关系：让别人知道你是谁和你努力奋斗的目标——建立人际网络！

- 一个伟大的想法不一定代表一个好的机会。

- 评估是不精确的持续不断的过程，整个过程需要根据经验进行判断和创造性地改进。

- 预算仅仅是一个规划文件：对机遇的追求不能受到手头所有资源的限制。

- 识别机遇既是一门科学，又是一门艺术。收集的信息量是否适当取决于事件的大小和范围以及可投入的时间。但最终，信息必须结合直觉才能在决策过程中发挥重要作用。

- 回答评估问题需要多少人力和财力资源应取决于推动组织向前发展的承诺程度。

- 在采取行动前明确地了解机遇窗口的位置是必要的，因为时机就是一切。

# 第四章　资源动员

J. 格雷戈里·迪斯

**本章内容提要**

　　不仅仅跟钱有关

　　用创业思维评估资源需求

　　减少初始现金需求的十点技巧

　　制定组织的资源动员策略

　　创业者，顾名思义，就是不受限于手头拥有的资源而大胆追求机遇的人。要成功地做到这点，创业者必须足智多谋、少花钱多办事、会说服他人以优惠条件为组织提供急需的资源。本章将介绍与资源动员有关的创业艺术和如何提高资源动员技能的工具。

## 不仅仅跟钱有关

　　一提到资源，你想到的第一件事可能是筹款。如果你真是这样想的，那么需要再考虑一下！筹款的确很重要，但如果一开始就只关注资金，那么有可能你会忽视一些决定长期成功的重要因素。资金只是达到目的的手段，创业过程发端于你的想法和你能为组织带来的无形资源，结束于你需要什么能力去提供社会效益，而资金仅仅是一个中间环节。

　　√ 你所拥有的并不重要，重要的是你还能做什么。企业家精神的核 心在于完成某项事业或者改变完成事业的方式，而不关注资产的积累，资金只是帮助组织拓展能力最终实现组织使命和创造社会价值的一种工具。

√ 创造价值的能力受多种因素的影响。资金不是创造社会价值唯一必要的工具，技能、人际关系、知识、为人正直的品格、良好的声誉等因素也是成功所必需的。虽然资金能够帮你吸引有能力、有知识、有关系、有声誉的人，但是资金并不能够保证这些人能够有效地、创造性地利用他们所拥有的人力资源来为组织的使命服务。相比资金而言，对使命的认可、共享和承诺更为重要，只有认可使命、承诺为使命服务，你的团队才会想尽办法去实现目标。

√ 将无形资源转化为资金要比将资金转化为无形资源更容易。每个社会企业家在创业之初都会储备各种无形资源，包括创业想法、相关知识、经验、人际关系、声誉、激情和承诺等，这些资源可以吸引组织起步所需的资金以及其他的资源。睿智的社会企业家知道如何用最少的资金将无形资源转变成想要的结果。

## 用创业思维评估资源需求

核心概念

这节将为你介绍评估资源需求的一个四阶段决策过程，这个过程会迫使你深入地、有创见地思考如何追求可能的机遇。可以采用以下方式来锻炼和培养创业思维：

√ 从想要的结果出发，而不是从手头拥有的有限资源出发；

√ 减少考虑资源密集型的目标实现方式；

√ 考虑企业所处的环境存在哪些不确定性。

这个前期练习的过程对于后期制定一个完善的企业规划非常有用。全部四个阶段都是由预期结果驱动的（见图 4.1）。

65

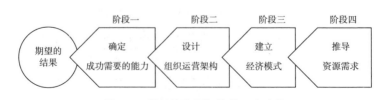

**图 4.1 创新的资源评估的四个阶段**

### 阶段一：确定成功需要哪些能力

在第一个阶段，展望你期望实现的结果并界定实现这些结果需要哪些能力。基于组织的使命（第二章）和为组织识别和评估机遇的方法（第三章），现在你可能已经有了一个比较具体的怎么创造社会价值的想法，可以围绕这个想法来决定你需要做什么或者需要让他人做什么。既然你的期望结果是为目标群体创造价值，那么请列举创造价值和实现结果需要哪些步骤。你可以在市场上获得生产社会价值所需的投入，同时还要描述成功完成每一步需要什么能力。由于大多数社会企业都是服务型组织，所以关键步骤可能应该包括项目或服务的开发、市场营销、服务提供、随访和评估，其中的每一项又会包含不同的组成部分。在明确了创造社会价值的关键步骤后，考虑需要哪些管理能力为整个过程提供支持。

**行动步骤**

整理你的新企业的能力需求清单，然后请教知识渊博的朋友、咨询顾问或团队成员，看清单上是否有遗漏。

### 阶段二：设计资源智能型（resource smart）运营架构

现在是发挥创造力的时候了。除能力需求清单外，你需要设计一个资源智能型的运营架构，具体架构如何设置取决于你如何回答以下问题。

1. 你打算在自己的组织中培养什么能力？
2. 你打算从供应商或者承包商那里获得什么能力？
3. 你打算从合作伙伴那里获得什么能力？

**案例分析**　　66

#### 史蒂夫·马里奥蒂（Steve Mariotti）和 NFTE

史蒂夫·马里奥蒂于1987年创立了国家创业教育基金会（NFTE）。马里奥蒂是一名企业家出身的老师，曾就职于纽约市公立学校系统。在任教期间，他发现教有风险行为的学生如何创业会让他们对学习更感兴趣，并给他们带来希望。马里奥蒂发现了一个机会，在有风险行为的青年中进行创业扫盲：借鉴他在公立学校使用的创业课程，为风险行为青年开设一门类似的创业课程。有了这一想法，马里奥蒂就开始思考组织成功需要哪些能力。一般而言，NFTE 要想成功，需要有人完成以下步骤：

√ 为项目招募有风险行为的青年；

√ 提供适当的教学环境；

√ 授课；

√ 筛选并培训老师；

√ 制定有效的教学大纲；

√ 提供所需的供给，有效完成教学大纲授课；

√ 提供资金或实物支持，帮助参与者创业；

√ 评估项目绩效并在必要时进行修订；

√ 提供行政支持（会计、采买、筹款等）。

资源智能型架构让组织在创造和保持社会价值的同时能够有效地利用稀缺资源。但要注意，不要总是寻找最廉价的做事方式，因为廉价可能有损项目质量。在结果和效率之间保持平衡的关键在于组织架构能够帮助你创造期望的价值、同你的优势及市场现实保持一致，并高效地使用稀缺的资源。放开思维，别忘了，"条条大路通罗马"。

**设想不同的运营架构**

首先要设想一系列的可能性。这一步可以通过回顾能力需求清单来完成，在回顾的过程中问自己：有其他人可以提供这种能力吗？如果有，这个人是谁？他需要怎么做？并不是所有可能的组合都值得深究，但会有一些你一开始没太认真考虑的组合，经过仔细思考可能会发现非常有用，这是因为许多社会企业家一开始对组织应该如何运营都会有先入为主的认识。这个练习将帮助你意识到还存在其他选择。

**案例分析**

### 思考 NFTE 的一系列选择

一种极端是，NFTE 选择在所有环节中自己全部提供：在市中心建立学习中心，对潜在的学生及家长进行宣传，开发课程，雇用和培训教师。这个方法需要大量的资源和投入。另一种极端是，NFTE 可以只关注于一些要素，如课程开发：仅仅请老师撰写和整合教学大纲，然后找销售代表或者出版商来对课程进行营销。这个方法需要的资源要少得多，但不确定能否有效地服务 NFTE 的使命，在这两个极端之间，NFTE 还有其他多种选择。请练习为 NFTE 制定至少三种其他运营架构。

### 挑选一个既有前景又有效率的架构

现在你有了几个可供选择的路径，该如何抉择呢？你可能不知道哪个架构是最好的，但可以根据经验进行判断。以下四个问题引导你选择一个资源智能型的架构。

1. 你的组织最适合提供什么能力，即组织的强项是什么？多数社会企业家在某些领域会有特别擅长的能力，并把这种独特的能力带给企业。你给这个企业带来了什么能力？在特定领域，你是否真的能比其他企业做得更快更好？你如何知道？如果确定你在某项事务上能做得比其他供应商更好，那么这个环节理应自己提供。如果你有创业合伙人，也可以询问他们是否在哪些方面能比其他的潜在供应商做得更好。

2. 创造价值的最重要的能力是什么？一些能力在价值创造的过程中会发挥无可比拟的作用，因而比其他能力更为重要。要识别潜在的核心能力，问问你自己：如果不仔细监控质量，这个领域是不是很容易出错？万一出现失误会给所做的事情造成多大的损失？对于出任何差错都会带来高昂代价的事项，你需要谨慎思考是否进行外包。如果有对企业非常重要但你并不擅长的能力，应该怎么办？有两个选择：（1）在组织内部培养这种能力；（2）寻找积极主动、业务熟练的合作伙伴提供所需的能力。后一种选择可能需要更少的资源，但找到合适的伙伴也不容易。

3. 哪些活动能够调动你和团队的主动性、让你们觉得所从事的工作很有意义？如果你和团队成员特别喜欢并且非常擅长某些活动，那么你不应该外包这些活动，即使外包可以略微提高效率。因为每个人都应该有一些自己喜欢做的事情，否则组织根本运营不下去。

4. 哪些能力通过购买可以比自己培养来得更便宜、更容易？对于那

68

些不是你的优势与激情所在、无关紧要的能力，需要着重考虑成本。有些能力必须投入大量时间和金钱才能培养，有些能力则只是临时或短期的需要。无论哪种情况，明智的选择是外包出去给已经投资培养了这些能力的承包商。综合起来，需要考虑的问题如下：自己培养这些能力对你来说难易程度如何？由外部承包商提供是否比自己培养更便宜？如果根本找不到外部供应商，那么你别无选择，只能自己在内部培养。

## 案例分析

### NFTE 关键的经营决策

马里奥蒂为 NFTE 组织带来了两个重要优势，他开发了一个课程，教有风险行为的青年如何创业。他自己是一位颇有天赋的老师，因此他相信自己可以招募并培训其他教师。更幸运的是教学是他最感兴趣的活动，因为 NFTE 成功的关键能力正是高质量的教学。一个好的老师可以弥补课程计划的薄弱，以及场地、材料和其他支持系统的不足。反之，一个低能的老师会很轻易地毁掉一个项目，即便其他条件无可挑剔。找到对的学生进入课堂也很重要，但马里奥蒂在这方面没有特别的优势，他也不想自己创建一个学习中心。所以，他决定选择和寻找那些已经有机会接触学生、拥有相关设施、态度积极且值得信赖的合作伙伴。NFTE 的第一个合作伙伴是纽瓦克的男孩女孩俱乐部（Boys and Girls' Club）。NFTE 的初始运营架构仅保留了教学、一部分课程开发和基本的管理功能。主要合作伙伴为 NFTE 免费提供了生源和教学场所。承包商帮助提供会计、筹款、一部分课程开发和材料设计方面的服务，其他的必要物品则通过市场购买获得。

69　　上述问题引导你在梳理自身优势、保护核心能力、保持创业动力的基础上，选择一种成本效益较高的运营架构，即是资源智能型的架构。当然，如何选择运营架构是一门艺术，而不是一门科学。也就是说，创业者需要根据有限的信息结合自身的经验进行判断。随着组织的逐渐铺开和掌握信息的增加，运营架构也需要变化，同时考虑其他备选项的过程可以帮助你做好准备应对变化。现在，你要确定的是从哪开始。

**行动步骤**

探索备选的运营架构。为你的企业描述三种不同但合理的运营架构，并用上述四个问题分别评估各备选项是否为资源智能型架构。

## 阶段三：开发资源智能型经济模式

有了运营架构的构想，你还需要为企业开发一种同样具有资源智能特征的经济模式。经济模式描述资金的来源及其在企业中的使用归属，经济模式主要解决两个关键的问题：（1）能否通过增加营业收入来减少对外部资源的需求？（2）如何获得企业需要的各种投入？

**应用工具**

在深入了解了哪些方式更加可行后，经济模式也需要随之变化。但目前，你能依靠的就只有自己的经验和创造性。社会企业范围图谱（表4.2）可以提供帮助。此图谱描述了居于两端的纯慈善和纯商业及中间的很多连续性的选择。你的企业可能处于中间的某个位置，但具体在哪，需要考虑不同的利益相关方，包括受益人、出资者、员工队伍和供应商。

表4.2　社会企业范围图谱①

70

| | 选项连续体 | | |
| --- | --- | --- | --- |
| | ←——————————————————→ | | |
| | 纯慈善 | 混合型 | 纯商业 |
| 动机 | 以善意为根本 | 混合动机 | 以自身利益为根本 |
| 方法 | 使命驱动 | 使命和市场的平衡 | 市场驱动 |
| 目标 | 创造社会价值 | 创造社会价值和经济价值 | 创造经济价值 |

---

① 这一图谱的其他版本请见作者的文章"Enterprising Nonprofits," *Harvard Business Review*, Jan. -Feb. 1998，以及其他两篇哈佛商学院的笔记，"Social Enterprise：Private Initiatives for the Common Good," with Elaine Backman（#395－116）and "The Social Enterprise Spectrum：Philanthropy to Commerce"（#396－343）。

续表

| 关键利益相关者 | 纯慈善 | 混合型 | 纯商业 |
|---|---|---|---|
| | 纯慈善 | 混合型 | 纯商业 |
| 受益人 | 免付费 | 支付部分费用，或者一部分人全价付费与另一部分人零付费相结合 | 以市场价付费 |
| 资本金 | 捐赠 | 低于市场价的资本，或者一部分人全价付费与另一部分人零付费相结合 | 市场价的资本 |
| 劳动力 | 志愿者 | 低于市场价的工资，或者志愿者与全职带薪员工相结合 | 市场价薪酬 |
| 供应商 | 实物捐赠 | 特殊优惠，或者实物捐赠与全价付费相结合 | 按市场价定价 |

（表头：选项连续体；纯慈善 ← → 纯商业）

**受益人：从组织创造的价值中受益**

如果找到一个既不妨碍使命实现又能获得收入的方式，就能减少你对外部资源的依赖。

为此，你需要考虑以下问题。

1. 谁从（或能从）你的企业中获益？

2. 向他们就所得服务收取费用是否合适和可行？

3. 在保证实现社会目标的前提下，你可以收取多少费用？

可以考虑三种可能的收费来源：主要受益人、第三方受益人和间接受益于企业活动的其他人[①]。

是否应该向目标受益人收费？许多社会企业家不愿意向组织的主要受益人收费，特别是当受益人比较贫穷或被认为应该获得帮助时尤其如此。这种不情愿收费有时候是符合道义的，但有时候却是出于施予恩惠的心态或者替代当事人做决定的家长式作风造成的。在第一章中我们曾提到社会企业家精神的一个发展方向是鼓励人们承担责任来解决自己的问题。有时，即使收取很少的费用也可以让人们感到自己被赋权，有了

---

① 更多关于获得服务收入的方法及其利弊的讨论请见作者的文章"Enterprising Nonprofits，" *Harvard Business Review*，Jan. -Feb. 1998。

责任感。收费还可以剔除那些态度不是很认真的使用者，选择为服务付费的人往往意味着他们对服务有真正的需求。收取费用还可以帮助你遵守市场纪律：没人愿意为之付费的服务传达的含义是，你以为自己在创造社会价值，但实际上并没有。相比免费服务，支付费用能赋予受益人更多的投诉权利。组织可以通过开发创新的付费结构来解决与支付能力相关的问题，例如滑动费率（即按人群的贫困程度计算费率）、奖学金或延期付款等。 71

---

### 如何通过向用户收费来提高影响

国际人口服务组织（PSI）将出售安全套作为促进孟加拉国计划生育项目的一个组成部分，但他们的安全套定价低于成本价。安全套销售收入不仅冲抵了组织的部分开支，而且实际效益远远超出此费用所代表的价值。收费有助于促进物尽其用，也开辟了一条新的发放渠道，即通过村庄里面男性经常光顾的小商店来发放。由于空间有限，这些商店老板不愿意存放免费的无利可图的商品，允许收费使得店主可以从安全套销售中获利，而且为了获利他们还会努力保持稳定的库存。虽然政府或非营利诊所仍在免费发放安全套，但免费发放对男性客户来说可能是尴尬多于方便。

---

是否可以同第三方受益者签订合同？第三方受益者，如政府和企业主，有时会从你的组织工作中获益。政府部门通过向你们组织购买的方式来为接受政府福利的人提供服务，这个过程中政府节省了开支；企业主可以通过让员工获得你们组织的服务来提高员工的生产率。所以，你可以同政府或企业签订购买服务合同。当然，第三方支付并不具备用户付费方式的所有优势，因为最直接的受益人无法参与决定是否购买服务。这个问题可以通过使用混合付费系统来处理，让预期的受益者支付分摊的小额费用。

---

### 混合第三方支付和用户支付

危地萨鲁（GuateSalud）是危地马拉一家为农民工提供医疗保健和预防性药物的组织。在农场主的许可下，该组织的创始人在农场上建立了医疗服务站，常设一名接受过医生助理培训的工作人员和定期来坐诊的医生。农场主支付启动费用和每月的固定费用，就诊者每次仅需支付少量的分摊费用和部分药费。这样一来，农场主拥有了更健康的工人，工人也获得了低成本的医疗保健服务和免费的健康教育。

---

有办法向组织的间接受益者收费吗？当前，许多社会企业家建立社会企业时，都在寻找各种办法既能服务组织使命又能从非主要受益人的客户那里获得收入。比如，开设一家餐厅为无家可归的青年提供就业培训，或者为参与者提供环保教育主题的生态旅游企业利用组织获得的利润支持环保活动。为付费客户提供私人利益和为社会使命服务并不冲突，所以需要考虑如何把付费客户的利益整合到创造社会价值的项目中。

**资本提供者：从正确的来源筹集资金**

即使可以对服务收取费用，你也还需要启动资本、生产资本和扩张资本，收取的服务费不足以支付运营成本的社会企业还需要持续筹集费用来支持组织运营。请考虑以下问题。

1. 你能从哪里筹集资本？

2. 从这些来源筹集资本需要多少成本？

3. 在服务组织使命方面，最具成本效益的资本来源是哪种？

此刻，你并不需要拥有一个完整的筹款计划。我们只是考虑经济模式，所以只需要大致了解资金来源及其成本即可。

如果打算成立一家非营利组织，可选的筹资渠道按照还款成本排序有以下几种形式：（1）资助和捐赠；（2）可收回的资助（类似于零利息贷款，必须偿还全部或部分资助）；（3）低于市场利率的贷款；（4）免税型市场利率贷款或债券；（5）市场利率贷款；（6）高于市场利率的贷款（高利贷）。如果你打算成立一个营利企业来为使命服务，那么还可以利用股权融资①。股权投资与债务有很大的特征差异，股权持有人承

---

① 具体情况还取决于组织的形式，具体解释可参考 Barbara S. Shea，esq.，with Jennifer Haupt，*Entrepreneur Magazine Small Business Legal Guide*（New York：John Wiley & Sons，1995），especially chapters 2-4。

担更多风险，因为组织在清偿所有债务之后才会向他们还款。虽然股权没有固定的还款时间表，但股权的投资获益也没有上限。债务则不同，债务持有人得到的仅仅是与债务相关的利息，而股权持有人要么直接获得利润分配，要么通过向组织或他人转让所获利润而获利。如果计划使用股权资本，请考虑股权持有人期望在什么时候获得什么形式的回报，有必要为他们制定退出计划。

---

### 项目相关投资的特殊情况

项目相关投资（PRI）是基金会以（相对于其承担的风险而言）低于市场价格发放的贷款或股权投资。大多数 PRI 采取贷款的形式，但在符合基金会的使命并且不会使私人获利的情况下，PRI 也会包括营利企业的股权投资。例如，麦克阿瑟基金会就是河岸银行集团（Shorebank Corporation）的主要股权投资者，河岸银行集团是美国领先的社区开发银行控股公司。几个主要的基金会都有自己的 PRI 项目。

73

---

你能偿还借贷的资本吗？如果你不计划开展任何创收性的经营性活动，那么可能很难吸引投资人，因为投资人希望通过投资获得回报。理论上，你可以承诺用未来的资助款或捐赠款来偿还投资者，但鲜有投资者会愿意承担风险去信任你的意愿和能力。再说，后来的捐赠者可能也不愿意你把他们捐赠的款项用于偿还早期的投资。所以，没有创收活动的情况下，最佳资本选择可能就只有资助和捐赠了，在两者之间综合考虑，选择成本更低的那种。

---

### 资助不等于没有成本

资助无须偿还，但获得资助有成本，成本高低取决于资助的提供者。在衡量各种选择时，你需要考虑所有的获得成本（包括获得批准所需的时间）、关系的管理和维护成本（包括满足限制条款和特殊的报告要求），以及依赖一种不可续期的资金来源所蕴含的成本。

---

为什么不只使用资助和捐款？即便你打算将经营性收入作为主要的收入来源，资助和捐赠仍可以作为资源智能的资本筹资方式。在许多情

况下，资助和捐赠是创业资本和组织早期资本的最佳来源，但也有例外。如上所述，资助和捐赠不等于没有成本，其他收入来源可能会更具成本效益、更及时、更少限制、更可持续。如果组织想要传达的信息是具备自给自足的能力，那么减少对慈善性资金的依赖就尤其具有象征性意义。如果你有能力偿还，资本提供者就可以把这些资金再投资给其他项目或者你未来的项目。这种现金循环的形式从广义上说就是资源的智能型应用，从具有偿还能力的企业中解绑资源可以把有限的资源用到真正需要的企业。

你应当考虑在什么时候偿还资本提供者？新成立的社会企业即使有潜力获得经营性收入，也可能很难筹集到使用后必须偿还的资本，多数贷款方或投资者一般不会凭空相信你的偿还意愿和能力。即便是追求社会目标的营利企业常常也被视为高风险投资。所以，你要么去找主要关注社会回报的投资者，要么能够向投资者展示巨大的获利空间。本章后面的内容将讨论吸引资助者和风险管理的策略。现在，你需要作出的资本智能的决定是什么时候进行资本借贷。如果有以下需求，请考虑资本借贷。

- 有大额资本支出，且未来有可预测的收入

如果确定未来有可预测的收入，组织通过贷款或股权投资的方式比通过申请资助更容易筹集到大量的资金。例如，先锋人力服务公司是一家位于西雅图的创业型非营利组织，主要业务是培训和雇用弱势群体。先锋公司通过福特基金会获得了价值数百万美元的项目相关投资（PRI）贷款并购买了一家营利性印刷公司以开展新的业务。

- 需要运营资金

有时在获得收入之前你就需要支付费用。只要收入来源可靠，应该就可以获得运营资本贷款来填补资金空缺。例如，人人成功（Success for All）组织向学校销售课程并在实施过程中提供技术支持，相关费用在年初就会产生，但学校付款却要到后期才能完成。在等待学校付款的同时，人人成功组织需要资金来支付各项费用以维持组织成长。为此，人人成功组织接受了新学校创业基金（New Schools Venture Fund）的贷款。

- 需要风险资本来启动潜在的盈利业务

如果你需要资本建立一个为使命服务的营利企业，那么寻找股权投资可能是明智之举。只有当你比较确定自己有按时偿还贷款的能力时，

贷款才有意义。股权资本在你手头有盈余的资金之前不会要求你进行任何偿还。除麦克阿瑟基金会外，其他几家社会投资者也对河岸银行集团进行股权投资，以帮助它起步和扩展主要业务。

**劳动力：平衡薪酬和绩效**

团队是组织取得成功的最为重要的因素，团队的技能、态度和其他无形资产完全决定了组织能否获得成功。你的经济模式必须作出相关的假设来确定是否需要及需要多少资金来支付保障组织能力所需的人力资本。请考虑以下问题。

1. 需要哪些技能来支持组织的内部能力？

2. 这些技能中哪些可以由志愿者有效地提供（如果有的话）？

3. 组织使命是否推崇使用志愿服务？

4. 你需要什么类型的付薪员工？需要多少？多高的薪酬水平？

社会部门的组织所使用的劳工策略多到令人吃惊。很多组织成功地依赖大量的兼职志愿者，一些志愿者甚至担任组织的重要领导职位。一些组织则高价雇用专业人士，仅在非常有限的职位上使用志愿者，如理事会成员、筹款人或顾问。你的企业将如何配备员工？有必要考虑不同的可能性。

**志愿者的角色应该是什么？**

这个问题的回答主要取决于现实情况和组织的价值观。从现实角度讲，需要考虑哪些具体的功能可以由志愿者合法、有效、可靠地提供，答案因组织而异。在可行的情况下，使用志愿者提供服务显然比较节约成本，但前提是志愿者的参与能够达到预期结果，否则就不能做到资源智能。对一些组织而言，使用志愿者是最重要的核心价值观，也是组织使命的一部分。使用志愿者让你创造了额外的社会价值，一种产生于公民个人自愿联合起来生产公共利益的价值。如果这是组织使命的一部分，那么你应该在预期结果中提到这一点，并在进行人员配置决策时给予相应的考虑，使用志愿者在一定程度上可以弥补组织效率低下的问题。

**你应该支付员工多少报酬？**

很少有组织能够在没有付薪员工的情况下有效运转。只要不使用志愿者，就需要决定薪酬水平。以低于市场的工资水平获得所需技能是否容易？低工资水平可持续吗？虽然低工资水平在社会部门很常见，但如果低薪酬导致了招聘困难、离职增加、士气低落，那么这种做法也不是资源智能的。社会部门从业者接受低报酬往往是因为他们关心某项事业。本质上他们把自己应得薪酬的一部分捐赠给了社会企业去换取"社会回报"。低工资有助于确保你雇用到的人在乎使命而不是在乎金钱；然而，即使有这种承诺，他们也可能因为自己的收入远远不及同等条件的商业领域同行而感到沮丧。在一些关键职位上，你需要找到最优的薪资水平，吸引和留住高效和忠诚的团队成员来推动组织使命的实现。

### 案例分析

#### 打破低工资传统

马里奥蒂很早就认识到，教师是 NFTE 最重要的资产，但学校教师的工资往往低于正常水平。他承诺为教师团队提供良好的待遇。他说，他想像对待哈佛大学的教授一样对待他的老师，这与许多公立学校提供的教师待遇形成鲜明对比。此举标志着 NFTE 承诺奖励为组织提供最关键能力的人。马里奥蒂还使用其他途径来甄别教师对使命的承诺。

#### 供应商：寻找有效率的交易和可持续的关系

在最终确定经济模式前还要考虑供应商，包括所有提供所需能力的承包商或合作伙伴。要确定经济模式，你需要考虑以下问题。

1. 在其他人将会提供的支持和能力中，哪些是最重要的？

2. 用什么方法确保他们能可靠地提供这些关键能力？

3. 用什么低成本高效率的方法来确保他们保质保量又可靠地提供非关键能力？

#### 如何与重要的供应商、承包商和合作伙伴建立牢靠的关系

在选择运营架构时，你已经确定了关键能力。你现在应该重新审视关键能力列表，特别留意那些计划外包给其他人的关键能力。这些能力的承担者就是最重要的供应商、承包商或合作伙伴，同他们建立关系确保高质量的、可靠的服务提供尤为重要。出于商业原因、社会原因，或者理想状况下两种原因兼而有之，这些供应商、承包商或合作伙伴也应高度重视同你的组织的关系。

● 业务原因可以是直接或间接的

最直接的业务原因就是该供应商把你当作最重要的客户，不希望失去你，这种影响力对于处于早期阶段的许多新成立的社会企业而言难以企及。间接的业务原因是你与某些重要客户之间的密切关系，比如你的理事会主席为该供应商提供了大量业务。间接业务原因更为常见，可能会为组织带来实物捐赠、无偿服务或大幅折扣。

● 社会原因应反映出持续的深度认同

供应商重视同你们组织的关系有可能是出于社会原因，因为他们认同你们组织的使命或者使命的核心部分。社会原因有时候会带来有利条件，但是要注意，如果社会原因是这种稳固关系的基础，那么有必要确保供应商持续地深度认同你们组织的使命。

**案例分析**　　　　　　　　　　　　　　　　　　　　　　　　77

### 混合不同的模式：帮助世界看见（Help the World See）

1997 年，成立了 10 年的帮助世界看见（HTWS）以三种截然不同的方式为发展中国家提供眼部保健服务：（1）派出由医生和技术人员组成的志愿者代表团进行眼科检查并免费提供眼镜；（2）通过其他渠道免费分发回收材料制作的眼镜；（3）与当地组织合作，创建永久性的创收型眼镜诊所，以远低于市价（但高于生产成本）的价格销售眼镜。在最开始的 9 年（1987~1996 年），HTWS 共派出了 52 个代表团为 10 万名病人提供了服务，分发了近 80 万副可回收眼镜，并在 3 个国家开设了创收诊所。使用的每种方法都具有很高的现金效率，1996 年的年度开支甚至不足 9 万美元。这是怎么做到的？HTWS 当年收到大约 30 万美元的实物捐赠，实物捐赠与现金支出的比例超过 3∶1。HTWS 还在业务中大量使用技能熟练的志愿者，同时保留一小部分带薪员工。当地的诊所配备了带薪员工，但场地是通过捐赠获得的，所需物资也是通过折扣价购买的，销售眼镜就是为了支付组织的运营费用，合作伙伴为当地的诊所提供了支持[①]。

----

① "Help The World See: Self-Sustaining Eye Care in Belize," Harvard Business School Case # 897-142.

### 哪些财务条款适用于合作伙伴

如果供应商能提供至关重要的能力并且高度认同你的价值观，那么同他们建立合作伙伴关系就是资源智能的选择。你们可以共同资助项目，以双方的声誉作担保。伙伴关系的经济意义因合作条款而异。资金流向的策略如何选择取决于你及合作伙伴的相对优势和劣势。如，谁更适合提供资金，谁更具有讨价还价的能力。例如，在 NFTE 与第一个合作伙伴纽瓦克男孩女孩俱乐部的关系中，资金通过俱乐部流向 NFTE，NFTE 的角色几乎像是承包商。工作资本组织（Working Capital）是美国领先的微型企业项目，最开始只是提供资金帮助社区组织执行项目。稳定成长之后，工作资本开始探索不同的模式，社区组织得支付费用才能获得工作资本提供的项目和技术支持。在构思与合作伙伴的经济条款时需要考虑你在交易中有多少可以讨价还价的余地。

*行动步骤*

考虑不同的经济模式：根据选定的运营架构，设想与之相匹配的两到三个不同但可行的经济模式，这些模式在社会企业范围图谱上至少应该有两个方面的显著差异。你认为哪个模式既能更好地为使命服务，又能高效低耗地利用稀缺资源？

### 阶段四：推导资源需求

凭借选定的运营架构和经济模式，现在你可以开始预估组织的资源需求了。预估资源是一个注重细节、充满压力的过程，许多创业者选择回避，他们认为预估资源没用，因为任何计划都得随着工作的进行而改变，这种想法不对。对所需资源进行预估可以加深你对企业的理解，从而做好准备应对未来的变化。我们这里推荐的方法分为九个细小的步骤，一次执行一步。这个方法的灵感来自 McGrath 和 MacMillan 的"发现驱动型的规划"[1]，该规划从你想要完成的事情开始，在每一步往前倒推以确定需要什么东西才能达到目的，规划过程中你需要追踪自己的假定条件，

---

[1] Rita Gunther McGrath and Ian C. MacMillan, "Discovery-Driven Planning," *Harvard Business Review*, July-August 1995.

不断测试、不断改进和完善原有的规划。

第 1 步：确定头三年的绩效指标。

在组织运营的前三年，你希望取得哪些社会成果和财务目标方面的成就？参照组织使命和组织正在追求的机遇，设定现实可行的社会绩效目标。尽可能具体地陈述这些目标，以便估算达到这些目标所需的资源。NFTE 的目标可能包括顺利完成课程的学生人数。如果有明确的财务运营目标，如，用服务收费来支付部分或全部的开支，则应非常具体地定义这些目标，例如，你可以计划第一年的服务收费支付 10% 的组织开支，第二年支付 25%，第三年支付 50%。

第 2 步：创建日历管理实现目标所必需的活动。

前面所做的能力列表和运营架构现在可以引导你制定各项活动了，活动列表会比能力列表更明确更具体，所以应该是类似每月"待办事项"的清单。再次强调，从最终目标开始逆向推导的方法比较有用。例如，如果 NFTE 第一年的目标是 200 名青少年完成课程，班级规模通常为 20 名学生，那么他们就要计划 10 次课程。如果马里奥蒂自己每年只能完成 5 次课程，那么他就需要再聘请 1 位老师。别忘了包括重要的管理活动、纳税事项、建立会计系统等，思考每个月需要做什么活动才能实现月度目标。在企业的前三年坚持做活动日历规划会是一个令人难忘的经历，尽可能请经验丰富的人帮你检查日历规划是否现实。

第 3 步：使用虚拟活期账户估算现金需求。

现在需要与数字打交道了！不要想着制作什么花哨的损益表和资产负债表，这个阶段还用不着。你需要的就是设想一个具有完全透支保护功能的活期账户，允许余额为负数。你将用这个账户支付企业的所有启动费用和运营费用，组织运营产生的业务收入存入这个账户。不要考虑资本，因为我们正在估计你的资本需求。使用活动日历估算按时开展每项活动需要多少资金。可以考虑不需要开支的志愿者或实物捐赠等因素，但前提是你必须十分确定可以免费获得志愿者或捐赠。每个月该写支票付款的时候，以现金形式在虚拟账户中记录这些开支。支出时间不需要与活动发生的时间一致，如果 30 天后才需要支付相关法律费用，那么就在提供法律服务后 1 个月再记录这笔费用。然后把企业所有的营收（服务收费）记录为存款，同样，在收入到账以后才记录为存款。

接下来，分别按月从存款总额中减去支出总额，计算出每月的净现金流。一段时间后，这种收支相抵后的净额可以帮助你发现一些规律。从第一个月开始，把每月结余进行累加，产生账户的滚动余额，就能反映你在某个时间点的现金总需求。如果一切按计划进行，那么滚动余额中亏空最大的月份就是你必须筹集的现金总额！如果没有缺口，那么你可以建立现金储备。谨慎的做法是，在运营现金需求总额的基础上增加10%到20%来建立现金储备。如果你觉得所需的现金总额过多无法接受，那你或许需要重新考虑运营架构、经济模式或绩效目标。

第4步：写下你先前的假设，看哪些最为关键。

每一步活动都包含我们所作的各种假设，新企业充满了不确定性，带着假设做规划是有必要的。列举所有的假设。例如，马里奥蒂的假设可能包括，最佳规模的班级容纳20名学生，一名优秀教师的年薪是40000美元外加福利待遇，学生开办企业平均需要150美元的启动资金并且可以在3个月内还清这笔费用。只保留可能对预期现金流或其他资源需求产生影响的假设。就每个关键假设，你需要考虑以下问题。

1. 这种假设如果有问题，将会在多大程度上影响你的资源需求或成功的机会？

2. 你对此假设有多大信心？

3. 你有什么证据支持它？

具有极大的潜在影响但你最不能确定的假设就是最关键的假设。

第5步：设定明确的里程碑事件对最关键的假设进行测试。

关键假设需要不断测试并进行修正。有些假设需要通过进一步的研究测试，有的在实践中测试就足够了。你创建的企业本身就是测试想法和假设的活生生的实验。在日历中标注里程碑事件，根据经验重新审视关键假设。尽早地以低成本的方法来测试关键假设是明智之举，考虑一下如何做得到。也许你需要更改活动日历和现金流量估算值，但修改是值得的，因为万一某个关键假设是错误的，那么越早发现对于你和相关的资源供应商就越有利。利用之前制作的虚拟账户，你这下可以确定需要多少资金才能达到每个里程碑事件。

第 6 步：设想可能出现的不同情景，制定权变方案。

很有可能发生的情况是，事情不能完全按计划发生，或者发现原有假设是错误的，而这些都由新生企业的性质所决定。如果幸运的话，你只在相对较小的问题上出错，而且进行调整比较容易。既然已经确定了关键假设和里程碑事件，那么你应该考虑"方案 B"，即现有假设大错特错时的替代方案。就每一个里程碑事件，你需要设想在不同但合理的情景中，如何应用新学到的知识去重新审查原有的方法和资源需求估计。情景是什么取决于最重要的那个假设的性质。提前考虑一些可能会增加现金需求的紧急情况，会帮助你认识建立现金储备以备不时之需的价值，这个练习甚至可以帮助你估算想要储备的金额。进一步说，这个练习帮你发现组织的"阿喀琉斯之踵"，即各假设中最为薄弱的环节。如果这个假设存在严重缺陷，最好的应对办法是什么？能否通过改变经营结构或经济模式来调整？会给资源需求带来什么样的改变？

第 7 步：列出重要的非现金资源需求。

活期账户练习侧重于现金需求，但你还需要其他资源来完成日历上的活动。其中一些活动，例如与市长会面只需要非现金资源，比如某位熟识市长或市长工作人员的人可以帮助你获得会面的机会。根据日历上的活动，列出所有重要的非现金资源。

第 8 步：将所需资源同已有资源进行比较，确定资源缺口。

起步时你肯定拥有或多或少的资源。马里奥蒂创业时就有一个经过验证的课程和一个强大的老师（他自己）。如果你的组织是从已有组织中拓展出来的，那么你也许可以利用该组织已有的资源。从已有资源中扣除所需资源，就可以确定资源缺口，即需要寻求的资源。

第 9 步：建立筹款目标、购买清单和培育清单。

这些是资源评估的三个具体的最终产品。首先是一系列的筹款目标，这些目标表明在不同的时间点你需要筹集的资金额度。利用先前对资本提供者的评估，你可以把资本需求与不同类型的资本提供者进行匹配。产品购买清单列出了你需要使用现金购买的资源，详尽地描绘所需资源的特征有助于推动随后的购买过程。最后，列一个培育清单，这是不能通过购买获得的资源，至少是不容易通过购买获得的资源。

81

# 减少初始现金需求的十点技巧

**实用技巧**

有十点技巧可以帮助你在组织启动初期减少现金需求，这并不意味着你得就着有限的资源着眼小处、束手束脚，而是说，应该用更少的资金完成同样的事情。你需要评估这些技巧如何影响组织实现使命的能力后再来确定它们是否有用。如果某个技巧会危及使命，千万不要采纳！

82　　　　技巧 1：将项目分阶段，一次只资助一到两个阶段。分阶段投资是资源管理的有力工具，核心概念是只筹集足够（或稍多于）达到下一个重要里程碑的资金，因为达到第一个里程碑后，你会获得更多信息用于筹集额外的资金。这个技巧虽然在风险投资领域很常见，但基金会不常使用。如果等到项目第一阶段的成果出来后才撰写第二阶段的项目建议书，那么中间需要等待几个月才能获得下一笔资助，这种延迟可能是致命的。你可能需要让基金会的合作伙伴了解分阶段运营的价值，双方在增进了解的基础上投入更多的资金。

技巧 2：将固定成本转换为可变成本。固定成本指与服务多少人或完成多少项目没有直接关系的成本，例如租金、水电费、全职员工的薪酬等；可变成本是因活动而增减的成本。你可以通过更改付款方式将固定成本转换为可变成本。特许权使用费、佣金、计件费等可以记为可变成本。如果 NFTE 把所有教师的薪水当作一个费用，教学费用就是固定成本；但如果按学生人头支付，教师费用就转换成了可变成本。每笔款项通常都包含固定成分和可变成分，中心思想就是让费用仅在提供服务时产生。这对于有自创收入的企业特别有用，因为他们的收入与服务提供直接相关——只有当收入增加时，成本才会增加。其他类型的企业也可以对此充分利用，较低的固定成本通常意味着在组织创立前期只需要较低的启动成本和运营成本，因为那时组织才开始积累服务量。只有在成功的情况下，你的现金需求才会增加，而那时，在如何筹集更多资金方面，你应处于一个比较有利的位置了。

技巧 3：寻找过剩的产能和未充分利用的资源。寻找最近扩大了设施或失去了大客户的潜在供应商。考虑到企业未来的发展，新迁入企业拥有的办公空间通常大于他们实际的需求。组织创建时，如果你愿意使用临时办公室，他们可能会给你较好的租借价格。人力资源方面，失业的人可能比有工作的人更有动力，新近退休的会计师可能很乐意利用自己的技能为你服务。

技巧 4：帮助新的供应商立足和成长。新到一地的企业、律师事务所或会计师事务所都会特别积极地寻找业务，为了获得业务、建立声誉，他们可能愿意对服务收费打折。在个人层面上，新来社区的人可能寻找各种融入社区的方式；新晋的高管或专业人士可能寻找各种方法以获得社区领导力方面的经验和可见度。当然，同新人合作会有更多风险，但也会得到更好的交易价格。为此，你得谨慎判断在特定领域你愿意承担多大的风险。

技巧 5：让自己成为低成本客户。努力掌握资源供应商的经济状况，你可能会找到方法降低他们的服务成本。许多企业在每一天、每周甚至每年都会交替经历高峰（忙碌）和低谷（不忙碌）时期。如果你所需要的服务可以在低谷时段提供，那么供应商应该愿意因此而给你更好的合同条件。

技巧 6：让自己成为增值型客户。除了为服务支付的费用外，你或许可以找到办法为供应商增加额外的价值。社会企业家的身份让你能够为潜在的营利性资源提供者带来影响：如果你在公开场合认可他们给你提供的帮助，他们的声誉会得到提高。如果某个供应商为你提供了优惠协议，那么你的其他支持者可能会倾向于同该供应商开展业务。这可以进一步升级为"动机营销"（cause marketing）活动，利用你的社会关系为供应商创造业务。

技巧 7：探索是否可能与他人共享资产，特别是共享他们拥有的资产。你所需要的许多资源其实可以通过与他人共享而获得，例如复印机、传真机、会议室，甚至是接线员。当然，为此你必须处理好后勤和结构方面的合理安排。如果能够做到合理安排，共享的方式可以显著降低你对现金的需求。这就是企业孵化器的优势之一，年轻的企业可以在那儿共享各种资源。非营利性孵化器虽然不多，但也存在。孵化器通常不仅提供技术支持，还与其他新企业分担设施成本。孵化器的设计目的不是提供永久的家园，因此你需要按照孵化器的退出政策制定相适应的计划，让自己在适当的时候从孵化器的帮助中独立出来。

技巧 8：认真管理所拥有的现金，做到尽早收款、仅在到期时付款、利用余额产生利息①。确保手头的现金为你服务。任何即刻需求之外的现金都要通过各种形式获得利润，但不能用于过于长期的投资，选择的投资方式要在需要资金时能够及时赎回，这对于管理在项目初期获得的大额资助尤为重要。你可以通过明智的现金流管理来最大化可以投资的现金，也就是尽早收款，不失礼貌地确保你及时得到应得的付款。反之亦然，只在必须付款时才支付，这样可以把现金留在银行。当然，这条规则有两个例外。一是一些供应商会为提前付款者提供折扣，如果现金存款利率很低，那提前付款可能是值得的。第二个例外更具策略性。如果这个供应商特别重要，你希望与之建立强大而长期的合作关系，那么你可能需要早一点付款。这时候，损失点现金利息来加强合作关系也是值得的。

技巧 9：利用特价优惠，购买折扣物品。只要货比三家，你就能找到一些尽管质量并非最上乘或者以特殊条款和额外条件提供，但却足以满足你需求的资源。互联网让人很容易地搜索到打折优惠活动，可以考虑购买二手家具和设备，旧家具和设备经常当作实物捐赠因而价格优惠。查找你所在地区的学院或大学，看看他们是否有需要学生完成社区服务或研究项目的课程，或者是否有督导实习计划。查找团购价格，购买保险和员工福利时，团体或协会往往比单个组织能够获得更好的价格优惠。也许你不得不加入组织协会才能享受优惠，但也值得。充分利用组织的非营利身份去获得免费商品、特殊价格、无偿服务和志愿者。

技巧 10：只同有决定权的人协商价格。一切都是可以协商的，但一线客户服务代表很少有权给你批准标准折扣之外的优惠，而且他们很少能从提供的特殊优惠中获得任何好处。如果你想获得更多优惠，那么就得沿着管理层级向上找，直到找到那个有决定权而且能够从中获益的人。如果是个小企业，去找企业主；如果是连锁企业或大型企业，找那个对"业务收益和损失"负责任的人，例如律师事务所或会计师事务所的合伙人。

---

① 这个技巧来源于以下资料的启发：Dick Levin's *Buy Low*, *Sell High*, *Collect Early & Pay Late*（Englewood Cliffs, NJ: Prentice-Hall, 1983）。

## 制定组织的资源动员策略

你已经知道需要什么资源了，那么要如何获得资源呢？可以想象，资源动员对于几乎没有业绩记录的新企业必定是个艰难的过程。你需要筹集资金、建立团队、建立合作伙伴关系并吸引客户。从各利益相关者获得承诺需要精确地掌握平衡技巧：团队成员在你筹集到资金之前可能不太愿意作出承诺，资本提供者在你拥有相对稳定的团队和同合作伙伴达成协议之前可能也不太愿意提供资金。你可以通过多管齐下的策略来应对这些挑战：（1）利用你为企业带来的无形资源；（2）战略性地管理和分配风险；（3）把你的需求与供应商进行匹配；（4）对于买不到的无形资产，选择自己培育。①

本章下面的部分旨在帮助你学习这几个方面的技能。

### 多管齐下之一：利用关键的无形资源

一切都始于三个关键的无形资源：你的社会资本、你在组织启动时的信誉度，以及潜在资源提供者对你的使命和方法的认同程度。这三种无形资产可以为你吸引所需的资源并达成优惠性的条款。

#### 对组织可能用到的社会资本进行盘点

社会资本是你在与他人的关系中建立起来的所有善意和信任②。不仅指你认识谁，还包括谁认识你、谁喜欢你、谁欠你人情、谁信任你，以及谁对你的成功感兴趣。社会资本包括两个维度：广度和深度。社会资本的广度取决于了解你的人的数量，想想你的家人、朋友、现任和前任同事、同学、俱乐部或宗教团体的成员、你在各种会议或大会上遇到

---

① 这部分内容源于四本著作，感兴趣的读者可以详细阅读：Amar Bhide, *The Origin and Evolution of New Businesses* (New York：Oxford University Press, 2000)；Amar Bhide and Howard Stevenson, "Attracting Stakeholders," *Harvard Business School*, note #389 – 139；Bob Reiss, *Low Risk, High Reward* (New York：Free Press, 2000), and Jennifer A. Starr and Ian C. MacMillan, "Resource Cooptation via Social Contracting：Resource Acquisition Strategies for New Ventures," *Strategic Management Journal*, vol. 11, 1990。

② 这一概念可用于个人层面和集体层面。罗伯特·普特南对这一概念的推广贡献巨大。可参阅 *Bowling Alone：The Collapse and Revival of American Community* (New York：Simon & Schuster, 2000)。

的人，以及其他熟人。广泛的社会网络会扩展你的人际关系。社会资本的深度取决于关系的强度，即关系网络中的人在多大程度上会竭尽全力地帮助你。当然，深度作为程度问题很难判断，在没有测试的情况下你也许不太可能了解自己拥有的社会资本的深度。

在企业成立之初还没有什么业绩记录的时候，社会资本尤为重要[①]。作为社会企业家，你需要了解自己为企业带来了哪些社会资本，从战略角度思考可以如何利用这些社会资本。你的社交网络中的人可能会为你提供优惠的资源、把他们的社会资本借给你，或为你提供其他的资源提供者的信息。

**行动步骤**

确定友好的潜在资源提供者。通过筹款目标、购买清单和培育清单，你可以在人际网络中搜寻看哪些可以相互匹配。从网络的广度上看哪些人有可能为你提供获得所需资源的途径。整理完这个列表后，就每个人同你交往的深度进行从 1 到 5 的评分。1 分表示他们几乎不认识你；3 分表示他们会对你有所帮助，例如在忙碌的一天中花一小时来给你提供建议；5 分表示他们会不惜一切地帮助你，无论是因为他们欠你人情还是因为他们与你有很深的联系。

### 诚实地评估你在启动此项创业时的信誉度

信誉度这种资源是指你让陌生人对你有信心，让他们相信你的事业能够取得成功。信誉度取决于你已经完成的事情、你的可信任程度、你所拥有的知识和技能，以及你是否有能力向他人展示这些特征。信誉度不仅要求拥有必要的人力资本，还要确认和沟通。一些易于查证的记录和适当的凭据在建立信誉度上会比较有用，否则，你会面临负重上山一样的艰难。这就是为什么你会看到移民美国的工程师在开出租车，虽然他们拥有当工程师的人力资本，却没有作为工程师的可被验证的记录和凭据。

信誉度的威力在于它可以助你超越已有的人际网络，即便是在已有

---

① Jennifer A. Starr and Ian C. MacMillan, "Resource Cooptation via Social Contracting: Resource Acquisition Strategies for New Ventures," *Strategic Management Journal*, vol. 11, 1990.

的网络之内，获得资源也会更容易。如果你无法让别人相信你想从事的这项创业会取得成功，即便是好朋友也会劝说你转换方向，而不会帮助你成就脑海中的想法。

评估你的信誉度。

请朋友或顾问扮演一个不认识你的潜在的主要资本提供者。把你的简历、背景信息，以及其他用来证明你有能力成立这个企业的资料给他，请他进行评判。你在这些文件中描述的过往经历是否能够表明你拥有创办新企业或大幅改变旧企业所需的各种技能？他应依据成功企业家的一般特征进行评估，例如坚持不懈、雄心勃勃、诚实守信、富有创造力、娴熟的谈判技巧和管理技能，以及这个企业所需的特定技能、特征、证书或知识。如果他们的答案是"不"，那么你需要深究原因：是因为你缺乏必要的人力资本，还是因为你没能有效地传达你已经拥有的人力资本。在前一种情况下，你可能需要合作伙伴或其他团队成员为你提供所缺乏的人力资本，应该优先考虑如何获得额外的人力资本。如果是后一种情况，那么你需要思考如何才能对自己已有的人力资本进行更好地记录和展示。

### 衡量对组织使命和方法的认同程度

认同程度是指潜在的资源提供者信奉组织使命中所包含的价值观并相信组织使用的方法能够实现使命的程度。与社会资本一样，认同感也具有广度和深度。广度取决于有多少潜在的资源提供者关注企业使命、价值观和方法，广度可以扩展组织寻找资源的范围。深度取决于这些志趣相投的人愿意提供多少支持、以何种条件提供这些支持。

认同感像磁铁一样为组织吸引资源提供者，也像粘胶一样把资源提供者凝聚在一起共同投入到特定的社会事业中，单独的财务条款往往起不到这样的作用。承载了认同感的价值观不仅与组织的方法相关，还与组织的使命相关。个人和机构有时会持有强烈的、价值驱动的看法来评判某个方法是否适当。如高度关注青少年高怀孕率问题的两个人对如何解决这个问题可能会持有迥然不同的意见：一个人可能会强调禁欲和收养，而另一个

87

人也许会选择提供节育避孕教育和可及的堕胎服务。你面临的挑战是要找到认同你的使命并相信你的方法是适当且有效的资源提供者。

识别具有高度认同感的潜在资源提供商。同样，使用资源评估中的产出，列出哪些潜在的资源提供者认同你的使命和方法。要完成此列表可能需要做一些调查，但你可以现在就开始采取不同的方式，单独思考或者头脑风暴列举对该领域比较了解的人。就主要的资本提供者而言，有的基金会公开宣传过他们信奉的价值观，写下这些机构的名字。你还可以利用通讯录和组织年报来优化并扩展此列表。对个人资源提供者，你的描述可能需要宽泛一点，考虑与你的使命和价值观相近的组织的会员，或者那些生活被同样的社会问题所影响的人。怎么找到这些认同你的价值观并拥有你所需资源的人？可以考虑那些志同道合的团体赞助的各种会议、新闻通讯、电子邮件列表和网站。例如，东肯塔基州的山区社区经济发展协会就是在阿斯彭研究所农村发展项目发送的电邮新闻简报中发现，一位网站开发人员专注于农村经济发展并且精通小微企业知识，那个人当时正在俄勒冈州东部工作。关键是能够找到渠道去接触可能高度认同组织的资源提供者。

**开发可以综合利用三种无形资产的方法**

这些无形资产帮助你识别最有可能为你提供帮助的资源提供者。通常情况下，比较容易着手的是从家附近开始搜索，同可能会支持你创业的人合作。有了这个开始，接触陌生人会更容易，因为那个时候你会有更多的故事可以讲述和更多的业绩可以分享。可以从以下具体行动开始。

向朋友和熟人广泛宣传你计划做什么。社交网络可以非常有效地传播信息并吸引感兴趣的人和机构，因为你事先可能并不知道网络中的哪些人有能力、有兴趣帮助你创业。

识别高潜力目标。从自己的优势入手，你需要发现那些已经同你建立了牢固关系或者高度认同这项事业背后的价值观的潜在资源提供者。如果你已完成了前面社会资本和认同程度部分的操作步骤，那么你已经做好了准备确定最可能的供应商。在两个列表中都出现的供应商是优先考虑对象；对只出现在其中一个列表的供应商，应该优先考虑已经比较信任你的或比较容易建立信任的那个。随着列表位置越靠后，同他们的关系和认同感也越弱，信誉就更显得重要。

准备一个推介会，有效陈述组织的使命和背后的价值观，建立信誉让人们相信你有能力启动这个项目，触动投资者为你提供启动项目需要的各种帮助。言简意赅很重要，准备一个"电梯演讲"，即在乘坐电梯的短暂过程中可以讲述完并引起他人关注的陈述。此外，还要准备支持性材料，以便在陈述后有人想了解更多信息时提供给他们。

## 案例分析

NFTE 的假设电梯演讲："你有没有注意到城区的孩子们中间正在发生的事情？很多有才华的人年纪轻轻就自甘堕落，沉迷于暴力和毒品。本来良好的教育可以改变这种状况，可是公立学校接触不到这些孩子。过去四年，我经常帮助纽约条件最差的学校里状况最差的孩子，知道怎么接触到他们。通过教他们如何开创和经营自己的生意，我看到了他们重燃对学习的兴趣。但公立学校系统并未准备开展创业教育，我们必须在公共教育体系之外想出方法来帮助这些孩子自救。因此，我准备离开我当前的教职工作，使用相同的办法，开办一个全国教学创业基金会。但是，要解决这个问题，我需要一些帮助。"接着马里奥蒂可能会更加具体地阐述需要什么帮助，具体要看对方可以能提供什么资源以及他们之间的关系。

然后提出你的需求，但具体什么时候和如何提出这些需求需要有点策略。有些人不太果断，需要达成交易时显得犹犹豫豫，成功的企业家一般都愿意参与协商并达成交易，即使同朋友或熟人也如此。向朋友寻求帮助不是"利用他们"，除非你自己不诚心或者提出了不合情理的要求。利用你的社会资本也不等于是在操纵别人，而是为他们提供机会做一些作为朋友愿意做的事情，即帮忙，这也是参与激动人心的创业的一个重要机会。你要做到的是诚实守信、尊重他人。如果你还是不太习惯向他们提出要求，可以试试以下建议。

√ 告诉人们你需要什么帮助，让他们自己提出可以提供什么帮助，这就为你省去提出请求的麻烦。

√ 聆听他们的想法，揣测他们对你的创业有多少兴趣，然后思考为你提供帮助后他们可以获得什么，最后再提出具体的要求。

√ 如果他们有点兴趣但没有主动提出帮助，那么你可以提示他们可以怎样支持你的创业，提出一些符合他们兴趣和能力的想法使他们乐意提供支持。

√ 不要羞于询问，但只能提不让别人太费劲就可以提供的帮助，你提出的要求要现实并允许他们拒绝。

√ 如果他们为你提供了帮助或他们让别人为你提供了帮助，一定要正式地表示感谢，并在他们有需求的时候愿意提供帮助作为报答。

√ 如果他们要"再想一想"，那就持续跟进，但不要让人厌烦。提出请求的方式要允许他们在不失去友谊的情况下礼貌地拒绝，但也不要就此而止步不前。

√ 如果他们仍然犹豫不决，你可以提议一种低风险、低承诺的参与方式，例如请他们当推荐人、审阅你的创业计划、把你介绍给他们的朋友。正如播下的种子会发芽，他们的承诺会慢慢增加。

√ 如果你正在接触的人具有相关专业知识，请他们给你建议，也许他们给你的建议比你原想从他们那里获得的资源更有价值。

√ 设定目标让每次会见都能有所收获。即使是批评你的目标枯燥无味，也是一个有价值的反馈。

**90** **多管齐下之二：有策略地管理和分配风险**

筹款专家凯伊·斯普莱克尔·格雷斯（Kay Sprinkel Grace）认为，非营利组织的领导者应该将捐赠者视为"投资者"。这个强有力的观点应该扩展到所有所获财务回报低于市场水平的资源提供者。正如格雷斯所说，"非营利组织的投资者寻求两种底线（财务底线和价值底线），但只追求一种主要的回报：他们的投资产生了预期的结果，对组织和社区产生了影响。"[1] 但回报并不是投资者唯一关注的问题，不同的投资者有

---

[1] Kay Sprinkel Grace, *Beyond Fund Raising: New Strategies for Nonprofit Innovation and Investment* (New York: John Wiley & Sons, 1997), p. 88.

不同的风险承受力，不过他们都希望承担更大的风险以获得更大的回报。由于缺少业绩记录，并经常在预算紧张的情况下运营，新的社会企业与生俱来带着风险。聪明的社会企业家有办法对风险和不确定因素进行管理，使得潜在的资源提供者感到"投资"社会企业独具吸引力。

**降低资源提供者的风险**

虽然你无法消除新企业的不确定性和风险，但可以采取措施降低资源提供者所承担的风险，核心就是降低你创业失败的伤害以及创业失败的可能性，这是投资者面临风险的两个主要组成部分。一些降低风险的方法类似于降低初始现金需求的方法。不同的人会用不同的方式来处理风险问题。降低风险需要考虑以下事项。

• 允许投资者分阶段投资。如果你的创业分成几个阶段，各阶段以能够对假设进行检验的里程碑为分界，那么资源提供者也可以分阶段逐步增加支持，一次投资一个阶段。这样一来，他们可以根据你成功与否的情况决定是减少损失、选择退出，还是增加投资。第一阶段通常风险更大，因此，被吸引的资源提供者通常具有更高的风险承受能力。如果一切顺利，在接下来的每个后续阶段，不确定性会得到解决，投资者的风险也会随之降低。

• 降低固定成本。较高的固定成本意味着更高的风险暴露，如果使用项目产品的客户寥寥无几，那么你不得不承受巨大的损失。降低固定成本可以降低资源提供者面临的风险，他们可以在你成功时再增加支持。同样，团队成员可能会同意一开始作为志愿者参与或兼职，等你成功之后再转为全职员工。

• 及时分配利益，不以后期是否成功为条件。你可以想出有创意的办法及时为资源提供者分配利益。公众的认可会给投资者他们想要的曝光度，而且无论你的项目以后成功与否，他们支持社会价值的良好意愿都应得到及时的赞赏。

• 为需要匿名的投资者匿名。具有反讽意义的是，在你的成功明朗化之前，为资助者选择匿名实际上可以降低他们声誉受损的风险。资源提供者要求匿名通常是基于道德或宗教信仰，也可以避免由于投资失败而导致的负面印象和风险。

• 与更强大、更稳定的组织建立伙伴关系。你的合作伙伴可以帮你

91

承担一些风险，从而降低其他利益相关者可能承担的风险。当然，这要求你的合作伙伴能够容忍风险，合作伙伴的声誉有风险，是因为在组织的困难时期他们得站出来提供支持。

**寻找风险承受力高的资源提供者**

无论采取什么措施来降低资源提供者的风险，新成立的企业总会面临一些不可避免的风险，在成立初期尤其如此。因此，你必须找到一些敢于直面风险和不确定性的勇者。尝试以下方法。

• 考虑资源提供者能承受的风险规模。风险与资源提供者自身的状况密切相关。一般情况下，你寻求的投资额在大型资源提供者眼中都不会太大，他们不会有太多顾虑。大型资源提供者通常可以帮你承担一些与新企业相关的风险。

• 寻找喜欢参与创业冒险的资源提供者。即使知道有风险，有些人也愿意成为新企业的一部分。你可以在他们的投资记录中发现这一特质。他们本性就喜欢冒险，或者乐意为创业风险买单。但要做好心理准备，当你的企业不再新了，或者不再令人兴奋了，这种资源提供者就会离开。

• 关注愿意承担风险的资源提供者的其他动机。没有太多项目选择的资源提供者不会过多关注创业的风险。例如，基金会在急于通过捐款完成美国国税局年度要求的最低支付额度时，很少会担心风险；提前退休的人一般也不会担心为你工作的风险，因为他们的基本收入已经有了保障。

• 进行广泛的搜索。风险偏好通常很难确定，因此有必要对资源提供者进行广泛搜索。例如，美国国家创业教育基金会（NFTE）的史蒂夫·马里奥蒂曾写信给《福布斯》杂志列出的 160 位最富有的人，但只得到了一个人的回复。那个希望保持匿名支持的人为 NFTE 提供了初期的支持，并帮助 NFTE 与纽瓦克男孩女孩俱乐部签订了第一份合作合同。这种不走寻常路的方法成本很高，但在某些情况下，可能是你获得所需支持的唯一方法。

**降低风险感**

最后，你可以通过提供信息或管理企业外部形象来改变潜在资源提供者对风险的感觉。

• 提供信息，减少不确定性。有时，由于认识偏差，潜在的资源提供者对现实中存在的风险的认识可能会夸大。你可以通过提供更多信息用于判断风险——以一种可靠且易于理解的方式——来防止这种情况的发生。一份制定完善的创业计划有助于解决这种认识偏差，可以表明你已经做了很多准备工作。简言之，你需要悉知资源提供者认为哪里会有风险，并制定方案直接应对他们的关切。

● 印象管理，强调积极的方面。创业者有时会试图掩盖或淡化自己企业的固有风险。虽然争议很大，但这确实是一种很常见的策略。通常情况下，这并不是有意的欺瞒，而是创业者们坚信，无论如何他们都会让企业生存下来。有时，他们会有意使用一些设计方案使得他们的企业看起来更加可靠[①]。模糊的参考信息可能会让人产生错觉，以为其他资源提供者已经承诺了提供支持。只关注未来、强调迫切的需求，或者强调正在从事的事务有重要价值也会误导资源提供者。如果打算进行印象管理，你需要清楚地认识到善意美化和恶意欺骗之间的道德界限。公共宣传测试可能对此有所帮助，如果你的创业行为上了家乡报纸的头版，你会有什么样的感受？

### 保留一些风险给主要的资源提供者

同甘共苦的承诺为主要的战略资源提供者竭尽全力保证创业取得成功提供了强大的动力，所以你要特别留意不要削弱这种激励机制。对重要的战略合作伙伴和关键的团队成员而言，同甘共苦极有价值。你需要他们的积极参与，只有切身的利益得失才会成为他们提供强力支持的重要理由。同样，同甘共苦的价值观对关键的资本提供者也适用，这是"公益创投"崛起背后的理念之一。公益创投者如风险资本家一样，会仔细选择几个大型的"投资"，然后非常积极地参与创业过程并提供战略指导。相比于把资金分散到更多组织并且不参与组织的运营，对更少的组织给予巨大的投入使得公益创投人承担了更大的风险，因而每项投资都非常重要。风险的战略管理就包括知晓在什么时候应该同关键资源提供者保持一定程度的风险共担。

---

① Bhide, *The Origin and Evolution of New Businesses* （Oxford：Oxford University Press, 2000），pp. 80-82.

### 多管齐下之三：根据需求选择资源提供者

在商业领域，如何对资金的来源和用途进行匹配的讨论很常见，例如，寻求短期利润的投资者不会把他们的资金投入到需要长期投入耐心资本的项目中。这种匹配原则也适用于社会部门，可以延伸到金钱以外的各种类型的资源。所以，你应该考虑每一种资源需求的性质，制定与此性质相符合的资源提供者策略。[①]

**分析资源需求并有的放矢地寻求合适的资源提供者**

你的各种资源需求可能有很大差异，正如潜在资源提供者的兴趣和能力一样。经验老到的创业者了解每种需求的特征，并尝试将这些特征与适当的资源提供者进行匹配。以下问题可帮助你找到最佳匹配。

• 需求持续的时间是多长？不愿意或不能够作出长期承诺的资源提供者可以满足短期和临时的需求，包括某些一次性活动的专业法律服务，如购买办公楼。持续性的资源需求最好由有能力长期持续稳定地供应的人提供，忠实的个人捐赠者或付费客户就属于这一类人。他们与基金会资助的不同之处在于，只要你满足他们的需求，他们的供给就是可持续的。还有一种需求，如定期审计，虽然短期，但会反复出现。就这类需求，你需要了解重复的频率以及是否每次都要使用相同的资源提供者？例如，每年的审计都使用相同的审计员可能比较好。

• 这项需求有多重要？每个企业都需要有资源来支持和保障最核心的活动才能维持组织最基本的运营，例如保持基本程度的服务提供和一些必要的管理职能如会计、筹款和营销。许多组织还有一些不能轻易违约的活动，如履行长期的服务合同。为了满足这些需求，你的资源提供者的理想状态是愿意作出坚定的承诺并可靠地履行这些承诺。

• 相对于潜在资源提供者的服务能力来说，你的需求有多大？有的需求只需要付出相对较少的时间、专业知识或资金，而有的需求只能由大型的资源提供者供给，小型机构无力承担。有些大的需求可以被分割成"小包装"分批提供，但分割过程可能成本高昂且程序繁琐。

---

① 这些想法源自 Regina Herzlinger, "Effective Oversight: A Guide for Nonprofit Directors," *Harvard Business Review*, July–August 1994。

理想情况下，你应该把大的需求安排给那些规模大、有能力的资源提供者。

●需求在未来是否会增长、下降还是持平？预测未来需求如何变化十分重要。例如，如果预计未来的经营性收入足以支付日益增长的运营成本，那么你就不再需要那么多的慈善捐赠；如果是这样，基金会有时限的资助可能是比较适当的选择。反之，如果预计需求会增长，那你就得发掘更多的资源和资源提供者来满足增长的需求。

**预见过渡期，规划可持续性**

无论你如何努力去匹配组织需求和资源提供者，结果都不可能尽善尽美。组织的许多需求是持续的，甚至不断增长的，但并非所有资源提供者都能坚持提供长期的资源。当你的企业更加成熟时，喜欢支持新兴社会企业早期顺利起步的资源提供者（包括员工和资本提供者）可能会准备退出，哪怕你的需求仍旧存在。对这种资源提供者的退出你应该有所预判，并安排好替代选择。稳妥起见，你可以考虑以下活动。

●识别最脆弱的领域可能在哪儿。用清单列出组织最具战略意义和最持久的资源需求在哪些领域，之所以重要是因为如果无法调动资源满足这些需求，组织会面临惨重的损失。

●评估上述领域资源提供者的相关风险。根据上述清单列举你所指望的资源提供者的名单，并按照他们可能会给你带来的风险进行排名。他们承诺提供的资源有多重要？他们停止提供这些资源的概率是多大？可以轻易更换他们吗？根据这些问题，你就能大致对资源提供者按其潜在风险从大到小进行排名。

●减低组织因依赖高风险资源提供者可能面临的脆弱性。大体有三种选择：（1）降低资源提供者离开的可能性；（2）寻找可能的替代者；（3）减少资源提供者离开时可能造成的损害。你可以通过增强资源提供者对企业的认同或设法让企业更具吸引力来降低他们离开的风险；如果这个方法行不通，那么你就得着手去发现愿意参与并有能力长期提供支持的潜在提供者，与他们建立关系。你可以尝试改变资源提供者的类型，例如从基金会资助转向企业赞助，但不要忘记匹配原则。你可以寻找减少潜在危害的方法，不容易做到，但你可以试试开发新的方法来获得所需要的能力，从而减少对外部资源的依赖，或者通过改变运营架构降低

95

所需能力在组织中的重要性。

● 考虑多个提供者，但别忘了考虑成本。拥有多个资源提供者可以降低其中任何一个离开所带来的相关风险，但多元化也有成本。首先，与众多的资源提供者打交道有交易成本，小型的资源提供者可能会给组织带来与其资助额度不成比例的负担。其次，资源提供者之间不完全可以互换。本章的一个关键点就是金钱不是唯一的或最重要的资源。最后，多元化意味着每个资源提供者平均只需提供更少的资源，因此他们的离去对你的成功也只构成更小的风险。要记住，多元化是降低风险的一种手段，而不是最终目的，由于使用成本高昂，尤其是当企业还小的时候，所以要小心使用多元化策略。

● 考虑筹集捐赠性质的留本基金（寄付基金）（endowment funds）以取代风险资本。若能谨慎管理，留本基金的收入可以为组织提供最可持续的现金来源。如果留本基金能够满足最重要的现金需求，那么你就不用再担忧是否能找到风险资本提供者了。然而，筹集留本基金非常难，对新成立的企业更是难上加难，很少有人愿意为不确定是否会成功的企业提供资助。考虑留本基金之前你可能需要耐心等待几年，先准备从其他渠道筹集大量资金。大约 20 美元的留本基金一年才能产生 1 美元的可用利润，也就是说需要筹集的资金约为核心运营费用的 20 倍。另外，留本基金的弊端在于它缓冲了市场规律带来的信号，你不再需要向资源提供者证明你创业的价值，但是，没有资助者愿意任何组织无视市场业绩而永远依靠捐赠基金来维持运营。太多的留本基金必然导致组织运作效率低下，所以需要建立其他机制来进行补偿，例如强大的理事会或独立的绩效评估机制。

## 96　多管齐下之四：对买不到的无形资产进行培育或借用

本章开始已经罗列出了组织的非现金需求，你可能会惊讶地发现大多数（如果不是全部）非现金需求都与我们之前讨论过的三种无形资源密切相关，即建立新的关系（社会资本）、培养专业技能和声誉（信誉度）、激励行动（认可程度）。你已经在资源动员策略中探索了如何使用这三种无形资产，以下将介绍如何建立和增加组织的无形资源。

### 丰富你的社会资本

扩大你的人际网络中的人数或者加强与主要成员的联系都可以帮助你增加社会资本。具体怎么做取决于你的具体需求和事情的轻重缓急。

• 扩展你的网络。花些时间和精力结交新朋友可以扩展你的社会资本的广度，具体方式包括参加大会小会、各种公民活动和娱乐活动，甚至是在飞机上与旁边的人聊天。对于一个忙碌的创业者来说，这看起来有点浪费时间，但即使是相对薄弱的关系有时也蕴含着巨大的价值，关键在于你能否充分利用所拥有的机会并持续跟进已经建立的各种联系。如果你的需求目标非常具体，那么你可以更有策略地选择要参加的活动或要加入的组织，也就是只选择参与那些能让你有机会与想要了解的特定人员建立联系的活动。

• 借用他人的社会资本。除了创造自己的社会资本，你还可以从他人那里获得社会资本。最简单的方法就是请你认识的人进行推荐和介绍。即使你很清楚自己要跟谁建立联系，这种策略也会有所帮助，尤其是当介绍人同你以及被介绍者的关系都很好时。你应该在自己的人际网络中找到那个位于"连接点"的人[1]，因为他们不仅拥有广泛的人际网络，而且喜欢将有共同利益和兴趣点的人聚拢在一起。除了个人网络，你还可以向企业早期的利益相关者（团队成员、理事会成员、顾问委员会成员、战略合作伙伴和顾问）借用社会资本。在选择新企业的主要参与者时，你需要考虑他们可以贡献什么样的社会资本。

• 加强主要关系。你需要认真考虑加强哪些关系，因为无法做到加强每一个关系，而建立深度的社会资本通常只能采用各个击破的方法。那么，如何加强社会纽带呢？[2] 频繁的沟通和信息共享会很有用，但不要过度烦扰，只需要与他们经常保持联系。加深联系的另一种方式是在他们提出要求时给予帮助，或者在他们提出要求之前主动提供帮助（这是一种更好的方式）。人们对曾经帮助过自己的人都会心怀感激，并寻找

---

[1] 见 Malcolm Gladwell, *The Tipping Point* (Boston: Little Brown & Company, 2000) 第二章。

[2] Jennifer A. Starr and Ian C. MacMillan, "Resource Cooptation via Social Contracting: Resource Acquisition Strategies for New Ventures," *Strategic Management Journal*, vol. 11, 1990, pp. 86-87.

97

机会报答。一个意想不到的结果是，请求他人帮助你能够加强你们之间的纽带关系，过去曾帮助过你的人有很大可能把你未来的成功与否视作与己相关。另外，让人们有机会在他人面前展示自己的技能或良好的品格也会有助于加深你们之间的关系，没有人不希望自己的能力和贡献得到他人的认可。

**红色警示**

互惠互利的关系网络和公然谋求私利的交际网络之间只有微妙的界限，请在建立人际网络的过程中保持真诚和尊重。在你把别人加入自己的网络时，别人也很可能把你添加到他们的网络；甚至在你联系他们之前，他们就会联系你。无须将这当作问题，而应看成是一个加强联系的机会。

### 提升你的信誉

尽管不能随便更改工作业绩记录——道德上和法律上也不允许，你还是可以通过多种方式建立自己的信誉度。

- 记录你的业绩并进行分享。记录所有相关经验，为感兴趣的人提供可验证的凭据，也让他们看到你过去的所作所为与当前创业的相关性。问自己：为什么人们会在我创业启动时看好我？我为这个事业做过哪些充足的准备？如何利用我过去的经验向他人展示我的能力和品格？请记住，即使过去创业失败的经历也可以帮助你建立信誉度，只要你从失败中学习到有用的经验并且妥当地处理创业的失败。人们往往不会相信你的言语，口说无凭，所以你要准备一些资料以展示或验证你过去的表现。有些人可能选择公开宣传，这存在风险，媒体的报道不一定正确和公正，但好处是媒体报道可以将你的个人故事传播给更广泛的受众。NFTE 和史蒂夫·马里奥蒂引起了美国广播公司新闻栏目的关注，并两次在全国播出的人文关怀节目中亮相，这些视频极大地提升了史蒂夫和 NFTE 的信誉度。如果你对"自吹自擂"感到不自在，那么可以找一些有意愿或者有权威的人来宣传你。

- 通过行动展现自信。如果愿意，你可以通过跟自己"打赌"的方式来间接地建立信誉度，例如，辞去一份好工作后进行创业，或者自己掏腰包支付创业早期的费用。随着企业不断成长，你可以采取一些象征

98

成功或展示信心的大胆举措来继续提升自己的信誉度。还记得第一章中提到的曼彻斯特工匠协会（MCG）的比尔·斯特里克兰吗？帮助 MCG 吸引匹兹堡主要企业合作伙伴的一个因素就是他们位于贫困地区的高品质建筑，其重要性在于，这栋令人惊叹的建筑最有力地证明了斯特里克兰和理事们坚信不疑 MCG 有能力持续成长并走向成功。

• 通过"早期胜利"扩展你的正面记录。你可以通过创业初期取得的能见度较高的成功事件来建立信誉度，详细记录初期的所有胜利并开展庆祝活动，哪怕有些胜利算不上大获全胜。要获得初步的成功需要设置明确的参照基准，便于协助你展示自己的创业能力和组织的生存活力。参照基准可以是组织规划中的里程碑事件，也可以是你达到第一个里程碑事件需要开展的各种活动。早期的成功有助于建立所有人对你和企业的信心，从前期的挫折中东山再起也有助于你增强信心，相信自己有能力应对创业中会出现的各种不确定性。

• 借用其他人的信誉，特别是"领头羊"的信誉[1]。同社会资本一样，可以通过向你雇用的核心团队成员借用他们的信誉来建立自己的信誉，包括理事会成员、主要投资者或捐赠者。当他们把自己的声望押注在你的企业上时，他们的业绩记录也就包括了你的业绩。"领头羊"的参与有非凡的作用，"领头羊"指非常有声望的人，他们作出的承诺对提高信誉度有立竿见影的效果，"羊群"就是追随他们啊！那么，在你社区，你的创业领域，谁是领头羊？怎么才能让他们与你同舟共济？许多创业者利用顾问委员会的机制来捕获那些还未准备对组织作出重要承诺的人的信誉，这种方式可以奏效，但是聪明的资源提供者知道顾问委员会的角色与实质性的承诺有本质的区别，因此他们对顾问委员会上"领头羊"承诺的支持会持保留态度。除了声望以外，你的主要利益相关者也可以通过更具体的方式借给你信誉。例如，他们可以提供担保让你获得更高的信贷额度，这样你就有了储备金可供支取，通过反复地借贷和偿还可以建立你自己的信用等级，很快你就可以不再需要他们提供担保了。

---

[1]　Amar Bhide and Howard Stevenson，"Attracting Stakeholders，" Harvard Business School note #389-139.

### 红色警示

不要过度吹捧自己，否则会造成虚假的积极形象，夸大和炒作可能
导致别人对你抱有过高的期望，这些期望一旦实现不了会严重损害你的
信誉。太大的光环还会吸引那些想要了解"真实故事"的调查记者，只
要有可能，他们定会玷污你头顶的光环。需要别人建立对你和企业的信
心，同时也要让他们对你能完成什么事情抱有切合实际的期望。

99

## 提高认可度

在三种无形资产中，认可度是最难单凭你自己的努力就能实现的。
不像社会资本和信誉度，潜在资源提供者对组织认可的广度和深度很大
程度上取决于无法控制的社会条件。尽管如此，你仍可以采取措施倡导
特定的个人或更大的群体提高对你的认可。向潜在的资源提供者倡导你
的事业时需要执行以下任务。

• 明确使命和方法背后的价值观。人们的行为往往受到价值观的激
励或引导，特别是当他们决定是否投入时间和资源参与社会活动的时候。
什么样的价值观可以引导人们支持你的使命和方法？从你感兴趣的价值
观开始思考，但不要仅限于你感兴趣的价值观。不同的人可能出于不同
的理由而支持你的使命和事业。如本章前面提到的 NFTE 的卖点包括人
们关注儿童福利，关注弱势群体的经济赋权、社会和种族公正以及创业
者创造经济繁荣的角色。真正关注一个或多个类似价值观的人都会接受
NFTE 的理念。提升能力清晰表达这些价值观之间的联系是让他人认可组
织使命需要迈出的第一步。

• 提供事实依据来证明你付出的努力。是价值观促使你开始项目，
但你还必须证明你的方法能够有效地服务于潜在资源提供者所珍视的这
些价值观，因为他们不一定像你一样清楚地看到其间的联系。做好准备
记录这些方法的必要性和可行性。例如，致力于支持教育的人可能看不
到儿童营养计划与教育成效之间的联系，直到有人向他们说明营养不良
如何导致儿童在学校成绩欠佳。这说明统计数据需要结合故事描述来运
用，统计数据记录需求的范围、强度和增长率；故事让所传达的信息更
贴近生活，更真实，让人们感同身受。

●为你的案例寻找正确的受众。想一想你希望倡导信息传递给谁。你如何将这些信息传递给合适的资源提供者？是以个体为受众还是以群体为受众？确定了这些因素后，以"电梯演讲"为基础编创一份演讲文稿，目的是为受众量身定制你要传达的信息，让这些信息与他们最深层的价值观建立联系。记得，图片、幻灯片和视频可以赋予单调言辞和统计数据以生命力。此外，你还需要寻找可以与接触到潜在受众的渠道。他们去参加会议吗？你能在相关的会议上发言吗？他们阅读什么期刊？你能在那份期刊上发表文章或接受其专访吗？

## 总　结

本章提供了一些工具和框架帮助你评估需求和动员资源进行创业，这里提出的方法有别于大多数非营利组织的管理书籍：我们没有将筹款作为重点，而是给你一个更广阔的视角，这会帮助你成为一个既有效率又有成效的筹款人，更重要的是，帮助你成为一位成功的社会企业家。如果你对这个行业比较陌生，需要更多关于筹款的具体指导，你可以轻而易举地从其他来源找到相关信息①。从本章中你应该获得的是新视角和新工具，重点归纳如下。

√ 资源动员不是为了积累现金或资产，而是为了获得履行使命所需要的能力。

√ 金钱只是你需要的一种资源，但不一定是最重要的资源。

√ 在认定一种方法之前多考虑不同的运营架构和经济模式；你可能会发现更加资源智能的方式去实现使命。

√ 在评估资源需求时，从想要创造的社会价值观开始，然后倒推回去确定你的资源需求，并跟踪记录相关假设。

√ 资源筹措工作成功与否很大程度上取决于三种无形资产：社会资本、信誉度和认可度，需要认真培养和管理这些资产。

√ 对资源提供者正在承担的风险保持灵敏的认识，制定管理策略来分散这些风险。

---

① 可以从这本书开始：Kay Sprinkel Grace's Beyond Fund Raising：New Strategies for Nonprofit Innovation and Investment（New York：John Wiley & Sons, 1997）。

√ 尽最大努力寻找能力和兴趣与你的资源需求相匹配的资源提供者。

本章为资源动员过程提供了一些指导。然而，创业是一个反复试错的过程，资源动员也不例外。并不存在简单的公式或原则组合能够确保成功，成功至少部分取决于你是否愿意折腾，是否善于利用机遇。无论制定了什么计划，都应保持灵活变通，事情很少会按预定计划进行。希望你享受这个过程！

# 第五章　履行受托责任的社会企业家

杰德·艾默生[*]

## 本章内容提要

定义受托责任并理解其不同的维度

社会企业家承担权责背后的逻辑：为什么找这样的麻烦

责任陷阱：承担责任，心有余而力不足

落实责任机制：从概念转为行动

前进路上的绊脚石：履行受托责任的含义

六步建立有意义的责任机制

社会企业家是什么样的？他们是努力创造社会变革的传奇而独立的思想者！他们傲立船头，搏击社会不公正的大浪，扬帆引航走向遍布优质高效的社会项目和令人激动的社会创新的新大陆！他们不用对任何人负责，只在贫困潦倒的社区开疆辟土，带领人们走向更加光明的明天！……嗯，实际上……

虽然总有一些人在做白日梦的时刻会把上述幻境当作愿景，但事实是，真正的社会企业家不是独来独往的怪物，而是融入某些个人和团体的扩展网络，同整个网络一起为解决社会问题和满足社区欲求的共同目标而奋斗。因此，所有的社会企业家都必须努力同各种利益相关者保持交流，承担权责。事实上，社会企业家可能比其他任何人更关心受托责任问题，因为他们恪守社会变革和有效性的基本价值观。本章内容讲述受托责任，受托责

---

[*]　罗伯特创业发展基金会联合创始人，哈佛商学院彭博高级研究员。

任是什么？为什么受托责任对社会企业家而言是一个重要问题？

## 定义受托责任并理解其不同的维度

104

韦氏词典中，"承担权责"的定义是"有义务提供陈述，承担责任"。对事件进行陈述不仅仅意味着要描述你做了什么，也意味着要说明组织完成的事项和取得的成果，以及组织的业绩。承担权责并不局限于一个人过去所做的事情，负责任的社会企业家还要告知各种利益相关者组织未来的目标以及如何实现这个目标的打算。负责任的企业家致力于组织的不断改善和增长，就像他们致力于追求任何社会政策议程一样。当然，我们不能仅仅扮演社会部门设在街边的"单向"新闻信息发布栏的角色。如果一个人对他人负责并有责任向他们提供信息，那么他就必须允许自己的"听众"对所描述和实施的行动及过程提供反馈、产生影响。你为之承担责任的人群和社区有权根据你所描述的行动和努力决定他们是否喜欢，是否需要改善，以及如何改善，从而施加他们的影响。简单地说，"我们对社区负责，所以我们发布信息，至于我们组织代表社区做什么，社区没有发言权"的想法是错误的。社会企业家的"受托责任"基于社区给予的信任，因此必须通过向组织之外的人交流组织经验并回应他们的反馈来"履行"这种责任。

### 社会企业家承担权责背后的逻辑：为什么找这样的麻烦？

社会企业家不仅拥有有趣的想法，更是深具远见、富有洞察力和充满热情的人，而且他们还要求别人相信他们有远见、洞察力和热情。从法律意义上说，这种信任的表达与税收相关：你享受了特殊的免税资格，免税的含义是，"我们认为你所做的事情对社会如此重要，所以我们将使你从生活中无法避免的两件事情之一——纳税中解放出来！"[①] 为了交换这种特殊地位，你必须承诺诚实正直地去追求社会目标，从现实意义上说，公众给予你信任，你要保护这种信任。公开承担权责是社会企业家展示如何不辜负上述信任的方式。

105

在实现使命的过程中，社会企业家有时候很容易忘记信任对组织成

---

① 另外一件，当然是死亡，这更是超出我们的控制范围。

效的重要性。在各种奋斗（无论是筹款、开发新项目，还是管理兴旺发展的企业）中，受托责任的必要性常常被遗忘，毕竟"……我们正在做的都是对社会有益的事情，所以我们做的当然是正确的事情！"的确，受托责任很容易被当作负担：一些不得不做的事，但耗费时间、程序漫长，有时还妨碍真正需要做的事情。

### 建立有成效的非营利组织

然而真相是，受托责任是建立有成效的非营利组织必不可少的组成部分。在商业部门，企业不得不对各种利益相关者负责：客户、投资人和放款人等，这些利益相关者的各种团队都会督促企业兑现曾经作出的承诺，因此对公司的管理层和雇员起到制衡作用。如果管理层应对得当，利益相关者的参与还可以帮助企业获得高额利润。雷吉娜·赫兹林格（Regina Herzlinger）提出了营利企业拥有但非营利组织缺乏的"三个基本的责任机制"：

1. 源自所有权的个人利益；
2. 能够提升效率的竞争；
3. 商业成功的终极晴雨表：利润。

恰恰相反的是，非营利部门没有类似的制衡机制。非营利组织理事会所承担的法律责任仅限于监督组织的活动和员工，而不包括非营利组织的客户，所以客户对于组织提供的服务没法协商，只能基于"要么接受，要么放弃"的原则。倡导者可以"以某个社区的名义"召开记者招待会和发表文章，而不需要真正向该社区负责；决定资金怎么使用的资助人往往远离于受这些决策影响的目标人群。就责任问题而言，非营利组织运营的环境确实不同。

### 实现使命与愿景

没有了类似商业部门的直接的"反馈回路"，社会企业家常常茫然不知自己是否真正在实现自己的使命和愿景。要回答的关键问题如下。

√ 所有的核心参与者都承诺为组织的核心使命服务吗？

√ 我们的工作是否切实有效？

√ 我们的资源利用是否有效率？

106

√ 我们是否有与组织的发展阶段相一致的负责任的融资策略？

√ 适合组织未来发展的（针对核心项目和财务状况）管理信息系统是否已经到位？

√ 我们的工作是否产生了适当的影响？

√ 我们的话语是否反映了我们行动的真实性？

上述每一个议题都应该是非营利组织建立长期的"责任机制"所要讨论和质询的重点。对讲效率的社会企业家来说，承担责任成为一种机制有助于确保他们正在向着目标实现的方向而努力，并积极响应他们的社会事业和使命。责任机制给社会企业家提供机会证明自己能给社区带来附加价值。理想状况下，责任机制应该成为任何社会企业家议事日程的中心部分。

最后，致力于在组织内部建立责任文化的管理者必须相信承担权责能带来以下方面的益处：

√ 改进决策；

√ 加速学习；

√ 更好的战略执行；

√ 得到更多赋权的劳动力；

√ 更好地讲述自己故事的能力；

√ 更多的忠诚。

可以把责任机制当作工具来创建更有效率和成效的组织。正如爱普斯坦和伯查德（Epstein and Birchard）所说：

**至理名言**

"责任"的概念让人联想到一个高级负责人板着面孔拍着桌子要求他人作出解释的形象……然而，这种威胁性、专制性的"问责"与引导性、赋权性的"承担权责"形成了鲜明的对比。"承担权责"是作为胡萝卜（甜头）来鼓励人们努力攀登、作出更为出色的表现，而不是作为大棒施加威胁让人们没有异议。责任的最大受益者不一定是高层负责人、外部人员或特殊利益群体，组织本身可能就是最大的受益者……①

---

① Marc Epstein and Bill Birchard, *Counting What Counts：Turning Corporate Accountability to Competitive Advantage* (Reading, MA：Perseus, 1999), p. 4.

社会企业家的领导责任之一是创造一种能使所有相关人员（比如职工、志愿者）都参与的运营环境，以便他们能够为实现组织使命而贡献全部的潜力。有经验的社会企业家会建立组织架构，让人们能够理解组织对使命和成效的预期，并且知晓组织用什么方法达到和超越这种预期。

## 责任陷阱：承担责任，心有余而力不足

让我们面对现实：许多非营利组织负责人听到"责任"一词时，立即会感到他们被一波又一波的报告和表格淹没，要求提交报告和表格的人和机构应有尽有，例如：

√ 想要了解事件和项目进展以及组织运作方式的理事会成员和员工们；

√ 去年新成立的、希望在你的项目设计中有发言权的客户代表小组；

√ 要求提交月度报告的公共部门的资助者；

√ 出面做证反对在附近社区开办"又一个非营利组织"项目的街头小贩；

√ 10个不同的私人基金会和4个主要的国家基金会，每个都给了你资助，每个都有不同的评估表格需要你完成；

√ 一堆重要的个人投资者，每个人都给了组织新的投资，每个人都认为他们有权指导你如何开展工作；

√ 普通公众：人们打电话索要年度报告、税务报表，以及组织目标完成程度的相关信息，他们需要这些信息决定是否邮寄50美元的支票作为捐款。

所有这些要求都足以把一个今天充满理想主义的社会企业家变成明天焦头烂额的经理！所以，在我们探索应该向谁负责、向他们负什么责之前，让我们深呼吸，用缓慢而平静的语调重复：

我们不是万能的，不能满足所有人的全部需求；

我们首先要对自己负责，然后才对他人负责；

我们可以满足人们的基本需求，但不一定能满足因人而异的愿望！

## 108 按优先级划分利益相关者的三个关键

第一，我们不可能对跟信息和责任有关的所有需求给予同等的回应，否则将不堪重负。因此，我们需要思考如何对需要我们承担责任的各种利益相关者进行优先排序，让他们有机会了解自己需要的信息，同时又不让我们自己忙乱到发狂。除了提供信息之外，我们还应该创建几种信息收集的机制，以确保我们正在进行的分析和策略是正确的。那么，应该如何在组织内部建立这样一个系统呢？

**行动步骤**

责任起始于企业家确保组织有一个公开陈述的使命，一个明确而毫不含糊的使命。如果说使命陈述是社会企业家同社会、资助者、客户、成员和雇员之间的主要"契约"，那么我们可以把履行使命理解为社会企业家需要对所有人作出的最重要的偿还。

第二，面对特定使命，我们需要认识到，不同的支持者对组织的兴趣和理解各不相同，如何运用他们的资源也不尽相同。在相互竞争的不同需求中寻求平衡并非易事，我们不得不面对的现实是，有些人一旦得到你手里掌握的信息，就会得寸进尺提出超越你供给能力的要求。一开始就认识并接受这些现实有助于减轻"责任承担之旅"上的各种负担。

第三，在责任策略中尝试划分不同利益相关者的优先等级时，需要牢记3个基本标准。

（1）他们对你的组织以前的贡献有多大？相比于没有贡献过资源帮助你成功的人，那些曾经帮助你的组织取得成就的人应该得到更多的关注，并享有更高的优先权。这种贡献不限于严格的财务意义上的贡献。对于在委员会任职的人、提供了智力资本帮助你理解某个特定问题或战略的人，或者以其他方式为你提供过及时之需的人，你理应详细告诉他们你如何通过运用他们的"贡献"而获得了什么样的成果，或者你也可以选择付费使用他们的服务或贡献。

（2）他们面对你的业绩不佳或管理不善的承受能力有多高？你的组织业绩欠佳时，谁面临的风险最大？这些团体或个人是否有能力采取任

何措施来"保护"自己免遭风险？最脆弱的群体往往对你所描述的愿景 109
满心期待，对你声称的执行能力深信不疑。他们可能是客户或项目的参
与者，但也可能是当地居民、你的员工或其他人。如果你的行动会影响
他人，你就要对他们负责。

（3）他们未来的支持对于你有多重要？这个标准显然非常务实，不
具有同前两个标准相同的地位，然而，其重要性在评估利益相关者的相
对优先级时仍然不可忽略。有些人和团体的参与和投资对于组织未来的
存续和成功至关重要，如果不回应他们，组织将无法长期生存或取得成
功。理论上说，你不"欠"他们任何进度报告，但是告知他们组织的进
展和方向是明智的。

**论承担责任**

除了前文讨论的 3 个划分优先级的标准外，还有两件事值得思考。

一是，对一般纳税人和你的从业领域的利益相关者，你亏欠他们什
么？公众给你的组织免税地位是因为你承诺创造真正的社会价值作为交
换，所以，你亏欠公众的是，切实努力地跟进组织的业绩表现并及时让
公众知道你取得的进展。虽然社会价值中的"社会"一词听起来有点宽
泛甚至有点遥远，但在实践中却非常具体，很少有社会企业家在真空中
运作。在一些人的帮助下你翻越了"学习曲线"，但其他人仍然滞后，
他们有权期望你——至少部分期望你去努力工作、建设该知识领域，以
便不断地创新和改进你的组织正在执行的各种策略。

这并不是说所有的创业者都必须在晚上和周末还要努力工作去编写
报告对工作进行分析，或者花费不计其数的时间帮助去年的"组织发展
顾问"转型为今年的"社会企业顾问"，但确实意味着有必要在该领域
建设智力资本和从业者网络。社会企业家应该努力去创建和记录自己的
工作及其产生的影响。不仅是社会企业家，我们所有人都应该推广自己
从经验中学到的各种知识，并自豪地讨论最初的理解和结合实践后的理
解之间有何差异。我们应该通过各种方式展开讨论，如参加会议、参与
网上邮件组讨论、与同伴讨论。人们索取信息和知识的请求会轻易"淹 110
没"我们，但是我们还是应该有策略地利用网站、发表文章和讨论稿来
同非营利伙伴和公众真诚地分享信息和知识。这，也是履行责任的一

部分。

二是，要认识到我们关于优先级的感知和判断是情境性的。随着关系的转变、对新资源的承诺、新伙伴关系的建立，优先级判断会随着时间的推移而改变。在考虑如何对利益相关者分组时，要考虑到组内各成员所带来的价值有什么差异以及成员之间有何联系。例如，一类利益相关者是"基金会"，给资助者的优先权考虑要基于你们之间的关系、他们的资助历史、已经承诺的资金数量和你希望在未来投资中可以从他们那里获得的资金数量。了解并习惯利益相关者的优先排序会因情境而不同可以帮助你减少压力，不至于被多种需求折磨得手足无措。

## 落实责任机制：从概念转为行动

在思考如何设法将我们对责任的承诺变成现实的时候，创建一个责任"问题清单"作为指导组织工作的框架可能会有所帮助。着手为组织规划责任议程时，你应该完成以下任务。

**行动步骤**

1. 确定你应该对谁承担责任，以及承担什么责任。

2. 以有意义的方式（可以帮助你回答"为什么"和"是什么"的问题）衡量你的业绩。

3. 同主要支持者沟通易于理解、及时更新、准确无误的业绩纪录。

4. 创建流程以确保组织的支持者能够发表意见并施加影响。

5. 建立能同时回应内部业绩信息和外部支持者反馈的管理系统。

以下我们将依次仔细讨论上述框架的每一个要素。

### 确定你应该对谁承担责任，以及承担什么责任

显然，如果愿意承担责任，就有必要知道责任义务的对象是谁，为谁努力，对谁负责。搞清楚"谁在内，谁在外"并不是一项轻松的任务，所以你可以用表5.1作为规划绘制过程的出发点，重要的是，你要与理事会和工作人员一起"头脑风暴"，尽可能多地识别谁是主要参与者。

表 5.1 谁在内，谁在外 112

| | 他们是谁 | 他们扮演什么角色 | 你和他们有什么关系 | 与他们沟通工作的最有效方式是什么 | 优先排序（1-最重要；3-最不重要） | 如何和他们加强联系 |
|---|---|---|---|---|---|---|
| 1. 外部环境 | | | | | | |
|   1.1 关键参与者 | | | | | | |
| 政府采购部门 | | | | | | |
| 政府、规划和监管的官员 | | | | | | |
| 企业 | | | | | | |
|   小企业领袖 | | | | | | |
|   大企业领袖 | | | | | | |
| 当地社区居民 | | | | | | |
| 公民团体 | | | | | | |
| 银行家 | | | | | | |
| 宗教组织 | | | | | | |
| 地方商学院及其他学术机构 | | | | | | |
| 法律服务团体 | | | | | | |
| 专业机构 | | | | | | |
| 供应商 | | | | | | |
| 竞争对手 | | | | | | |
| 媒体渠道 | | | | | | |
| 媒体联络 | | | | | | |
| 监管机构 | | | | | | |
| 全国协会 | | | | | | |
| 特殊利益集团 | | | | | | |
| 政治对手 | | | | | | |
|   1.2 外部利益相关者 | | | | | | |
| 地区居民 | | | | | | |
| 社区协会 | | | | | | |
| 直接同盟 | | | | | | |

113

续表

| | 他们是谁 | 他们扮演什么角色 | 你和他们有什么关系 | 与他们沟通工作的最有效方式是什么 | 优先排序（1-最重要；3-最不重要） | 如何和他们加强联系 |
|---|---|---|---|---|---|---|
| 直接竞争对手 | | | | | | |
| 利益共同体 | | | | | | |
| 合资伙伴 | | | | | | |
| 1.3 外部投资者 | | | | | | |
| 基金会 | | | | | | |
| 政府 | | | | | | |
| 个人捐献者 | | | | | | |
| 2. 内部环境 | | | | | | |
| 2.1 内部利益相关者 | | | | | | |
| 理事会 | | | | | | |
| 工作人员 | | | | | | |
| 项目参与者 | | | | | | |

表 5.1 的左侧列出了参与者的一般类别，从这里开始填上组织或人名，越具体越好。有必要的话还应在空白处添加其他的类别。表格的重点是开始思考和回答表头所列的问题，核心问题如下。

√ 他们是谁？

√ 他们扮演什么角色？

√ 你和他们有什么关系？

√ 与他们沟通工作的最有效的方式是什么？

√ 优先排序（1-最重要；3-最不重要），你会将他们列入哪个优先级？

√ 如何和他们加强联系？

**理解和识别"互补者"（complementors）**

在对你的清单进行优先排序之前，仔细地看一看并想一想，哪些组织是现有的或可能的"互补者"。亚当·勃兰登堡（Adam Brandenberger）和巴里·纳勒巴夫（Barry Nalebuff）创造了"互补者"这个术语来描述提供互补产品或服务的参与者。正如勃兰登堡和纳勒巴夫所言："消费者在评价你的产品时，如果同时拥有其他厂家的产品时的评价高于单独拥有你的产品时的评价，那么这个供货商就是互补者。"① 比如，日托中心是年轻母亲职业培训中心的互补者，即使两者之间本身没有正式的关系，因为多数年轻母亲需要照顾孩子，如果没有日托中心照料孩子，职业培训中心的使命成效就会打折扣。

　　一些互补者可能已经同你建立了自然联系，另一些可能是你未来会分享潜在竞争优势但目前还没有"达成交易"的组织。明白了为什么需要同其他组织建立新的战略联盟有助于社会部门的组织正确界定责任议题。现在回到列表 5.1 中，在你确定为或感觉会成为你们组织的互补者的机构旁标注一个小小的字母"c"，然后评估这些 c 组织在优先级排序时如何赢得最优级别。　　114

　　**优先级划分并组织……**

　　既然有了市场参与者的名单，那么你已经准备好要对小组进行优先排序。为了有效整理所有的信息，最好先把组织归类为各种责任小组，然后在每个小组内进行优先排序。爱普斯坦和伯查德在《核算指南：把企业责任转化为竞争优势》一书中关注了 4 个核心群体：股东、员工、客户和社区。在《四乘四报告》一书中，雷吉娜·赫兹林格（Regina Herzlinger）教授将非营利部门的 4 种主要支持者确定为客户、员工、捐赠者和社会。鉴于我们讨论的是社会企业家，我们在赫兹林格博士定义的 4 个关键群体的基础上，进一步将其细化为下列分类。

　　√ 非政府组织支持的参与者、客户和公共政策"受益人"；

　　√ 工作人员，包括带薪员工和不带薪人员；

　　√ 普通的纳税公众；

　　√ 投资者。

　　现在，把你规划绘制的名单进一步划分到这 4 个组进行排序，看他们在这四个类别中应该确定为优先等级的哪一级（最重要的）。完成这

---

　　①　Adam Brandenberger and Barry Nalebuff, *Co - opetition*（New York：Doubleday, 1996）p. 18.

个列表后就可以进入下一个重点领域，即确定你将追踪哪些信息，如何与目标群体共享信息。

**以有意义的方式（有助于回答"为什么"和"是什么"的问题）衡量你的业绩**

在完成了前面的识别各类参与者并理解如何与他们建立最佳关系的练习后，你已经完成了一半多的构建有效责任策略的工作任务。事实上，受托责任的流程也要到位才能帮助你真正履行和承担责任。套用一句俗话，责任的目的地就是履行责任的整个旅程！

当你组织一些小组讨论，你是否要向成员们提供更多信息，以便他们更多了解你所做的事情和面对的挑战时，你通过回应他们提出的需求而对他们履行受托责任。履行责任不仅是在任何一个时间点停下来宣称"我们是一个负责任的组织"，而且需要采取一系列的步骤向组织内外有兴趣支持你不断取得成功的人交流和披露你的工作和进展情况。

与他人信息交流的第一步是拥有现成的、组织内外参与者感兴趣的信息。无数的书籍和文章在讨论评估的问题，毫无疑问，这可以让你受益；然而，请记住，这里讨论的不一定是你是否应该对做了什么进行评估，而是是否建立了有效的信息管理系统来跟踪组织做了什么，为你和他人提供有关工作情况的有效信息。即便有了恰当的业绩测评系统，如果没有适当的信息管理系统来协助你管理这些信息，那么业绩测评系统的作用仍会是微乎其微。

除了组织内部要有适当的数据收集系统正常运行，有效的社会企业家还想办法向外部环境收集信息来评价业绩。前任纽约市长艾德·柯奇（Ed Koch）引以为傲的是自己曾走进社区、走上街头。向选民问好时，他没有问他们"你们做得怎么样？"，而是大喊："嗨！我的工作做得怎么样？"他一直在收集信息，了解别人对自己工作表现的反馈。

谁是你的艾德·柯奇？有什么机制来确保你聆听内部和外部的信息？审视你的组织及其运营状况，看如何能够突破传统的运营环境去大声询问："嗨！我们现在做得怎么样？"

你会对自己收到的各类信息感到惊讶，这些信息不仅会让你持续提高对利益相关者履行责任的意识，而且能促进组织不断优化达成目标和使命的方式从而取得成功。

### 同主要支持者沟通易于理解、及时更新、准确无误的业绩记录

许多组织都会发布年终报告，并印发给他们希望获得支持的资助者和其他人。我们都很熟悉提交给政府和基金会以资金管理为目的的标准化报告。但是，当我们使用"沟通"一词时，我们谈论的是一种超越"报告"的关系：一旦我们公布了年度数据并记录了过去一年发生的所有大事件，就完成了"报告"的任务。但是沟通不一样，确切地说，我们应该同试图交往的各种受众和利益相关者建立真正的联系，而且这种联系要有的放矢地满足他们的真正需求。

#### 政策声明的作用

奇怪的是，组织进行真正沟通的第一步要始于制定政策，该政策意在确认组织的意图并告知内部和外部的参与者组织打算如何实现这个意图。对于任何真正打算履行责任承诺的组织来说，第一步可能都是起草政策文书，大致勾勒公众和其他利益相关者可以期待从组织的努力和工作中获得什么。此类政策声明包括以下要素。

**实用技巧**

√ 财务报表的公布日期；

√ 委员会和其他会议的活动时间表，以方便公众参与和投入；

√ 组织同重要人物交流时可能需要采取的其他"非传统"的沟通方式；

√ 可供直接查阅的文件类别（如年度报告、财务分析、社会审计等），这样方便想深入了解项目活动的人获取他们感兴趣的信息。

这种定期记录并与他人交流的政策不仅为希望获得组织相关信息的人提供了方向，还能支持创建一种开放的、及时应对公共责任并积极学习的组织文化。

### 创建流程以确保组织的支持者能够发表意见并施加影响

从传统意义上讲，非营利组织理事会应该是社区让非营利部门履行

"受托责任"的一个工具。理事会应该代表社会和社区的利益，非营利理事会对非营利组织而言至少是主要的、正式的和合法的监督机制。除了发生极端不法行为时才会介入的美国国税局和州总检察长外，理事会常常是唯一存在的"受托责任机制"，然而理事会的功能常常很薄弱，远远滞后于实际的需求，并且经常脱钩于许多可能与组织使命有利益关系的社区群体。

**案例分析**

强生信条

"强生信条"作为企业政策声明的极佳案例阐述了如何确认组织的意图，以及如何与主要参与者保持沟通并发展良好的关系，部分内容如下。

"我们相信我们的首要责任是对医生、护士和病人，以及使用我们产品和服务的父母及所有其他人负责。"然后详细阐明了对这些客户的具体责任，即优质的产品、合理的架构、及时而准确的服务。

强生信条将客户放在了非常重要的位置，正是这一信条指引强生公司高级管理层渡过了泰诺中毒事件的危机。

当然，如果没有一套完整的系统来确保政策声明得以实现，政策声明本身将毫无价值。这套系统要允许组织能够与外部人员分享绩效情况、接纳外部反馈，能够作出任何必要的调整来提高绩效。同时，这套系统还要有"流程"来保证组织能够倾听并回应来自外部的声音。

### 理事会与受托责任

营利企业的董事会也不能保证万无一失；但是，如果发生了问题，股东有合法权利罢免董事会成员并重新确定公司事务的方向，当然，这不是一件容易的任务，但至少是合法权利。事实上，近年来，利益相关者激进主义已经成为许多社区和倡导团体促使美国公司的高层提高对社区和社会的关注度的重要方式。的确，CalPERS、TIAA-CREF 等主流投资者和其他大型的机构投资者也在促使许多营利企业的董事会作出调整，比如任命更多的独立董事、更完整地披露公司事务信息、更坦诚地制定高管薪酬等。

不幸的是，许多非营利组织站在"绿野仙踪"的幕后，远离他们的社区，看起来也不为自己的行动负责。这种情形在旧金山等城市甚至引发了立法倡议，旧金山的"阳光"法案正在考虑让接受了政府资助为城市居民提供服务的非营利组织公开其活动及账簿。

**社区委员会的结构**

除了制定政策声明以确认组织的受托责任和开放接纳公众意见以外，社会企业家还应考虑为利益相关者创造正式机会让他们能够跟进正在发生事件的进展，适当的情况下可以招募他们参与支持组织的工作。

创建适当的委员会结构可以让利益相关者了解项目执行的进展，以及组织需要解决什么问题。这种结构可以包括传统的社区咨询及管理支持委员会，或者社区代表大会，非营利组织在社区代表大会上向对组织事务感兴趣的公众陈述组织的"社区审计"并报告来年的活动议程。每个非营利组织都应该招募社区成员参与到各种常设委员会提供理事服务。

社区委员会的结构也可以促进建立更多的运营型或以项目为中心的委员会。例如，风险投资委员会这种结构不仅可以帮助从事社会事业发展的人，而且可以提供平台让金融投资者和其他投资者了解并参与策略开发。这种委员会也可用于处理会计问题、市场营销、电子商务、产品开发、新项目开发以及组织本身的其他问题。

**建立能同时提供内部业绩信息和回应外部支持者反馈的管理系统**

社会企业家的中心目标就是为社会创造积极的社会变化和其他变化，而确认自己是否真的在创造变化对无论哪个领域的团体来说都是一个重大挑战。以前，这种实践都归为"评估"的笼统范畴，未得到许多企业家的广泛接受。对许多人而言，评价往往是外部强加的，不能找到更好的办法来帮助组织解决具有挑战性的问题。

最近，社会企业家不再从评估的角度来看待这个问题，而是当作建立管理信息系统的一个机会，因为该系统能够帮助企业家和员工更多地了解他们所采纳的特定方法产生了什么样的效果和影响，以及如何让组织的有效性最大化。为了成功地推行这种方法，企业家必须积极明确地阐明组织的目标是什么，如何通过设计的策略来实现这些目标。此外，

118

119

组织的投资人必须支持建立信息系统以便有效地跟踪项目业绩的进展情况。

一旦这些系统到位，从业者及他们的支持者必须利用数据来让组织的利益相关者和一般公众了解问题本身以及解决问题会面临的挑战。这意味着组织不仅要报告服务了"X"个人或举办了"Y"个活动，还要抓住机会讲述数字背后的因果关系以及是哪些具体的干预措施真正有效地改变了社区或社会。

在这个层次上，"承担"受托责任不仅是发布财务信息或描述项目的总体目标，而且是提供机会、利用履行责任的过程来进一步传达组织的信息和目的。这个策略的长期效果是可以成功地吸引更广泛的潜在受众成为合作者，协助你朝着未来的成功而努力！

## 前进路上的绊脚石：履行受托责任的含义

好吧，你已经做了一个飞跃，决定履行你对各类支持者的责任：现在你是一个负责任的社会企业家，正全力奋进创造一个"最最优秀"的社会企业，正准备大展宏图规划如何交流、如何记录、如何发布你的知识，这时，"嘭"然一声，前行的路上，你的脚趾撞上了绊脚石。原来，承担责任真的很艰难！

承担责任可能还要求社会企业家考虑其他因素：一些不利的、如果没能提前预料到就会发展成为绊脚石、不经意地碰断你的脚趾的因素！以下我们将介绍有些什么样的"绊脚石"，并讨论如何提前发现并直接跨越它们！

开始这个话题的一个好方法是停在你所处的位置（即便是你正走在路中间），然后转身回望你来的地方。停下来一分钟，思考以下 3 个问题：

1. 我们在这条路上看到了什么样的"石头"？

2. 我们面临什么问题，谁是关键的参与者？

3. 我们是如何动员自己跨越或绕开那块"石头"的？

做完这些后，转过身去面对新的方向，并询问同样的问题：

1. 从这里我能看到什么"石头"？

2. 我们可能面临什么问题，谁可能是关键的参与者？

120

3. 我们如何能够动员自己跨越或绕开那块"石头"？

你对这些问题思考得怎么样？如果你觉得想象不出在承担责任的道路上可能会面临什么挑战，也许下面的一些例子会有所帮助。

√ "世界上唯一不变的就是变化。"有些人喜欢在变化中茁壮成长，但大多数人讨厌变化。变化可能令人害怕、尴尬，甚至让人麻木。变化会让你感到紧张、准备不足和脆弱无助。创建责任文化对许多人来说并不是机会，而是一个威胁，所以，一开始就要认识到这个情况。变化，更确切地说，抵触变化，将是前进道路上最明显的"绊脚石"之一。因此，你应该去预见它、计划它，这样当你遇见它时才不至于感到震惊。

√ "言行一致、表里如一。"责任需要整合到组织中才有意义，这意味着要创造一种重视责任的组织文化。显而易见，组织文化在很大程度上取决于领导者的行为，要观察领导者的行动而不仅仅听信其言论。前进道路上一块非常现实的"绊脚石"是：组织的领导人召集了一次大型会议长篇大论地强调承担更多责任的重要性，然后几天过去了，几个月过去了，领导者的注意力早已转移到了下一个危机或优先事项，而追求责任文化的需求再也不曾听到有人提起。因此，移除绊脚石的方法是，作为主管的社会企业家应该践行自己的承诺，以身作则地表现出承担责任的行为，积极寻求他人的反馈、重视别人的意见、落实他们的建议。保持开放的态度，把承担责任看作是"责任机遇"，就像你要求员工和理事会敢于承担风险一样。这样做会让你获得难以置信的巨大收益，而且会让你在很大程度上如释重负：只有坦诚开放地让更多的利益相关者参与你的工作时，你才会发现，很多人非常愿意分担组织的负担并推动组织为实现既定目标而努力。作为领导者，以身作则践行责任不仅能够解放自己，还有助于释放组织的能量。

√ "你认为我在明年什么时候能得到上个月的报告？"将责任整合到组织中远不止简单地模仿行为和申明责任文化，从时间上看，责任必须纳入组织初创、成长和发展各个阶段的管理系统；从过程上看，承担责任的机遇必须融入组织的运营系统中，让责任承担始终贯穿到政策制定、战略规划、薪酬奖励和预算编制等各个环节。

√ "没有时间、没有资金、没有资源，我还能帮助你吗？"努力做到更全面地承担责任可以为组织带来的长远利益和短期利益，但两者有矛

121

盾。从长期来看，努力承担更多责任可以让组织更加有效和成功，但短期内这样的努力意味着组织需要投入额外的时间和资源。因此，组织在发展初期就应该把责任承担的承诺纳入组织文化。为什么组织才开始发展就得努力让各种利益相关者参与呢？因为随着时间的推移，日益增长的收益会远远超越各种诸如需要额外投资等的不足。也许更重要的是，从长远来看，承诺承担责任的年轻组织能更好地建立诚实的伙伴关系、开展倡导活动或承担其他对诚实正直有更高要求的职位。

√"当我问'你怎么看'时，我其实没有准备好面对你将要告诉我的真实看法！"公平公开地陈述组织的观点和战略几乎就是让组织公开接受不同观点持有人的挑战。同样，公开讨论你的缺点意味着你将公开面对那些既可能挑战你的实践方法又可能挑战你的管理能力的人。一个简单的例子是我们都关心教育，但显然，人们关心教育的途径千差万别。再比如，大家的关注点都高度一致，但是可能有人提出的问题是组织筹集到的资金如何分配，有人关心的是项目该如何发展，还有人关心的是大方向该如何把控，等等。然而，承担责任并不意味着要被公众的舆论所裹挟，而是要充分利用被别人挑战的机会，换个立场和角度看问题，基于最初策略权衡利弊，通过整合有价值的部分来重新调整组织的方法，目的是继续推进这项事业——这项既属于你自己又属于你的挑战者的事业。

## 六步建立有意义的责任机制

行业工具

归根结底，这一切到底意味着什么，最后沉淀的要点是什么，建立有意义的责任有哪几个步骤？让我们逐个陈述。

1. 展望和拥抱受托责任的愿景。社会企业家必须联合主要利益相关者一起铸就对目标任务和愿景的共同承诺，这样才能建立一个满足各方期望的开放型和赋权型的组织。人不能不出发就到达下一个城镇，所以先找出你要去的是哪个城镇（受托责任区），然后作出如何到达的承诺。

2. 绘制责任地图。和主要的参与者沿着前面勾勒的流程列举出你们所要为之承担责任的组织和个人名单。如果你现在还不认识他们，尽快认识他们！弄清楚各个参与者在名单上的优先排序，并搞明白如此排序的原因。

3. 建立责任策略。你要经过哪些"步骤"才能到达目标？到达目标的道路上可能会有什么样的"绊脚石"？需要建立什么样的机制才能到达你想去的地方？

4. 行动、分析和回应。走出去，去会见你的目标人群，聆听他们的心声，思考他们的话语，并进行恰当的回应。仅仅制定一个政策和组织几个委员会是不够的；你必须尽心尽力地参与到接触、倾听和回应目标人群的过程中去。

5. 不怕出错。生活不断前进，旧的习惯被抛在身后。你也许一直兢兢业业地保持承担责任的姿态，但总有事情不断发生，对你提出新的要求，于是你的注意力经常不得不有所转移。如果你不小心跌倒在远处的岔道上了，不要担心，尽快回到你的责任之路上来，继续努力前行。

6. 为过程而庆祝。不得不说，有时候承担责任真的让人痛苦：你得参加众多繁杂的会议；你只要征求了别人的意见，就意味着你不得不在某种程度上回应他们；有时候你可能认识不到整个事情的价值。别担心，保持快乐！因为你正为创建一个更完善、更强壮、更高效的组织而努力（即使你现在看不清道路下一个拐弯处的情况，无法判别前进的方向是否正确、离目标还有多远）。事情的进展就是这样。你付出了很多努力，正在成为一个真正伟大的社会企业家，请为此过程而庆祝。

## 总　结

虽然在非公共部门工作的人主要是向他们的主管负责，但是社会企业家还要向许多利益相关者负责，因为他们在解决关键的社会问题或社区需求方面有共同的关注目标。在这一章，我们定义了受托责任，仔细思考了为什么社会企业家应该承担这种责任。我们也讨论了责任陷阱的影响，学会了如何把概念转化为行动，并发现了承担责任会带来的意义。最后，我们讨论了建立有意义的责任机制的六个步骤。

需要记住的要点如下：

√ 真正的社会企业家不是独行者，而是作为志同道合的个体所组成的网络的一部分；

√ 承担责任的社会企业家会努力告知利益相关者努力的目标以及打算如何实现这些目标；

√ 受托责任会促使社会企业家确保他们响应社会事业、为实现自己的使命而努力；

√ 考虑创建责任清单，把它当作指导组织工作的框架；

√ 承担责任的要义就是一步一步踏实地走完责任旅程；

√ 以易懂、及时、准确的方式向主要支持者汇报交流组织的业绩。

√ 当心责任承担路上的绊脚石。

# 第六章　理解风险、社会企业家和风险管理

杰德·艾默生

**本章内容提要**

"风险"到底是什么意思

精心规划的冒险是门艺术

了解我们参与游戏的风险、回报和原因

清楚你的选择：风险管理策略

风险降低策略的潜在成本……温馨提示

从错误中学习

传统的非营利组织管理者通常从宽泛的角度去考虑风险："如果得不到那笔赠款，很可能我们不得不关闭这个项目"，或者，"如果启动这个项目，我们的假定是必然有能力筹集到资金来维持项目未来的运转"。

这些陈述都跟风险有关。然而，在如何理解风险的多样性、复杂性和应对方法方面，许多非营利组织管理者不同于商业组织的管理者或经验丰富的社会企业家。这种差异体现在以下事实中：传统的赠款项目建议书中不包括"风险因素"或"风险分析"部分，但每个好的商业计划都要求包括这方面的讨论。

## "风险"到底是什么意思

核心概念

营利部门有大量文献资料讨论什么是风险、风险的不同形式以及如

何对风险暴露进行量化分析，但非营利部门并没有同等的知识和文献以供讨论和学习。为方便理解如何处理非营利部门的风险，我们可以简单地把风险理解为"发生不受欢迎的结果的可能性"，然后进一步把风险定义为两个基本的组成部分：（1）一旦不受欢迎的结果出现时，其严重程度，即负面性；（2）这些不受欢迎的结果实际发生的可能性。根据这两部分，我们就可以认识潜在风险的严重性。

比较好理解的方式是，整体的风险水平由以上两部分相乘决定，换言之，风险的严重程度和风险发生的可能性的乘积就是任何一个创业机会都蕴含的风险。

### 风险暴露、愿意冒险和赌博的区别

有人认为，要成为创业者就得是一个冒险者或赌徒。在许多方面，风险是创业的核心要素，社会企业家尤其应该接受这一事实。对于传统的营利企业家来说，风险常常与潜在商业机遇的预期结果紧密相关。早在18世纪，经济学家理查德·坎蒂隆（Richard Cantillon）就说过，企业家就是风险承担者，他们"以确定的价格买进，但以不确定的价格卖出，因此承担经营风险"。管理社会目的企业①（例如，雇用未经培训的社区低收入居民的面包店或雇用无家可归青年的自行车商店）的社会企业家应该重点考虑具体的创业项目有什么特定的风险。

虽然人们对美国实际有多大比例的小微企业倒闭存在一些争论，但必须认识到，初创企业往往都面临巨大的挑战，所以不应该轻视风险。不管哪种类型的企业，都必须考虑以下风险：缺乏营运资本、市场竞争激烈、难以接触到销售对象，这些内容将在本章稍后进行讨论。现实就是，不管社会企业家管理的是哪种类型的社会企业或哪种类型的项目，都必须考虑风险，而传统创业者不一定熟悉这些风险的类型和特征。

除了不同类型的创业风险以外，社会企业家还需要处理传统商业企业中不存在的一系列额外的风险因素。也就是说，所有社会企业家都在追求服务社会的目的和目标，与这种目的和目标相生相伴的是额外的风

---

① 在不同的章节中，社会企业（social enterprise）和社会目的企业（social purpose enterprise）交替使用。原著未对这两个术语是否有区别作出说明。——译者注。

险和回报。商人可以通过债权或股权比例和其他度量标准来估计风险，　127
社会企业家通过什么方式才能更好地估计风险？

### 应对风险和不确定性

好消息是，知晓风险以及如何管理风险暴露在一定程度上可以增强社会
企业家向前迈进的信心，因为他们"做足了功课"，对未来可能出现的状况
了然于胸。这样，他们才可能无须担心风险而全神贯注于企业的有效管理。
通过一些策略，你可以控制风险因素并创造这样的局面：即使事情没有按照
预想的方式进行，你仍能有效地管理它们。以下探讨如何理解潜在风险的严
重性，思考失败的可能性，以及在前行过程中如何管理风险暴露。

#### 潜在损失的大小

克里斯·克里斯多佛森（Kris Kristofferson）曾经说过："自由的另外
一个意思是：一无所有，无可损失。"如果一个人在一个赌局中没有任何
利害关系，那么他完全可以自由地起身离开桌子，而不用关注或担心下
注的结果。然而，创业者几乎都有"赌注"在手，必须始终肩负风险的
重担。这种"重担"可以理解为我们会遭受的潜在损失的严重程度——
结果不按我们预想发生时的不良后果是什么？如果我们"用农场做赌
注"①，这不只是交易失败时将失去农场的事实，还有可能产生其他关联
后果，即潜在损失的广度：我们将不得不搬走、失去这块我们家族已经
耕耘了100多年的土地、不得不改变在社区中的地位。在考虑风险暴露
时，我们必须首先停下来问自己一个最基本的问题：真正的风险是什么？
社会企业家希望避免以下后果：

- 财务损失；
- 外部声誉受损；
- 内部士气受损；
- 失去政治影响力；
- 错失机会；
- 使命漂移；
- 消极或令人失望的社会回报。

---

① 此为字面意思，"bet the farm"为美国习语，表示在自己认为会成功的事情上倾注所有。

**案例研究**

〰〰〰〰〰〰〰〰〰〰〰〰〰〰〰〰〰〰〰〰〰〰〰〰〰〰〰

### 社会领袖——明日

结合下面的场景，看看你能识别出多少风险。

"社会领袖——明日"（英文缩写正好是 LOST）是一家位于俄克拉荷马州恩特普市的青年服务组织。LOST 正在考虑在恩特普市区引入一个送餐车以培养年轻人为客户服务的能力，考虑的投资金额大约 10 万美元。同样以培训年轻人为目的，他们的计划小组还考虑开一家邻里餐馆，但是餐馆建设需要投资大约 15 万美元。他们从市长办公室的支持社区和社会企业发展处以及其他来源获得共计 20 万美元的资助。恩特普市长主办了一次高规格的记者招待会报告了该资助的情况，他们的地区代表在会上热情洋溢地报告了 LOST 针对不同种族、信仰、性别的青年领导人在能力培训项目中的出色记录和创新成果。

LOST 的规划团队由机构执行总裁（拥有 20 多年非营利组织管理经验）、3 个担任 LOST 计划发展委员会的理事会成员和 1 个来自边远地区企业的青年代表组成。创办这个企业的想法部分是因为 LOST 的主要公共资助者已经将资助重点从"危机中的青年"（过去 7 年间 LOST 一直得到的资助类别）转移到市长竞选胜利后提出的"创业机会资助"这一新的资助类别。市长的竞选理念是"教会每个人狩猎，不教一个人乞讨"。虽然执行总裁长期以来一直对社会企业的理念感兴趣，但他很清楚，LOST 必须重新改革才能迎接时代变化的挑战。

那么，LOST 所面临的财务和非财务风险的大小和类型是什么？

现在，想想你为什么读这本书以及你正在管理或将要管理的创业类型。结合自己的情况进行考虑时，表 6.1 中提供的信息可能有助于厘清你对风险的定义，也有助于思考你们组织面临的哪些风险可以归入下列哪些类别。接下来，对每一项风险按你分配的类别进行评级。此练习的目的是帮助你思考风险的一个关键因素，即正考虑的方案有哪些不良后果和可能存在什么缺陷。

〰〰〰〰〰〰〰〰〰〰〰〰〰〰〰〰〰〰〰〰〰〰〰〰〰〰〰

表 6.1　风险大小的测量：界定什么是风险和有多少风险

| 风险类别 | 特定风险暴露<br>（列出具体的风险内容，<br>如规划支出、资本支出，<br>和其他类别的支出的资金数额） | 风险评分<br>（将每个特定风险暴露<br>从 A 到 D 评级，A 级代表<br>最显著的风险暴露） |
|---|---|---|
| 财务风险 | 1. | 1. |
|  | 2. | 2. |
|  | 3. | 3. |
|  | 4. | 4. |
| 社会回报风险 | 1. | 1. |
|  | 2. | 2. |
|  | 3. | 3. |
|  | 4. | 4. |
| 政治及公共关系风险 | 1. | 1. |
|  | 2. | 2. |
|  | 3. | 3. |
|  | 4. | 4. |
| 机构内部风险 | 1. | 1. |
|  | 2. | 2. |
|  | 3. | 3. |
|  | 4. | 4. |

　　组织在创业时考虑的投资额度决定了组织在正式开始创业之前应该投入多少精力进行规划。继续以 LOST 为例，如果考虑了送餐车的项目，那么用于项目规划的投资额必然小于规划实体餐馆所需要的费用。如果组织创办小微企业不是为了改造赞助机构，也不是为了建立一个开创新纪元的社会目的企业，那么就没有必要聘请业内知名顾问参与为期 6 个月的计划委员会到全国各地实地考察其他送餐车行业的情况。也就是说，送餐车所面临的风险暴露与餐馆的风险暴露不一样，因此不需要投入相同数量的资源进行规划，那么与资源相关的风险也相应比较少。

在认识风险及风险的大小和类型方面，还另有诀窍：许多创业者专注于已经投资了的东西，却没有充分意识到，这不是对什么进行了投资的问题，而是可能会失去什么的问题！此外，高额投资并不一定意味着整体的高风险。（金融的或非金融的）高额投资通常会增加潜在的损失（假定投资不可逆、残值低）；不过，它降低了另一个因素，即发生损失的概率。例如，无论是营利企业还是非营利组织，资本化程度低可以减少风险总量，但会增加失败的概率，从而造成即便是在低投资水平的情况下，总风险仍然呈现高水平。

在我们结束对风险大小的讨论之前，有必要特别讨论社会风险的一个重要方面，即客户风险或人为影响风险。在考虑许多社会和经济创新时，我们倾向于将注意力集中到特定项目预计能带来的增值——新的工作、服务更多的人，或者获得更高的效率——而忽略可能涉及的客户风险或人为影响风险。无论是小型的社区非营利性组织还是大型的人类服务组织，都必须承认和重视项目可能会对目标人群的生活带来哪些预期之内和预期之外的影响。

当一个社区避难所的服务从危机干预转变为提供长期居住服务和工作培训时，组织使命的意图和转变可能值得称赞，但是这种转变也会对人们的生活产生不利的影响。的确，在考虑福利改革的影响时，必须考虑到，尽管接受福利支持的个人数量已经减少了，但福利改革实验的"重量"不是压在决策者或项目经理的肩上，而是压在那些低收入的、试图养家糊口并改变自己生活状况的人的身上。当我们在社会部门寻求创新时，风险的大小不仅仅涉及组织的投资和风险问题，而且还关乎每个人的生活和前景的问题，我们在分析时绝不能轻视或低估这个风险因素。我们仍然可以选择尝试新的方法，探索项目、服务和社会影响之间的新联系，但是，当我们坐下来评估任何新机会或新想法时，绝不能忽视我们的关注议题所影响的人的利益。

**失败的可能性**

我们首先要理解的是，任何一个机会都蕴含发生负面结果的各种可能性，都存在不同程度的风险。在繁忙的高速公路上跑步面临的是一种等级的风险，在高速公路上开车面临的是第二种等级的风险，乘坐商业喷气式飞机飞越高速公路代表的是第三种等级的风险。虽然生活中风险无处不在，但风险呈现为何种等级却取决于我们采取的每一个行动。在考虑社会企业时，社会创业者们需要通过回答以下问题来思考涉及风险的程度：

- 他们会失败的真正可能性有多大？
- 其他类似的但已经失败了的社会企业面临的失败因素有哪些？
- 回顾过去，当时是否可以采取任何措施增加成功的可能性？
- 他们在创业时考虑的风险程度是多少？

## 精心规划的冒险是门艺术

要明白精心规划的冒险是门艺术，首先要知道可以在两个层面感知风险：个人层面和组织层面。我们体验风险的方式（是顺其自然感到舒适还是提心吊胆到了嗓子眼）被称为"风险承受力"。因此，为了准确地预估风险，我们首先必须了解自己对风险的承受力。对一个人或一个组织来说是极高的风险，换个人或换个组织可能就不是风险。从客观的统计上看，某些活动和事件比其他的更有风险。我们的（主观）风险承受能力会影响我们如何去计算和衡量一项既定的活动会带来多大风险，所以说预计风险是门艺术！

### 个人风险承受力

如果你正在读这本书，你可能大概明白自己生活中哪种程度的风险在你的舒适度范围内。一个人的风险承受力与他的偏好、品位、经历和个性有关，而且还必须承认，风险承受能力会随着时间的推移及环境的变迁而发生变化。人们常说，年轻人比老年人更能坦然地面对风险，因为他们可损失的东西更少。不过，我们都知道有面对风险时极端保守的年轻人，也有爬山、骑山地自行车时完全忘乎所以的老年人！所以，个人风险承受力的大小不因年龄而异，而是因个性而不同。

我们每个人都必须思考哪种程度的风险在自己的舒适度以内，可以使用各种工具对此进行评估。虽然看起来很奇怪，许多退休规划软件包里都包含"风险承受力测试"，评估一个人在风险承受力方面属于保守型、温和型还是高风险型。在网上就可以找到这类工具做自我评估。

下面的"风险承受意愿个人清单"可以清楚地显示你的承受能力能

够应对哪种程度的风险暴露。现在花一分钟时间思考下面这些简单的问题，看你能承受哪个级别的风险。

---

### 冒险意愿个人清单

- 你能在钱物方面冒险吗？也就是说，不知道结果就进行投资？

- 你每次旅行都带伞吗？带热水瓶？带温度计？

- 如果对某种东西感到恐惧，你是否尝试克服这种恐惧？

- 你喜欢尝试新的食物、新的地方和新的体验吗？

- 问问题时你需要先知道答案吗？

- 过去的 6 个月里，你是否经历过很大的冒险？适度的冒险？还是总待在家里，甚至告病不去上班？

- 你能否随便走近一个陌生人就开始搭讪和对话？

- 你有没有故意找一条陌生的路线来开始旅行？

- 你是否需要确信已经有人做过这件事自己才会愿意去做？

- 你参加过相亲吗？

---

请记住，实际上不存在一个唯一准确的测试，也没有什么"最佳分数"。你应该把此列表作为工具与理事会、计划委员会或管理团队进行讨论，以了解每个团队成员对风险的看法，以及在启动新项目和社会企业的决策中风险可能扮演的角色。根据个人经历和你对自己的了解，你是唯一能确定自己风险承受力的人。重要的是，你和团队在社会创业的道路上走得太远之前一定要反思这个问题！

即便你发现自己不是一个敢冒大风险的人，也不意味着你应该放弃成为一个成功的社会企业家的梦想。不过，在建立管理团队并开始追求创业目标时，你需要考虑这种特质。你需要探索怎样才能最好地处理风险，怎样有效地同他人分担风险。

### 133　组织风险承受力

不同的非营利组织对风险的承受能力也不同。某种程度上，风险承受力的差异由组织文化所决定，以下两个例子可说明这一点。

一个为青年提供服务的非营利组织决定开一家商店，他们花了一年多的时间进行规划，包括访谈当地居民、统计交通流量、学习他们想开的商店类型所涉及的每一件事，最后，他们成功地开了一家零售店。

另一个为青年提供服务的非营利组织也决定开一家商店，他们花了60天寻找"感觉"不错的开店地点、花时间讨论他们的店如何才能与众不同，并在下决心开店后的90天内开始营业。

两家公司都取得了成功，但毫无疑问第二家公司比第一家承担了高得多的风险。这是社会企业家不同的创业管理方式所致，也涉及非营利组织的文化：第一家公司决策缓慢、深思熟虑，最大限度地减少风险；第二家公司快速而专注，愿意承担更大程度的风险。哪一个的做法是对的？都对！每个组织都了解各自的风险承受力并有能力管理适合自己的那个选择。

除了文化问题外，组织面临的风险暴露涉及的另一个重要因素是能力。我们把组织产能（organizational capacity）定义为组织能够为其工作开展提供的基础设施的数量和类型，包括人员配备、操作系统、网络等，本质上就是指非营利组织能够支持投入的一切，这些投入将决定成败。

然而，针对风险与组织产能如何相关的评估不一定能反映真实情况。许多从业者会以为，已经活跃多年的大型组织总体的风险暴露较小，因为它们具有更多的资源、感觉更稳定，还成功启动过新的创业（无论是创建社会目的企业还是创新项目）——能力升级的标志。然而，也应该认识到，这些建立已久的组织会给创新过程带来更多的"文化包袱"。某种程度上说，这些组织的管理者们在当前的实践、目标和计划中都有既得利益。他们习惯于"按我们的方式做事"，而不像规模更小的组织的管理者那么具有创业精神和创新能力，因为这些小组织没有过往的既定记录来约束和阻止他们更快地应对市场的变化和新出现的挑战。

无论组织的年龄和规模如何，社会企业家都应该评估组织的风险承受力以及这种承受力如何影响发展策略的执行。评估时应该考虑哪些因素？以下几个领域是探索的要点。 134

---

**风险承担意愿组织清单**

● 组织如何进行决策？是"过程密集型"的文化，还是鼓励管理者追求自己的想法然后"事后道歉"的文化？

●与财务会计、社会报告和组织评估相关的管理系统有哪些？这些系统由谁控制，是某个部门还是愿意实施变革的个人？

●你的组织在这个领域的发展历史如何？你的非营利性组织过去是否考虑过从事任何类型的社会企业？

●面临挑战时，组织是否花大力气动员政治资本、智力资本或人力资本来克服挑战？

●在员工或理事会中，是否有多样化的才能和技能组合可用于应对组织面临的挑战，还是倾向于"X 主管"独立负责解决特定的问题？

### 赌博还是冒险？

很多人把冒险与赌博混为一谈，但两者迥然不同，理解这种差异才能让社会企业家在不确定的时期进行有效管理。可以通过以下对比来理解：赌博就是当公司控制扑克牌时，你在玩他们的游戏；而冒险则是你自己来定义游戏规则、最小化所有已知的风险因素，最终目的是最大化成功的机会。

真正的创业者具备容忍不确定性并对风险进行分析的能力。他们是知情的风险承担者，而不是"单凭直觉和经验"的赌徒。成功的创业者不仅拥有更好的想法，而且懂得如何通过运用适当的资源，尽可能减少在竞争中被淘汰出局的风险，从而最有效地执行更好的想法。

**红色警示**

记住：承担风险，但绝不赌博！

## 了解我们参与游戏的风险、回报和原因

当然，如果风险不能带来回报，那么风险本身毫无乐趣可言。有些情况下，回报是无法估量的：如果一只老虎在后面穷追不舍，你不得不往悬崖下纵身一跳，或潜入水中逃逸，这是很大的风险，然而你得以保全生命，这个回报还不够大吗！其他情况下，回报可能更渐进、易变，且难以评估。比如，和父母一起出去吃饭可能会有一个美妙的夜晚，你

135

和他们分享经历，和这些赋予了你生命的人建立联系，这是很大的回报。但是也有风险，面对亲人，你会想到那个 14 岁还比较混蛋的自己，当父母提到你过往的情感心结时，你与他们争辩起来，然后你尖叫着冲出了餐厅。

创业者考虑什么类型的"好处"？很明显，最重要的是获得商业项目在财务上的收益，但对于社会企业家来说，或许更重要的一些好处出现在以下领域：

- 使组织的收入或资本组合多样化；
- 发现追求组织使命的新方法；
- 在"社会市场"中把自己的组织重新定义为社区中具有深层次创新能力的非营利组织——这仅仅是其中的几个例子而已！

对于社会企业家来说，一项主要的好处就是社会回报——给未接受过培训的年轻人提供"真实世界"的培训机会，在浪费性生产技术的市场中融入环境可持续性要素，或者通过品牌加盟的支持来促进你的事业，当然好处远不止列举的这些。因此，在考虑风险的好处和回报时，下列三个重要因素会有所帮助：

- 你的遗憾；
- 你的好处；
- 你的"风险承受力"。[1]

我们已经讨论过风险承受力，但什么是"遗憾"（regret）呢？遗憾就是如果工作不按你规划的方式进行时你愿意接受的损失，这是看待潜在损失大小的另一种方式。比如，在尝试开设一家新的零售店出售组织生产的艺术品时，你成功的概率有多大？假如结果是你耗尽了 20 万美元，这对你的伤害有多大？如果你不得不在失败与成功之间不停摇摆，直到有一天你比较确信应该选择哪个方向，这个过程中你的舒适度感觉如何？

必须承认，制定一个精确的标准来度量风险以及测算风险在未来发生的可能性这两件事都会进一步导致……风险。通常，对于新的创业

---

[1]　Ron S. Dembo and Andrew Freeman, *Seeing Tomorrow: Rewriting the Rules of /risk* (New York: John Wiley & Sons).

（无论是进入新的市场还是新建立一个组织）来说，要明确地说明实际
风险因素是什么、它们之间如何权衡，以及各个风险因素实际发生的概
率难上加难。有时，这可能只是创业者对特定事件的风险函数作出的判
断而已，因此组织需要决定愿意投入多少时间、精力和其他资源来"探
索"这个过程。一项基本的经验法则是，在规划上的花费千万不能超过
自己创业所需要的经费。例如，如果社区花园的启动成本为 5 万美元，
你的项目每年能够获得 2 万美元的收入，那么你可能不应该花费 20 万美
元的经费和 3 年的时间来探索开发社区花园会面对什么样的风险！

**概念回顾**

通过有效的尽职调查可以降低部分风险，另外还要记住的是，风险
评估不是单一的、一次性的事件，而应是持续性的创业管理的一部分。
创业者对产品、市场、资本和其他因素的理解会随着时间而改变（理想
情况下，理解程度会随时间而增加，因此能够降低风险），然而外部环境
也在变迁，可能会降低对风险暴露的知晓程度，但更经常发生的是：环
境变迁中的各种突发情况给组织带来更新更多的威胁。创业者必须不断
地适应所处的环境和处境，并随时警惕是否有必要重新审视组织的相对
优势、短板和风险。

**了解影响风险概率的因素**

评估风险暴露的一个核心过程是了解哪些因素在起推动作用，会把
风险从可能性变成现实，即风险情景实际发生的可能性。风险因素包括：

- 管理的质量；
- 员工的素质；
- 组织文化；
- 组织基础设施的优势；
- 基本创业理念；
- 资本化水平；
- 长期融资前景；
- 市场变化；
- 技术变革；

- 利益相关者倒戈；
- 竞争对手的反应。

让我们依次详述这些风险因素。

### 管理的质量

需要考虑的最显著的风险也许就是管理风险。人们常说，好的管理者可以带领一个糟糕的企业走向成功，但差的管理者会扼杀一个好的企业。管理风险暴露最小化的第一步是拥有合适的参与者，并努力确保他们成为企业的资产，而不是企业的风险。具体问题如：管理团队所具有的技能组合是否适合完成手头上的任务？团队合作得如何？团队在何种程度上可"劳逸结合"以迎接新的挑战？要考虑组织特有的其他因素吗？

### 员工的素质

不是每个社会企业家都参与经营过商业企业，但社会目的企业寻求雇用的特定目标群体却又代表了一种独特的风险。设想一下：许多社会企业家试图创业的目的就是通过雇用市场里被其他雇主解雇的员工来创造利润！这个创业的基本前提就具有极高的风险性。在主流企业中，表现不佳或存在重大问题的工人会被解雇；与此相反，社会目的企业使命的核心要素就是雇用这样的人。要减少雇用这些低技能个人的风险，社会企业家应该采取的策略是确保受益人群参与到各种必要的支持项目中（如心理健康咨询、住房补贴或其他服务），这些支持项目能够帮助他们取得个人成功。

### 组织文化

组织文化问题贯穿全书。组织成功需要考虑的一个关键因素是，组织文化可以鼓励采用创业者的思维和方法来管理非营利组织所面临的挑战。例如，追求创业目标的核心前提是：如果某个岗位的人选不正确，你就应该启用有能力的人来替换无力胜任的人。这里不是说你要带着偏见去终止他们的工作，大家要接受的现实是，正确的岗位上安排了错误的人只会妨碍实现组织的目标，也会阻碍风险暴露的管理。要意识到，这种决定实质上是在帮助别人，帮助有潜力的人走上可能成功的岗位，帮助需要更多"学习经验"的人离开他们不适应的岗位。然而，许多非营利组织文化都不会直面这个现实，而是超长时期地忍耐中低等能力的员工。拥有适合社会企业的组织文化意味着拥有一个支持全面追求（对社区和个人的）社会价值的组织。缺乏这种文化预示着组织在市场中可能面临影响生存的重大风险因素，因此组织文化的问题不能回避。

### 组织基础设施的优势

组织基础设施的优势决定了组织开展特定创业项目的能力；也就是说，组织是否有能力管理动态的基于市场的商业风险。这方面需要探索的问题如下：

- 是否所有的人员都已经超负荷运转、无力应付新的任务了？
- 你是否需要等待长达 6 个月的时间才能从会计那获得上个月的财务报表？
- 组织是否明确并专注于使命，还是存在相互竞争的派系在推动相互冲突的议程？

如前所述，组织本身为社会创业过程带来了各种各样优势和劣势。无论最初的创业动机是成立社会目的企业还是组建解决某个社会问题的新项目，赞助组织都引入了自身的风险因素并影响到该创业潜在的成功或失败。正如本章其他部分所述，有经验有准备的社会企业家会后退一步，不仅评估自己的优点和缺点，也会评估组织的优势和劣势。

### 基本创业理念

与组织风险相比，创业风险关注的是特定项目活动或社会目的企业存在的风险。需要考虑的问题如下：

- 创业策略是否经过检验证明可靠？
- 是新的、不确定的策略吗？
- 该项目是否比其他类似的创业项目具有更大的风险？
- 什么要素或因素使得这个创业项目有风险？

这些都是评估创业相关风险时必须要考虑的问题。然而，要考虑的最重要的创业风险是创业概念本身。你可能熟悉加里·拉森的卡通片《远方》中有关两个洞穴人试图售卖刺猬的片段，虽然这是一部很棒的卡通片，但产品本身不仅会招致严重的产品责任索赔，而且可能鲜有消费者有兴趣。另一个毫无幽默感的例子是，试图通过经营托儿所来为有严重暴力犯罪记录的人提供就业机会，这显然不是什么好主意，因为大

139

多数父母一旦了解了这些员工的历史，肯定会三思是否要选择你的服务。反之，迪兰西搬家公司（Delancey）虽然雇用了很多有犯罪前科的人，但客户满意度一直很好，因此是一个可行商业理念的成功范例。

**资本化水平**

资本的水平和结构指组织启动创业时手头需要拥有的资金量。除后文所述的基本启动资金之外，资本还包括其他成本如设备和厂房购置、足够启动时使用的供给和库存，以及其他因素。这方面的风险通常与该组织的资本获得能力和针对该资本结构所含债务的偿还能力有关。

资本注入的时机也至关重要。不难理解，一个不断发展的社会企业在不同的发展阶段需要不同类型的资金支持，所以，在规定的时间内却没有能力获得必要的资本就是一个重要的风险因素。许多社会企业家聚焦于获取确保规划或启动创业的资金，却从不考虑（或考虑得太晚）未来的资金从何而来。实际上，企业资本不足不仅是社会企业家面临的风险，也是小微企业失败的主要原因之一。但是，社会创业者更应该特别关注这一风险因素并设法最小化可能会有的影响，因为非营利组织开创社会项目的惯例是"依赖最微薄的资金，带着最真诚的善意，等待种子基金"。再重申一下，赌博和承担已知风险两者之间是有区别的。

**长期融资前景**

筹资风险包括以下因素：

- 支持创业的必要资金量；
- 是否有现成的资金；
- 在启动和扩张期间，支持运营所必需的现金流量。

评估筹资风险应考虑获得所需财务资源的成本。如果组织必须派代表出席多次会议、完成多次报告等，那么获取资金的付出可能比资金本身的价值还要昂贵！这些成本包括支付利息、分析获取资金开始新的创业项目是否会降低现有创业项目的可用资源。

**市场变化**

市场风险是市场本身固有的风险，至少包括以下任何一项：

- 竞争者的存在和行动；
- 资本市场资源转移的影响；

140

- 社会企业运营所在的区域市场或国家市场的动态；
- 消费者的喜好或者交通方式的改变；
- 捐赠者资助兴趣的变化。

市场风险也包括影响社会企业的公共政策的改变。例如，若国家教育部门规定不再支持特许学校，那么要求有当地支持的特许学校项目就面临风险。再如，依赖一定数量的再循环物品来保证利润率的再循环企业会因大型再循环处理机器的进入或再循环产品的商品价格下降而受到负面影响。社会企业家必须记住，任何市场都有不同的分区、力量和参与者，这些组成部分都应在评估市场风险时加以考虑。

### 技术变革

技术变革的两个关键因素是：（1）内部运营技术；（2）组织在特定行业中扮演的角色。行业内的技术变革会导致整个行业受到影响甚至消失（例如 20 世纪初的马车制造商）。技术变革会影响非营利组织开展工作的方式（如用个人电脑处理文书），也会导致裁员，原来的服务提供者失业后变成了项目的客户因而增加了客户的总数量，对整个经济带来影响。

### 利益相关者倒戈

社会企业的概念可能会遭到一些人的反对，他们认为"慈善是慈善，生意是生意"。过去曾协助过该组织并在未来可能发挥重要作用的人有可能反对用社会企业的心态管理非营利组织，也可能反对社会企业在营利市场中开展业务。如何管理社会企业理念的引入和行动是潜在风险暴露的一个重要组成部分，也是对管理工作的挑战。

### 竞争对手的反应

如前所述，来自竞争者的风险是市场风险的重要组成部分，也是一个需要单独处理的风险。在营利部门，参与者之间的竞争是约定俗成的：人们谈论竞争、谋划竞争，并在许多情况下，因竞争而蓬勃发展。然而，在非营利部门，人们对竞争的感觉错综复杂。一方面，一些非营利组织本身就是最具侵略性的竞争者，他们参与方方面面的激烈竞争，从竞争个人捐赠者到媒体报道，再到志愿者；确实，社会服务团体之间经常竞争他们宣誓为之服务的每个客户。另一方面，许多业内人士不愿意承认竞争如此激烈。

不管是在营利部门还是在非营利性部门竞争，问题不在于我们是否应该竞争（因为我们知道，总会有新的企业进入我们一直服务的领域），而在于我们如何竞争。

竞争的风险不仅在于参与者努力在市场中分得一杯羹，更在于我们如何应对竞争及竞争带来的风险：我们是否相信自己比竞争对手更"正义"，因此以牺牲自身的诚信为代价来追求组织或个人的目标。

许多人在拥有了可观财富的同时，也保持了正直和诚实的名声。越来越多的组织不仅得同其他非营利组织展开激烈竞争，还得同一些进入非营利组织活跃领域的营利组织竞争，因为这些领域曾一直是非营利组织的领地。这样一来，非营利部门必须更加信守对公平和正直理想的承诺，而不能作出营利性市场竞争中的负面行为。

在营利市场中，一种肥皂品牌声称其清洁效果比另一种品牌好是可以接受的做法，但事实上两种产品都含有基本相似甚至完全相同的成分。这种做法被视为"就是个广告"，每个人都明白这种声明至多是言过其实。然而，在非营利部门，广告的公平性和追求公平竞争应该成为准则。非营利组织可以积极热情地推广自己的工作，但必须小心不要侵犯公平的界限。非营利组织应该向任何要求获得服务成本信息的营利组织及公众分享和传达服务的基本成本信息，以及社会使命可能招致的"利润惩罚"（profit penalty）。他们必须小心，当知道有组织已经参与到这个社区的工作时，就不能宣称"目前没有任何组织为这部分人口提供服务"。当他们致力于教育公众了解某个问题时，必须特别注意，不仅要准确地呈现所分析的问题，而且对其他致力于解决同类社会问题的组织也要进行公平的报告。

非营利部门存在竞争是健康的，也是不可回避的，但当社会企业家发现竞争对手可能从事可疑活动时，必须暂停参与竞争并重新确认自己的核心价值观，例如出现"不能让人接受"的事情：仅仅因为目标人群的就业选择有限，就用低于基本生活需求的工资水平来雇用他们；或者，以增加组织在资本市场上的资金利用效率、变得"更具竞争力"为理由而不为非营利组织的雇员提供足够的福利待遇。组织为了推销自己的工作或者推广自己"品牌"而歪曲或贬低他人的努力也是不能接受的做法。竞争风险的第一个组成部分是了解你的市场分区及其参与者。第二

142

个部分是了解各参与者的竞争优势，以及如何撬动它们的力量来共同实现个人利益和更广泛的受社区欢迎的社会利益。第三个组成部分是立足诚实正直，坚持核心价值观去参与竞争。

### 利用风险因素来评估风险比率

以下内容是对规划委员会有用的另一项练习。个人对风险的感知和权衡可能因人因事而异，但如果规划委员会的六个成员中有五个都认为资本战略问题是组织的主要风险领域，那么组织的团队就确实需要更多地关注这个领域！

**行业工具**

检视每个普通活动领域的相关风险因素：母公司、社会企业本身和运营环境。规划委员会的每一位成员都应填写这份表格，以此为依据来讨论企业在特定兴趣领域和关注领域可能存在的风险暴露。在每个类别下填写具体的风险领域，并为所选风险领域估算"风险比率"，便于同规划委员会进行探讨。这种分析将帮助规划委员会确定哪些领域可能存在风险，需要进一步研究。例如，是否每个人都把"管理风险"看作是关键问题？如果是的话，就需要与领导决策层探讨有关员工培训、发展和人员招聘等问题。类似地，对每个关注领域的风险都可以开发相应的策略来降低实际存在的和可能会有的风险。

143

**表 6.2　风险比率分析**

| | 具体问题 | 估计的风险比率 |
| --- | --- | --- |
| 机构层面 | | |
| √ 管理 | 1. | |
| √ 用工 | 2. | |
| √ 文化 | 3. | |
| √ 基础设施资金 | 4. | |
| | 5. | |
| | 6. | |
| | 7. | |
| | | 小计：____% |

续表

| | 具体问题 | 估计的风险比率 |
|---|---|---|
| 项目层面 | | |
| √ 理念 | 1. | |
| √ 资本 | 2. | |
| √ 基础设施 | 3. | |
| | 4. | |
| | 5. | |
| | 6. | |
| | 7. | |
| | | 小计：＿＿＿% |
| 外部环境 | | |
| √ 市场 | 1. | |
| √ 技术 | 2. | |
| √ 利益相关者倒戈 | 3. | |
| √ 竞争 | 4. | |
| | 5. | |
| | 6. | |
| | | 小计：＿＿＿% |
| | | 总计：100% |

### 使命漂移的风险

144

无论是营利组织还是非营利组织都可能成为使命漂移的受害者。对于寻求创新战略来处理最具挑战性社会问题的非营利组织来说，应该考虑的中心问题是使命漂移和应对使命漂移风险的能力。新的项目和活动可能推动组织朝着新的方向发展，但这种可能性本身不会迫使管理者放弃原来的使命方向。使命漂移是由以下至少一个事件引起的：成功或失败，或者有时是介于成功与失败之间的模糊地带！

成功社会企业的需求层出不穷，他们需要更多的资金、更多的员工，最重要的是更多的关注。而失败的企业会让高层经理把注意力从组织的"整体"管理上转移，把宝贵的时间投入各种"扭转局面"的会议上。无论哪种情况，组织很快会发现管理社会企业需要的时间和精力比最初计划的要多，最终组织的"重心"偏离了主要的工作轨道。

因此，非营利组织不断坚持的努力要么迎来徐徐展现的成功，要么迎来全面崩溃的失败。这个时候尤为关键的是，组织的利益相关者要利用各种机会回头审视和重申组织的核心使命和目标。正如人们不应该允许资金机遇来支配组织发展（即"我们做的是辅导项目，但是资金招标要求组织做健康教育，所以让我们在这里调整一下……"）一样，社会企业家必须确保新的想法或创业机会不会导致组织偏离核心使命。

考虑了这些因素后，有兴趣抓住新机遇并笃信其核心使命的组织实际上有很多可行的选择，合作、子公司和合资企业等方式都能允许组织追求新的未来，同时又不偏离组织原有的目标和经验。需求在变化，能力也在发展，如果非营利组织感觉到使命在漂移，就应该花时间从活动中后退一步，评估整个组织的核心使命，有必要的话应该对组织进行调整。

## 清楚你的选择：风险管理策略

讨论风险管理策略时，首先要了解社会企业家如何采取战略方法进行风险管理。首先，降低风险的最好办法当然是不进行任何冒险。只要做事就存在一定程度的风险暴露，但是创业者还是选择承担比其他人更高的风险以期获得更大的回报。因此，很重要的是在一开始就认识到你在作出选择的同时就让自己暴露于潜在的更大风险中了，并且必须承担与该选择相关的所有责任。不过，如果你坚信不用承担风险或者承担很少风险才是实现目标的有效策略，那么你就不需要读这本书了！

正确的方法不是认为我们能够真正地最小化或完全消除风险，而应该在工作过程中有效地预测和管理风险。此外，必须认识到，即使持续进行重新评估，新企业也总是充满着在企业启动和市场测试前无法完全（或能用性价比高的方式）解决的不确定性。对我们来说，认识到这一点很重要，因为真正的不确定性比已知的风险更难管理，并且不确定性的存在会加剧风险管理的难度。

休·考特尼（Hugh Courtney）和他的合作者在《哈佛商业评论》的"不确定性下的战略"一文中指出了以下四种不确定性：

1. 相对清晰明确的线性未来；
2. 可以清晰描述的不同情景下的未来可能性；
3. 一系列连续的未来可能性；

4. 用连续体也无法定义的模糊未来。

分析性风险评估技术在前两种情况下效果最好，后两种情况需要灵活性才能有效地管理风险，而灵活性只有通过事先的分析才能得到。考特尼谈道，重要的是对以下事项进行正确组合：（1）无悔的行动；（2）选项；（3）面对高度不确定性的大赌注。在不确定性管理的章节中，哈蒙德（Hammond）说过，有效的管理者应该有：（1）全天候计划；（2）短周期计划；（3）选项拓展计划；（4）"时刻准备"① 的计划。无论你怎么认为，这些都可以看作是管理不确定性和复杂性的工具，可用来帮助你制定计划，以应对在企业启动和运营过程中不可避免的风险。

鉴于前面讨论过社会企业家容易受到诸多风险因素的影响，人们可能会问：那何必呢？为什么让自己面对这么多的创业风险呢？嗯，冒险的好处是巨大的回报，可以采取一些步骤来防范任何风险暴露可能带来的潜在负面影响，我们总有办法做好准备应对风险，从而最大限度地提高成功的机会。在讲述可以采取哪些具体步骤来管理风险暴露之前，我们应该先念一个简明的管理口头禅：

> 灵活执行才是成功的关键。

每天重复这个口头禅会帮助你摆脱只顾了解自己的组织和运营环境的日常习惯。可能最重要的是，成功的社会企业家总能意识到环境的不断变化，因此时刻保持行动的灵活性。我们生活在一个急剧变革的时代，新的组织不断形成，旧的组织逐渐解体；网络上出现的新技术取代了传统的沟通方式；新的观念层出不穷，旧的构想随之消融。因此，我们必须对变化保持开放，迅速吸收消化新的信息，理解其中的含义，在日新月异的生活中不断改进、不断创新。

在"过去"的岁月里（1980 年之前），项目规则和规范引导着组织的提议和行动。而现在，唯一的规则就是相关性，换句话说，应该抛弃与组织、消费者和社区的需求无关的一切！防范无关性风险的最好措施是保持灵活性，保持信息灵通。陷于泥潭的人会被即将到来的潮水吞没，

---

① 原文 Be Prepared，是男童子军组织的座右铭。——译者注。

积极寻求创造社会变革的人必须能够看懂"风向的变换"，才能在不断变化的环境中更好地把我们关注的各种社区置于有利位置。

成功的社会企业家最擅长在追求目标和执行战略时保持高度的灵活性，从而将那些会导致他们落后，甚至会让他们溃败的风险最小化。

## 风险管理类别及风险因素

**行动步骤**

事先就要知道潜在的风险是什么。潜在风险管理侧重于以下信息收集技巧。

1. 与专家交谈。无论你的商业概念有多么创新或前沿，在某个地方可能已经有人使用过类似的方法。找到他们，学习他们的经验和教训。当你有一个伟大且具有创新性的服务项目的想法，找一个在行业内有丰富经验的关键人物，了解他们为什么不做同样的事情：他们选择不做，也许有原因。所以，你的这个新想法要么是好到没有人想得出来，要么是隐含着一个业内行家才知道的陷阱，所以他们选择避开。

2. 使用焦点访谈小组。焦点访谈小组有不同的使用方式。第一，如果你的目标是特定的客户群，召集细分市场的代表，介绍你的想法，评估他们的反应，然后作出适当的调整。第二，加入行业协会并参加同类企业的管理者午餐会；促进对话，听人们讲述竞争故事并从中学习。第三，如果你正在经营的社会企业有一些社会风险因素，召集最有可能关注你提出的创业议题的人进行讨论。例如，如果打算雇用以前靠低保为生的人，你需要知道会遇到什么就业障碍，以及计划如何解决这些障碍。如果要开展生态旅游，你需要联系当地居民或利益相关者，了解如果把旅游团带进来，他们会有什么担忧以及如何更好地化解他们的担忧。

3. 做概率估计练习。带领理事会或规划小组回顾本章前面讲到的风险比率分析表，评估特定风险实际发生的概率。

4. 用 SWOT（优势、劣势、机会、威胁）分析，并根据分析结果采取行动。评估你的优势，了解改变劣势需要做什么。大多数人都熟悉SWOT 分析。你应该对组织进行详细的评估，知晓组织的每个要素，并就组织中的缺陷制定策略进行弥补。花足够的时间来认真评估真正的优点和弱点是风险管理的一个重要步骤。沿着相同的思路，许多组织花费大量时间去纠正组织的弱点，从组织"有优势的"竞争力领域转移资源去弥补短板，误以为这样重新分配资源能够奏效。事实上，许多非营利组织面对的艰难现实是某个特定项目领域或员工群体表现欠佳，只有淘汰才能解决问题。彼得·德鲁克（Peter Drucker），作家和演讲家，现代管理学大师，他曾说，如果某个活动做不到第一或第二，那么你应该停止这个活动，把资源用到别的更好的地方，对许多团体来说，这是一个艰难的抉择；但事实是，你80%的时间可能被20%的问题占用。选择放弃而不是耗费精力去改善这种问题领域可能会让情况变得更好而且还能降低风险暴露。所以，有必要了解弱势、支持优势。

5. 努力建立网络、伙伴关系和联盟。网络和联盟能够帮助你获取上述所有活动领域的信息。非营利部门在建立网络倡导通过立法或与网络成员分享重要信息方面具有丰富的经验。越来越多的社会企业家正在建立自己的网络来连接其他组织，支持彼此的努力，并互相学习如何提高工作效率。这种网络的成员组织都从事类似的工作或面临类似的挑战，因此作为组织网络的一部分可以帮助你了解即将发生的情况以及他人用什么方式处理相同的风险。很少有组织能够独自完成这些工作，而且随着资源的日趋紧张和竞争的日益激烈，组织会发现建立这种战略合作伙伴关系和联盟是唯一的选择。富有创造力的社会企业家不认为建立联盟会限制组织的发展，而会利用机会建立新的合作伙伴关系并分担风险。尽管所有的合作伙伴关系都需要投入时间和资源来维护才会有成效，但这种关系却是减少风险暴露、分担责任并增加整体回报的关键策略。合作伙伴关系可以帮助你分担相关的风险负担；如果是企业合作伙伴关系，你还可以撬动自己组织之外的资源，这些资源可能会有效地提高你预测、谈判和管理各种潜在风险因素的能力。如果没有正式的合作关系或联盟，成为某个大网络的一部分也可以作为减少风险暴露的策略。

6. 把所有信息汇编成一个文档或项目，以便你能看到全局。各种谈话和观念的交汇会从不同的方向影响你：有时候，财务是首要的工作重心；有时候，项目或政治会占据主要的舞台。把所有信息汇集到一个单一的文件夹或文档中进行综合考虑，逐一思考每个领域潜在的风险暴露以及应对策略，才是制定前后连贯、协调一致的风险降低计划和应对纲要的关键。

148

149　　　　组织可以通过以下策略采取行动来减少潜在的损失（即最小化潜在风险暴露的规模）。

　　1. 让他人分担损失，例如让具备更强的财务风险承受力的合作伙伴或投资者（如能力过剩的组织）来替你分担风险。探索与其他参与组织平等合作以分散风险和责任的可能性：在运营系统中考虑租用比较先进的技术设备来保护自己免遭快速淘汰；探讨购买保险的可能性，特别是那些发生概率性低但损失成本高的东西。

　　2. 把承诺分为几个阶段。分阶段履行你的承诺，即保持多个同步进行的策略，然后再决定选择哪个方案进行投资。这样你既可以尽可能长地保留所有选择，又可以在更长的时间范围内进行小额逐步递增的投资。整个过程中，要评估哪些选项可供使用，根据不同的组成部分思考如何对资源和人力投入进行"堆叠"。例如，一个运营着几家社会目的企业的非营利机构正在计划增设一家企业，但是无法确定什么时间点、哪个创业选项最合适。考虑中的不同创业选项分别取决于几个额外的变量，所有变量都不在非营利组织的直接控制范围内。该组织并未就当时看起来最有可能的那个选项匆忙采取行动或作出承诺，而是制定了平行推进的策略。这一策略使得该组织在长时间内能够继续保留对新增计划的选择，而不是由于过早地承诺采纳某一选择导致最后没有选择，因此可以同时推动几种不同的规划。事实证明，在此期间有两个选择失败，而这两个选择就是该组织之前准备要支持的，结果当然是最后选择了原先不在考虑范围的方案。

　　3. 有明确阐述的退出选择。作为商业策略的一部分，要安排多个时间点以供制定退出方案，评估变化了的条件以便决定是修订原有的方案还是彻底退出。退出选项给你机会重新评估风险暴露并减少损失，避免你投入所有资源或使自己完全暴露于灭顶之灾的风险中。

　　4. 降低实际可能的损失。其他策略包括努力使用符合行业标准的投
150 入和材料，如果创业失败还可以转卖给别人。此外，通过一些策略减少固定成本（如对固定成本较高的生产要素进行租赁而不是购买），初创组织可以进一步降低风险暴露。就与组织的声誉有关的风险而言（无论是内部还是外部），为缓冲新企业可能带来的风险暴露，母公司可以给子公司取个截然不同的组织名称，或者干脆注册为单独的法人实体。重要

的是尽可能思考还有哪些类型的"防火墙"能够有效地减小企业发生实际损失的可能性。

可以通过采用以下具体的风险降低技术来减少实际发生不良结果的机会（即最小化潜在风险暴露的规模）。

1. 就开发策略以支撑或克服组织的弱点。根据 SWOT 和其他分析，你应该很好地掌握了组织产能所处的位置，组织运营（包括管理、劳动力、基础设施）的哪些领域会成为当前或未来的负担。应根据具体的风险暴露领域来制定策略和解决方案，包括下列行动：

√ 提供员工发展培训；

√ 招聘新员工；

√ 制定新政策；

√ 实施协调一致的策略，向网络中的其他组织学习；

√ 有的组织具备你所缺乏的专业技能，选择同他们合作，补齐短板。

2. 努力避免市场风险。市场风险存在于多个层面，但其中主要的一个是与外部组织的合约关系。要尽可能努力去为可能发生价格波动的物品争取固定价格合同，这样，当市场发生了出乎意料的变动时，才有选择（例如，提供一系列产品或服务，直到你能够确定最有效的一种，然后集中精力投入）。但是，如果确信组织在某个市场领域的服务收费在未来某个时间点肯定会增加，那么你应该签订短期合同。

3. 建立持续的评估程序和行动小组。每个组织都应该有一小群人负责监督和报告创业项目的运营过程，成员应该能代表公司的各个部门，并拥有不同的技能和才干。无论称之为创业委员会还是行动小组，这群人可由组织的执行董事、业务经理和任命的理事会成员组成，还应包括投资者和具有相关专长的个人（如付费顾问或志愿者）。该委员会的主要功能是帮助识别和纠正运营过程中的可控风险因素。此外，每个企业，无论是社会目的企业还是非营利性项目，都应该根据商业计划来运营，因为商业计划中拟定了各种策略、技巧和所需的资源。商业计划的执行不应该由理事会来监督（除非组织非常小或刚刚起步），而应该由上面描述的这个委员会来监督。该委员会是主管经理提出问题的平台，为策略讨论提供更大的舞台，也为人们支持商业计划的执行提供参与渠道。俗话说，"三个臭皮匠，胜过诸葛亮"，创业委员会这种结构就是通过调

151

动更多的头脑参与解决既定策略执行中的挑战来降低风险。

4. 制定并持续更新可行的竞争策略。分析潜在竞争对手的行动并制定一系列应对措施，以建立并保护组织在客户、资助者和其他利益相关者等群体中的地位。如前所述，涉及竞争的考虑不应仅限于竞争对手在市场上可能会做什么，还应考虑应对措施。虽然他人的行为无法控制，但在他们采取行动之后你在市场上保持什么姿态却是可控的。至关重要的是不仅要对自己的资产和战略选择了如指掌，还要深刻理解组织的价值观和使命，因为这些知识能帮助你采取适宜于所处环境且同你的承诺相一致的方式来应对竞争，无论这些竞争最终以什么形式出现。

5. 使投资组合多样化。如果新创企业由母公司管理和运营，那么应该考虑通过创建项目组合或投资组合来分散风险。风险组合（portfolio risk）指由所有投资项目带来的风险暴露。许多社会企业家可能起家于某个单一的创业项目，但不用多久他们就会在不同的市场、不同地点开展多个项目。不难理解，高风险活动与低风险活动相结合就等同于中等风险活动，这样我们可以更好地评估投资组合风险。的确，组织可以通过引入相对保守的项目和创业活动来"冲抵"更激进的风险程度高的活动，从而减少总体的风险暴露。

例如，经营了一家餐馆（客源为有足够支付能力出去吃饭的人）的非营利组织可以再开一个旧货商店当作第二个创业项目，因为旧货商店在市场不景气的时候表现良好，而市场不景气时餐馆的业绩会比较差。做成人教育的非营利组织可以增加成人娱乐活动来使项目多样化；开展校外青少年服务项目的非营利组织可以通过增加为成年人提供再就业服务的项目来降低风险，诸如此类。只要充分考虑了使命漂移和其他风险，组织活动多样化的努力可以帮助降低组织面临的总体风险。

**红色警示**

尽管分散风险是历经时间考验的战略，但要记住，组织必须有足够的资源和人力才能成功地"分散风险"。如果执行不当，分散风险的策略可能会把仅有的核心资源摊得太薄或者延伸至许多相互竞争的活动领域。此外，组织活动的多样化也可能使组织脱离自己的核心竞争能力，使组织涉足实际上可能具有更大风险的领域！这种情况下的分散策略就起不到平衡高风险与低风险的作用了，而是将组织暴露于截然不同且毫不相关的随机风险中。核心思想是，无论怎么组合都有风险暴露，但理想情况下，所有风险不可能同时发生！

要知道，你面临的情况可能是各种风险要素急剧变换，也可能不清楚未来会发生什么。那么，在不可预测的环境中怎么管理这些未知的不确定性和复杂性呢？有以下选择。

1. 考虑任何创业策略时，仔细思考"无悔"选择和"全天候"选择。尽力寻找风险较小的、不依赖其他条件就能取得成功的行动策略。当然也要认识到，企业家可能不得不承担一定的风险才能实现愿景、获得回报。

2. 重视重新评估并诚实执行。开展重新评估时，创业者应该对放弃或修订等选择保持开放态度，并在必要的时候使用这些选择。在重新评估时要记住，沉没成本不计入内！如果在项目启动阶段你已经投资了75000美元，而现在发现公司的运作消耗是预计现金消耗的3倍，那么你的初始投资已经成为"烤面包"——彻底黄了。评估现状时，不吝惜放弃，把重点放在未来的前景，而不是过去的投资。非营利部门的人得知企业关闭了已经投资数百万美元的创业项目时往往会感到非常震惊。企业可以这么做——尽管他们也不喜欢——因为他们关注的是该创业项目在未来会耗费多大的成本，而不是迄今为止已经投入了多少。

3. 避免"大赌注"和不可逆转的承诺，除非你是一个非常精明的人，而且还有很多钱可以不计输赢。如果在某个时候需要退出，应该保证你的投资不要太分散，或确保可以收回残值。如前所述，要保持较低的固定成本，并力保合同条款能够把未来的支付和成功进行挂钩（例如，使用计件率、租金按销售百分比支付等）。

4. 从总体结构安排交易以便在整个过程中都有选择。除了多种服务或产品，也要培养多个供应商，租赁设备而不是购买设备，确保办公场所的灵活性，并确保在租赁合约中包括一些条款，在万一中了大奖时能够把租赁变成买断。

5. 制定权变方案，在适当的节点设想真正出现灾难或者潜在风险变成现实的各种场景，让理事会演练各种场景下的可能方案。就意外灾难

153

的应对措施进行规划并为之做好准备，例如，住在地震带的聪明人会把房子建在牢固的地基上，总是保持汽车油箱的半满状态，在地下室存放可食 3 天的罐头食品和一瓶红酒！那么，你的"地震计划"是什么？

带领理事会或员工在设想的不同场景下再往前走一步。让人意外的是，不计其数的非营利管理者制定的组织战略根本未考虑"问题场景"以及任何类型的差错应对计划。事实上，没有任何事情能像人们预计的那样精确地发生。市场在变化，人才在流动，机会也在演变。尽管管理者不可能预测未来的每一个变化，但是社会企业家应该在规划阶段预先考虑可能会出现的问题以及如何最好地解决这些问题。

关键不在于你是否猜到了"正确"的场景是怎样的，而在于你是否给自己和团队一些机会去开发这些获得成功必不可少的"灵活性技能"。记住，对可能问题做应对计划并不需要在发展过程中付出多大的热情，但是却能为执行挑战性策略的人注入更大的信心，因为他们已经对"如果发生……怎么办"的各种场景进行过充分讨论并对可选方案进行了评估和演练。

### 社会企业家可以特别采纳的风险降低策略

有一些降低风险的策略，社会企业家可以采用，但营利企业家却不能采用，充分了解这些策略可以帮助你占据获得成功所需的优势，但要记住，我们讨论的不是市场上那种不公平的优势。真正的社会企业家面对竞争总是秉持诚实和公平，因为他们知道放弃诚实和公平只会破坏自己的核心使命，即创造更大的社会价值和社区利益。然而现实情况是，由于社会企业家追求的是社会公益，他们的负担可能比营利企业家们肩负的更沉重。

缺乏利润激励，承诺雇用那些有显著就业障碍、在主流营利企业找不到工作的人，以及诸多其他社会成本都必须由社会企业家承担。要降低这些成本，社会企业家可以选择一些工具来管理和降低失败的风险。这些工具如下：

- 组织的免税地位；
- 寻求支持和接受捐赠（包括实物捐赠）的能力；
- 获取低利率、低于市场利率或零利率的资本（例如赠款、项目相关投资或其他投资等形式）；

- 获得志愿劳动力。

## 风险降低策略的潜在成本……温馨提示

本章重点讨论了可采取的风险降低策略，但必须指出，许多风险降低策略无论在财务上还是其他方面都有一定程度的成本，这些成本可能会在原有风险暴露的基础上带来其他风险因素。评估具体的风险降低策略时，社会企业家必须审视每个策略的实际增值，以确保这些增值大于该项策略耗费的潜在成本，至少这些增值不应该小于潜在风险和成本。

155

### 保险范围与计划

在组织有了商业风险策略后，所有社会企业家就应该考虑选择哪类保险以保护组织免受一些传统风险（如火灾、盗窃、法律责任等）的影响。保险计划就是正式评估组织面临哪些运营风险以及有哪些具体的保险可以承保这些风险，从而最小化非营利组织发生破产的可能性。找到适当的保险覆盖范围并不难，概述如下。

1. 确定可保损失以什么方式产生以及最合适的保险类型：
- 火灾；
- 负债；
- 汽车；
- 员工补偿；
- 业务中断；
- "关键人物"（即防范失去关键员工）；
- 理事责任和职员责任（防止组织管理层的个人成为诉讼对象的可能性）；
- 过失和遗漏政策（防范因你给客户及他人的不良建议而产生的责任）；
- 担保：
——履约担保（合同签署了但不能履行合同条款时，确保客户的利益免遭损失）；
——雇员担保（在有权处置大额现金或其他证券的雇员不当离职时，保护你免遭损失）；

- 入室盗窃等犯罪；

- 租金；

- 团体生活、健康、残疾、退休。

2. 寻求专业顾问的建议。自己评估并选择合适的保险类型既复杂又无聊，还容易出错。在你着手评估需求和制定适合的保险计划时，有必要寻求足够的专业指导。

3. 货比三家买到物美价廉。许多公司提供类似的或相关的保险服务条款，如果决定把所有的保险需求都放在同一个公司，那么你应该跟他们协商谈判以获得更好的保险费率。一定要货比三家，把钱花得有价值！

### 创建退出策略

对于许多习惯于收入勉强糊口又想少花钱多办事的非营利组织来说，退出的想法——即关闭无法在合理的时间内实现绩效目标的项目是令人沮丧的，因此需要单独讨论。如果不预先界定好在何种情况下退出，你就有可能在比较糟糕的情况下没有可回旋的余地。老练的经理人知道，事情一旦开始恶化，接下来的情况只会变得更糟。社会企业家需要能够预见发展曲线并作出相应的可行选择。退出策略是社会企业家的"灵活性工具包"的一部分。退出选项的有效性围绕三个要点依次发生：

- 制定"计时隔离"① 指征；

- 执行修整策略；

- 果断中止（也作"知进退存亡而不失其正"）。

1. "计时隔离"指征：退出选择有效与否取决于是否有明确表述的引发"计时隔离"的指征，如果出现指征就停下来，评价活动进展情况，估算迄今为止已经投入的资源的回报率，从而决定是否继续。这些"计时隔离"条件可以是基于特定事件的定性基准，也可以是明确的财务目标，如：

- 在 6 月 10 日之前筹集到全部运营资本；

- 到 7 月 15 日为止，我们将获得 5 份 50000 美元的项目资助；

- 在 12 月前找到一个大家都认可的项目经理。

只有把每一项指征的时间点都清楚地陈述在商业计划中，所有利益

---

① 原文 time-outs，原意指让犯错的孩子独自反省，并设定惩罚时间。——译者注。

相关者才有机会在问题出现时选择是否退出这个领域。

2. 执行修整策略：基于"暂停"指征的评估结果，组织可能决定修改具体策略或业绩预期。这种修整策略应该关注的是找到导致组织未能实现原定基准的具体因素，然后取而代之提出一套新的有望实现的短期业绩目标和财务目标。修整策略通常不需要对整个商业计划进行重述或检视，但是需要识别具体的问题领域，并提出解决这些具体问题需要立即采取的措施和步骤。修整策略即便做不到每天监控，也需要每周进行监控，所有人都要参与。

3. 果断中止：听起来可能很极端，但是下面的行动可能是最后的防线。

• 如果在 10 号之前还没能确保获得营运资本，而且又不可能动用营运储备来支付这笔费用，那么，关闭该项目。

• 如果在预定日期前只有 4 笔赠款，但是你确信需要所有 5 笔赠款都到位才能充分运作此项目，那么，关闭该项目并返还资金，而不是凑合运作一个平庸的项目。

• 如果有资金，但却找不到一个有能力扩展项目的经理人，你也应该关闭项目。

这些决策谈不上失败，反而是负责任地退出不良局面的机会。记住，知晓这些困局的投资者或利益相关者不会把返还资金或终止项目视为失败，这仅仅是个挫折。由于不恰当的人员雇用或资本不足而导致企业倒闭才是管理上的失败，如果你诚实、聪明且事先规划好是可以避免的。

## 从错误中学习

今天的善于风险管理的社会企业家都是从昨天的错误中吸取过教训的人。在商界，优秀的创业者（为下一次创业积累了众多支持者的人）无不经历过几次失败。他们深知自己的优势和局限；他们展示了强烈的学习意愿，并且有屡败屡战的韧性和恢复能力。与此不同的是，在非营利部门，我们习惯于必须有答案、不犯错。当你向基金会起草一份项目建议书时，你不会写："嗯，这是尝试性的，我们不确信这些想法会奏效，但这是我们此时此刻最好的猜测。"相反，你会写："我们集团展现了有效管理此类项目的能力，并且我们相信，在帮助国家扭转贫困的问题上，我们一定能从成功走向成功。"

这种不许试错的倾向通常会营造一个不健康的氛围，会削弱非营利部门学习、成长和开发更有效的策略来推进使命实现的能力。莎士比亚说："我们要做的第一件事是杀死所有的律师。"不要采纳这个建议，因为我们要做的第一件事是从错误中学习！

### 坚持学习

坚持学习的一种方法是记录学习过程，有成效的社会企业家都这么做。他们在已有经验的基础上退一步，花时间反思；他们投入时间和精力撰写自己的经验；他们和投资者一起创作案例、书籍和文章来记录做过哪些尝试，进行过哪些修改，学习到哪些经验和教训。无论与其他组织一起合作还是某个组织单独执行，所有这些步骤都可以形成主动管理风险的一部分。对经验痕迹进行记录管理，可以让别人学习我们的工作经验，去犯更"高级"的错误，尝试更多的挑战。

为了有效地推动学习和经验记录，社会企业家必须让投资者知情并参与整个工作过程。如果实践工作者仅仅把项目的最后结果"卖"给慈善投资者，而不试图让他们参与现实工作的学习过程，那么投资者永远不会明白实现这些使命、达到这些成果需要承担什么样的风险。

另外，投资者必须在支持社会创业的过程中寻求真相，老实说，许多创业投资者不愿意公开承担寻求真相的责任。某种程度上，如果"知道"自己的资金可以解决一个关键的社会问题或者支持一项美妙的事业，投资者会对这样的结局倍感安慰，而不是自找麻烦去面对项目执行过程中的许多棘手问题。

投资者和被投资者必须共同改变慈善合作的关系，推动真正的创新，共同承担风险，为实现有意义的、可持续的在个人、社会和世界层面的变革而作出真诚热切的努力。

记住，如果你没能真正理解如何从过程中学习，那么你就得冒着额外的风险为根本学不到的东西而买单。俗话说："吃一堑长一智"，所有社会企业家都必须明白，一定要对过往的经验进行记录并广为传播以供借鉴，这样才能确保组织在一个时间点上犯过的错误不会被同一组织或其他组织重复！

### 不要冒太大的风险断送明天

尽管在高风险投资上"与整个赌场对赌"的押注行为充满了浪漫和惊喜，而且我们都信奉"不入虎穴，焉得虎子"的座右铭，但社会企业家这样下注却是愚蠢的。如果你只关注自己的个人教育和体验并且向所有人表明了这一点，那么你就我行我素，爱怎么赌就怎么赌吧。但现实情况是，多数社会企业家的"赌注"远远超越自身利益，你赌的是"新"的干预策略可以改善客户的生活，你把宝贵的慈善资金用来实现组织的愿景。你对自己的亏欠远远不及对他人的亏欠，因为他们对你进行投资可不是期望你把希望和梦想抛于空中听天由命。

- 在知情的基础上冒险；
- 追求立足于现实的梦想；
- 但是，千万不要冒太大的风险将自己完全淘汰出局，因为在召集大家的力量共同实现目标的路上，我们需要每一个富有才华、充满激情的领导人！

## 总　结

每个组织都面临一定程度的风险暴露和发生不希望的结局的可能性。应对风险的关键是了解风险并确定如何最好地管理风险。在这一章，我们定义了风险，然后探讨了精心规划的冒险。我们考虑了如何平衡风险和回报以及用什么方式来评估不同的风险管理策略，最后考虑了风险降低策略的固有成本以及如何从错误中吸取教训。要记住的要点如下：

- 风险就是不良后果发生的可能性；
- 两种衡量风险的主要方式：风险规模的大小和实际发生的可能；
- 个人风险承受力不取决于年龄，而取决于个性和生活经历；
- 要冒险，但绝不赌博；
- 不要期望完全消除风险，而是要有效地管理风险；
- 仔细权衡降低风险的成本与风险本身的潜在影响。

160

# 第七章　掌握创新的艺术

J. 格雷戈里·迪斯

**本章内容提要**

什么是创新

到哪里寻找机会进行创新

平衡创新过程中的张力

管理抵制创新的阻力

创造一个有创新能力和适应能力的企业

在第一章中，我们提到社会企业家总在持续地创新、适应和学习。听起来不错，但具体是什么意思？更重要的是，这对你作为创业者意味着什么？

你也许会觉得社会企业家经常提出一个又一个激进的新想法，却从来没有看到他们坚持任何想法。抑或，你的脑海里可能浮现出疯狂的发明家形象：把所有的时间用来加工新的想法，却从未将这些想法付诸实践。有一些社会企业家的确是强迫症激进创新者，但这种对创新的过分痴迷并不常见，往往也不是很有成效。

读完本章你会发现，这些以广泛传播的假设为基础的创新形象并不正确。创新的发生比人们想象的要普遍得多，创新以多种形式呈现，且不依赖于个人是否拥有创造性的个性。相反，创新是不同因素综合作用的结果，这些因素包括对运营环境的关注、对使命的认同，以及面对新事务的开放态度。成功的创新不仅是拥有新的想法，还要关注执行过程。创新算得上是一门艺术，各种成功的创业者（包括社会创业者）通过学

习和练习就能掌握。最成功的创业者还善于营造气氛、鼓励和支持组织
的成员进行创新。

## 什么是创新

听到创新一词，人们往往会想到一些重大的突破性的想法或发明，
如灯泡、电视、个人电脑。人们可能会认为创新的想法必须是全新的、
史无前例的。但经过仔细研究，我们发现很少有创新是这样的。大多数
"新"的想法都基于重新组合某些已有的想法或有创造性地逐步改变旧
的观念。如果研究这些创新的历史，你会发现许多最强大的创新都源于
对某事物不断改进的缓慢过程。不排除人们有时会有很好的突破性想法，
但这种情况比较少见。

核心概念

简言之，创新就是建立新的更好的方式来实现值得追求的目标。对
于社会企业家来说，这意味着找到新的更好的方式来服务组织的社会使
命。下面对定义创新的关键词进一步说明。

∨ 建立：创新不仅仅是有一个想法，还与有效的行动相关。创新不
同于发明，发明的本质是产生新的想法。

∨ 新：创新涉及变革，"新"是一个程度问题。尽管大多数人认为
只有激进的变革才是创新，但逐步累积的变化是创新，重新整合熟悉的
观点也是创新。

∨ 更好：至少有一部分受影响的人群认可创新带来的改善。不能带
来改善的"创新"应该称作"错误"。

∨ 方式：创新可以采取多种形式，包括改变你正在做什么、怎么
做、在哪儿做或同谁做等。

∨ 实现：创新要获得成果，而不仅是追求与众不同。创新是结果导
向的。

∨ 值得追求的目标：对创新的理解总是相对的，创新是参与创新的
人眼中值得追求的目标。什么目标值得追求因人而异，当目标存在分歧
时，人们对什么算得上真正的创新的理解也会不同。

## 到哪里寻找机会进行创新

创新可以发生在生活中的任何领域。我们这里关注的是社会企业家的创新，即个人通过创业来提供公益服务，例如，创造和提供产品、服务或项目。为简单起见，我们就用这些术语进行讨论。

许多领域都有创新的机会。经济学家约瑟夫·熊彼特（Joseph Schumpeter）把商业企业家可以参与的创新方式分为以下五类。[1]

1. 创造新的或改善的产品、服务或项目：创造用户尚不熟悉的产品、服务或项目或者还不为消费者所知的产品、服务或项目的某些方面。多数人认为的创新（如第一批汽车、计算机等）就属于这一类。

2. 引入新颖的或改进的运营策略或方法：组织采用之前从未使用过的策略和方法。新的方法或策略可以影响企业的一个或多个要素，包括如何对产品、服务或项目进行设计、测试、生产、营销、分发和评估。福特创建汽车生产的装配线就是这种创新的一个经典案例。

3. 进入新的市场、服务未被满足的欲求：为从其他途径无法获取产品、服务或项目的人群提供获取的途径。本地动议支持中心（The Local Initiatives Support Center）在内城中心社区重新开设一家超市就是这种创新。

4. 挖掘新的供给来源或劳动力来源：寻找组织以前未使用过的劳动力市场来降低成本、提高质量，或者为一些新的群体创造额外利益。先锋人力服务公司（Pioneer Human Services）通过雇用刑满释放者和药物滥用者开拓了新的制造业务，利用了这种互惠互利的劳动力新来源。

5. 建立新的行业或组织结构：改变现有组织之间的关系以提高绩效，包括并购、分拆、联盟，以及其他的合同形式。美国在线

---

[1] Joseph A. Schumpeter, *The Theory of Economic Development*（Cambridge：Harvard University Press，1934）reprinted in（New Brunswick：Transaction Publishers，1983），p. 66.

（America Online，Inc）对时代华纳（Time Warner，Inc）的并购就是这种创新的例子。美国在线是一家领先的在线服务提供商，时代华纳是一家拥有丰富媒体资源和有线电视业务的公司。

根据社会创业领域的最新发展，我们增加了第六和第七类，如下。　164

6. 制定新的参与条款：更改你与客户、消费者、供应商、出资人或员工的关系条款。例如，当户外运动品牌里昂比恩（L.L. Bean）首次提供无条件满意保证时，他们改变了与邮购客户的关系条款。

7. 开发新的资金来源：探索不同的方案来减少或弥补生产和提供产品和服务的成本。在商业领域中，特许经营（即当地所有者通过购买获得全国性品牌的使用权后在当地开展经营，如麦当劳）就是支持新企业成长和发展的一种创新的资助结构。

**提醒：**我们所说的"新的"，并不是说对整个世界而言是崭新的，我们的意思是"对那些最直接受影响的人来说是新的"，意指"现实中发生的新"，或者说，即使这个想法早已存在或者在其他地方已经尝试过，只要在实施的情境中仍然代表了或激进或渐进的变化，就可以认为它是创新。

## 概念回顾

使用以上创新类别，你就可以在感兴趣的领域或更广泛的社会领域中发现创新的例子。有时，有些创新因为跨越类别的界限而不太好分类，这没关系，分类练习的目的就是揭示创新的多面性。例子可以是历史的或者当代的。下面使用一些来自不同领域的示例激发你的思考。

1. 新的产品、服务或项目：全国创业教育基金会（NFTE）开始在纽瓦克男孩女孩俱乐部（the Newark Boys & Girls Clubs）提供青年创业课程时，它推出了一种新的产品。

你的例子：_____

2. 新的策略或方法：在发展中国家的农村卫生诊所开始使用卫星连接技术将农村患者与城市医疗中心的专家联系起来时，他们采用了一种新的手术方法。

你的例子：_____

3. 新的市场：在城市年华组织（City Year）的青年服务团队计划进入一个没有青年服务队的城市时，它开辟了一个新的市场。

你的例子：_____

4. 新的供给来源或劳动力来源：当国际仁人家园决定利用志愿者和所获得的实物捐赠为穷人建造房屋时，它为实现使命开发了一种新的劳动力来源。

你的例子：_____

5. 新的行业或组织结构：在第二次丰收（Second Harvest）作为伞形组织为食品银行提供服务时，它为食物赈济行业创造了一种新的结构。

你的例子：_____

6. 新的参与条款：旧金山的橡树屋组织（Oak St. House）终止了夜晚收容所项目，转向新的项目，要求具有受雇条件的人参与培训和就业安置计划，它为使用者提供了新的参与条款。

你的例子：_____

7. 新的资金来源：当共享力量组织（Share Our Strength）与美国运通公司（American Express）一起开展年度"用支付解决饥饿"活动时，它为抗击饥饿的活动创造了新的资金来源。

你的例子：_____

## 平衡创新过程中的张力

创新过程可以分为三个阶段（见图 7.1）。第一阶段是构思，创新者必须能够看得见新的可能性并评估其潜力。第二阶段是说服，成功的创新需要他人参与合作，创新者必须能够说服他人合作开展这项创新是值得的。第三阶段是实施，即使所有人员都到位了，创新的过程仍在继续。实施不仅是遵循计划，还是一个不断学习和调整的创造性过程，大多数创新都在此阶段进行过修改。

**图7.1　创新过程中的张力**

创新的每个阶段都不可避免地有阻力。成功的创新者能够掌控以下三种阻力。

∨同时使用初学者思维和专家思维来构思可行的创新想法。"初学者心中可能性无所不在，但专家心中可能性屈指可数。"这句名言来自于一位将禅宗带到美国的禅宗大师。初学者在任何情况下都可以发现全新的视角，而业内专家往往被已有的思考方式束缚，因此，初学者经常比业内专家更容易看到创新的可能性。真正的创新者必须在初学者思维方式和专家思维方式之间保持良好的平衡，需要看得到专家因其根深蒂固的思维习惯而有可能错过的创新机会。当然，并非初学者的所有想法都具有同等的价值。"初学者"的一些想法可能不具成本效益，甚至可能违反事物的规律。除了能看见无数的可能性外，创新者还需要学会甄别哪些可能性最有前景。但是初学者一般做不到对各种想法进行评估，所以在评估阶段，必须启动"专家的思维方式"。创新者需要有足够的专业知识来识别真正有前景的创新，并详细回答"如何做得到"的问题，例如：这个想法怎么才能成为一个可行的现实？

∨面对阻力坚持不懈，但也要在说服他人相信自己想法的同时对可能的变化保持开放态度。如果说我们从创新和创业的历史中学到什么经验的话，那就是，最初的构想无论多么具有创新性，都会随着时间而改变，创新的想法必须经受改变才能适应将愿景转变为现实的挑战。墨守成规、拘泥于特定做事方式的创新者很容易失败，但是创业的历史也表明创新者需要在一定程度上能够坚持自我，尤其是那些创新想法非常激进的人。创新的路上障碍不少，面对阻力百折不挠是必不可少的素质。人们要么不理解创新的想法，要么创新让他们感到不舒服，这时候你必须在坚持和固执之间把握好尺度。因此，最有成效的创新者展示了创业教授阿玛尔·拜德（Amar Bhide）所说的"灵活的坚持"①，当创新者遇到阻力时，他们会问自己，阻力是否表明他们的想法有缺陷、需要改进？还是因为他人不理解这个创新的想法？

√ 实施创新想法时，既要埋头拉车，也要抬头看路。好吧，这是个让人害怕的混合隐喻，但其中的残酷形象生动地捕捉到了创业者在创新实施的阶段会面临的各种压力。企业者往往觉得需要努力保持新兴企业和项目的顺利运转；但是，仅仅努力工作可能会阻碍你获取创新成功所需的重要信息。创新过程不会一帆风顺，新的想法在实践中往往需要不断修正。成功的创新需要眼观六路、耳听八方，但是这种习惯很难培养。对信息保持开放态度不是被动地倾听，而是主动学习、积极地提问，即：（1）认真倾听当前的服务对象的意见，若有可能，也要倾听未来可能成为服务对象的群体的意见；（2）留意你所在领域和相关领域的发展；（3）从不太可能的场合寻找经验；（4）不断反思你是否学习到任何有用的东西。

## 案例分析

### 穆罕默德·尤努斯（Muhammad Yunus）和格莱珉银行（Grameen Bank）

20 世纪 80 年代，穆罕默德·尤努斯的事迹震惊了各非营利组织、经济发展项目、政府和银行业的许多人，因为他以全新的经济发展方式实践了向贫困人口提供贷款、让他们能够创办小企业的理念，并且获得难以置信的成功。当初，无论是孟加拉国国内各领域的专家还是国际援助界的专家，一致认为尤努斯的理念行不通。

尤努斯是孟加拉国人，他的教育背景是古典经济学，曾以富布赖特学者的身份留学美国，学成后回到了孟加拉国吉大港大学任教。回国伊

---

① Amar Bhide, "Developing Start-Up Strategies," *Harvard Business School*, note #394-067.

始，他立刻感受到大学周围的村庄让人震惊的贫困程度。尤努斯派他的学生进入村庄，不仅仔细研究村民生活和工作的整个系统，还试图"了解个体贫困者的生活"①，由此掌握了贫困人口中的最贫困者在获得最小的创业资本以创立和维持最小规模的企业时会遇到的障碍。

尤努斯提出了这个看似简单的问题，但他对问题的回答却挑战了社会现状。例如：为什么穷人不值得信任？银行家回应称，穷人没有抵押品，而且多数是文盲；此外，如此小额的贷款会大大增加银行贷款人员的工作量。作为回应，尤努斯提出了社会抵押的概念：由一小群借款人携手合作共同创造在道德、管理和财政方面的强大支持。社会抵押的概念构成了他独创的"同侪借贷"模式的核心，同一村庄的借款人组成小组，共同承担组员偿还贷款的责任。基于这一创新概念，尤努斯开发了 168 前所未有的产品和服务，为以前无法获得资金支持的人提供了资金。他的创新是多方面的。

随着格莱珉银行的成立，尤努斯改变了孟加拉国对穷人提供援助的面貌，并激发了世界各地纷纷效仿。"格莱珉银行的基本经济假设是，以合理的成本提供资本可以把剩余劳动力转化为新的产品和服务，这些产品和服务又赋予剩余劳动力新的权益。"② 从那时起到现在，格莱珉银行已经为孟加拉国数以百万计的小微企业家提供过帮助。格莱珉银行模式被国际社会广泛研究和评估，并在全球范围内得到了推广和改进。每一次应用，创新都在继续，这样才能适应每个项目特有的经济环境和文化背景。

格莱珉银行还在新的方向上不断创新。很明显，缺乏资本并不是贫困的唯一原因，缺乏信息、组织和基础设施也会加剧贫困。因此，格莱珉扩大了服务范围：帮助穷人获得现代技术、尝试使用太阳能和风能、建立健康保险计划和退休计划。例如，格莱珉电话国际联盟（Grameen Phone）正在孟加拉国各城市建立全国性的峰窝通信网络。

---

① Muhammad Yunus, *Banker to the Poor: Micro-Lending and the Battle against World Poverty* (New York: Public Affairs, a member of the Perseus Books Group, 1999), p. ix.

② Atiur Rahman, "Rural Development From Below: Lessons Learned From Grameen Bank Experience in Bangladesh," *The Journal of Socio-Economics*, Summer 1996, v. 25, n. 2, p. 189.

尤努斯很好地处理了三个阻力。作为银行、电信和社会工作三个行业的初学者，尤努斯看到了各行业专家们没有意识到的可能性，但他以严谨的态度和扎实的专业知识来评估和完善最初的想法，对这些想法进行研究和测试。面对阻力，他坚持不懈，同时也从阻力中不断学习。银行家告诉他：抵押品很重要、管理小额贷款的成本很高昂。因此，他创立了"同侪借贷"的概念，依靠"社会抵押"来降低贷款的管理成本。虽然他已经努力建立了庞大的银行业务，但他仍然继续倾听穷人的意见，提出新的想法以满足穷人在资本需求以外的其他需求。

有关尤努斯和格莱珉银行的更多信息，请参阅附录 B 中本章的参考资料。

### 行动步骤

**激发创新的关键问题：** 创新过程通常始于一些预示着问题或机遇的刺激性信息，创新者通常把问题看成伪装的机遇。以下问题可以激发你的思考，在每种情况下，都需要思考是否有机会用更新更好的方法来实现组织目标。

169

1. 你为客户提供的服务有多好？能做得更好吗？能为他们提供其他服务吗？竞争对手对客户的服务有多好？

2. 你提供的服务是否覆盖了所有你想要服务的人群？如果没有，原因是什么？那些没得到服务的潜在客户是否知道你的服务？如果知道，是什么原因导致他们没有获得服务？是否有其他人为他们提供了更好的服务？如果没有，你如何让他们了解你的服务？

3. 你所服务的或想要服务的社区的人口统计信息（例如年龄、种族、语言、教育水平、收入、财富状况）是否发生了变化？你是否应该根据这些变化相应地调整产品、服务或项目？

4. 社会价值观、大众情绪、观念或政治环境的变化会影响你的项目成效还是会带来新的机会？社会环境的变化是否让你能够做一些以前无法做的事情？

5. 你的员工在工作中是否感到难过或沮丧？士气低落还是高涨？组织成员的流失率如何？如何提高生产力和员工满意度？

6. 其他领域中可行的创新行为是否能应用到你所在的领域？将这些创新融入你的领域需要做哪些调整？

7. 我们是否有新的科学知识或技术改善现有的运营方式？如何把这些知识和技能转换成实际应用？

根据社会企业的发展阶段和你回答这些问题的自信程度，你可以判断自己是否做到了及时收集足够的信息。即使是那些认为可以自信地回答上述问题的人也有可能提供错误的答案，你怎么知道客户和员工是否满意？他们不一定会诚实地告诉你真实感受，而是直接离职或者不再使用你的产品。所以你需要寻找独立可信的指标来回答这些问题。

## 管理抵制创新的阻力

顾名思义，创新包含变革。当受影响的人对现状非常不满、所提出的变革不会对他们构成威胁、变革相对容易时，人们会欢迎变革；然而，这些条件很难同时满足。创新很可能对人们构成威胁，即使没有威胁，人们也会因惰性而抵制变革。因此，要理解创新的阻力及其应对措施，就需要考虑创新暗含的威胁程度和人们的惰性程度。

### 创新可能带来威胁

170

借用熊彼特的名言，创新通常是一种"创造性的破坏过程"①。新的事物如果成功了，必然会驱逐旧的事物，这对于满足于现状的既得利益者来说是一种威胁。想要成功创新，必须理解和管理创新中潜在的"破坏性"。

当然，并非所有创新都具有威胁性。根据我们的定义，创新是一个程度问题，有些变化会比其他变化更加剧烈、更有威胁性。社会企业家如何对待特定的创新机遇在很大程度上取决于他们预想中的创新有什么特征。

①　Joseph A. Schumpeter, *Capitalism*, *Socialism*, *and Democracy*, ed. 3 (New York: Harper & Row, 1950), p. 81.

### 核心概念

专门研究创新的人把创新分为渐进式创新和激进式创新。激进式创新通常更具威胁性，但我们需要了解具体的原因。创新带来的威胁可以分为三类，用"3C"来描述。

√ 能力（Competence）：创新是否截然不同于旧方法的知识和技能？

√ 竞争（Competition）：创新是否与旧方法存在竞争？会取而代之还是大幅减少旧方法的使用？

√ 核心价值（Core Values）：创新是否涉及价值观或文化的改变？

下面我们来逐一说明这三个类别。

能力：我们使用能力提升和能力转移这两个术语来解释创新的第一类潜在威胁。能力提升型创新以所在领域的现有知识和技能为基础，通过一种非常自然的方式拓展现有的知识。能力转移型创新则需要与现有知识基础截然不同的新知识和新技能。

当然，这两种创新只是程度上的差别，没有明显的分界线。大多数创新都建立在已有知识的基础上，但也需要一些新的知识和技能。对任何形式的创新，我们都可以思考：现有知识和技能中有多少仍然相关并且有用？例如，从两缸和四缸汽车发动机到六缸和八缸发动机的变革是能力提升型创新，而将计算机芯片引入汽车是能力转移型创新，因为它依赖的知识基础是计算机科学而非机械工程学；电动汽车的发明则需要更大的能力转变，但这种转变不像从马车到汽车的剧变。即使在剧烈的转变中，马车制造商所拥有的一些知识仍然是相关的，比如车轮、车轴、弹簧、座椅等方面的基本知识。很少有创新会要求完全的知识更迭，但有的创新所要求的知识更迭的程度足以对那些过去投入了时间和精力培养旧技能的人构成威胁。

竞争：我们使用互补性和竞争性这两个术语来解释威胁的第二类潜在来源。互补性创新是指扩大现有的方法，具体途径包括拓展用户群，为不同的群体提供服务，或者维持现有用户群但不断提升服务质量。竞争性创新是指取代现有方法，可能会根除现有的方法或者至少是大大降低现有方法的重要性。

171

　　同样，这两种威胁的区别也是一个程度问题，随着新方法的发展和改进，人们对威胁程度的感知也会随时间的推移而改变，起初看似互补性的创新可能变成竞争性的创新。创新的竞争性取决于对比的视角，以个人电脑为例，从大型计算机制造商（如 IBM）的角度来看，个人电脑基本就是一种互补性创新，因为个人电脑只是把不同的客户带入了市场。但是随着个人电脑的不断发展，小型机制造商会认为个人电脑绝对是竞争性创新。小型机介于大型计算机和个人电脑之间，随着个人计算机功能日益变得精良，小型机的制造公司（如 Digital Equipment，Prime，Data General 等）都受到了严重的打击。

　　核心价值：最后，我们使用核心价值一致和核心价值变迁这两个术语来解释第三类潜在威胁。核心价值一致的创新不会对旧方法所蕴含的价值观和文化构成威胁，甚至还会有所加强。核心价值变迁的创新则基于全新的价值观，其成功执行需要文化的转变。

　　与之前一样，价值观的变化也是一个程度问题。有些价值观比其他价值观更为根深蒂固、更能抵制变革，我们之所以专注于核心价值，就是因为核心价值是根深蒂固的、能够抵制变革的价值，下面这个例子可以帮助我们理解其中的差异。在木制家具大部分还是手工制作时，木工工具的发明可以实现更精确、更细致的木质镶嵌，这是一项核心价值一致的创新。自动化大规模生产方法的引入则是一项核心价值变迁的创新，因为它标志着降低成本而不是强化手工工艺，对于追求工艺精湛和卓越的手工匠人来说，这是一个艰难的转变。组织层面的创新也可能带来价值的变化。比如在从自上而下的等级管理理念向注重团队协作的管理方式转变的过程中，所需的价值观的变化对于传统职业经理人来说可能很难接受，这也正是通用汽车公司成立土星汽车公司作为单独的运营单位的原因，创新已经涉及从制造车间到展示厅的整体性的价值观和文化的转变，新成立的组织比原有的、价值观已根深蒂固的组织更容易调整。

　　三种威胁之间的关系：请注意，能力转移型创新不一定是竞争性创新或核心价值变迁的创新，这三种类别有时可能会一致，会有关联，但并非总是如此。微波炉的发明是一种能力转移型创新，因为需要新的知识；然而，它不是竞争性创新，因为大多数人会同时需要微波炉和传统

172

烤箱；它也没有改变价值观：尽管一些批评者担心传统烤箱的安全性和有效性，但烤箱制造公司仍可以在不改变原有价值的基础上生产微波炉，他们需要做的只是改变能力。与传统的冰盒相比，冰箱的发明是一种能力转移型创新，同时也是竞争性创新，因为冰箱的发明最终导致冰盒的生产不再基于其冷藏功能，而成为家具公司生产的以装饰为用途的产品；但不涉及价值变迁。

社会企业的一个例子——一个目前为无家可归者提供食物的流浪汉收容所未来打算拓展食物服务的市场，即开设一个食物救济所为需要食物但并非无家可归者提供食物。如果确实存在此类未得到满足的需求，那么食物救济所可以被视为能力提升型的、互补性的、价值一致的创新。因为这不需要大量新知识或技能，也不会威胁到收容所的核心服务和核心价值。但是，如果这家机构想开设的是一家餐馆并将餐馆作为收容所居住者的就业培训场所，这就是一项更富挑战的创新。烹饪技能可能是相同的，但是工作培训和餐厅管理所需要的技能不同于运营收容所和厨房的技能，该机构需要解决这些技能需求；但是服务仍然是其核心服务——提供居住场所的补充，并与核心价值保持一致。鉴于无家可归问题的规模和性质，就业培训项目不可能像冰箱代替冰盒那样代替原有的核心服务。它可能需要增加一些新的价值观，如为人们赋权来让他们能够照顾自己，但这些新的价值观不太可能威胁到员工的已有价值观。

**概念回顾**

查看你在本章前面完成的创新类别练习，能否判断这些创新是能力提升型还是能力转移型？哪些是互补性的，哪些是竞争性的？哪些是核心价值一致的，哪些是需要核心价值变迁的？

173　　**应对基于威胁的阻力**

**行动步骤**

制定应对创新威胁的策略需要两个步骤：第一步是评估威胁的性质和程度；第二步是根据分析结果来制定解决威胁的方法。

### 第1步：评估威胁的性质和程度

当你提出创新的想法时，需要同时思考这个想法是否是能力转移的、竞争性的或核心价值变迁的创新。你可以通过完成一个威胁概况评测来确定威胁的程度。根据每个威胁的维度，将你的创新从 1 到 10 进行评级，10 代表最高威胁程度。

**能力威胁**

| 1 | 2 | 3 | 4 | 5 | 6 | 7 | 8 | 9 | 10 |
|---|---|---|---|---|---|---|---|---|---|

1 = 不需要新的能力　　　　　　　　　　　10 = 需要全新的能力

**竞争威胁**

| 1 | 2 | 3 | 4 | 5 | 6 | 7 | 8 | 9 | 10 |
|---|---|---|---|---|---|---|---|---|---|

1 = 完全互补的　　　　　　　　　　　10 = 与传统方法直接竞争

**核心价值威胁**

| 1 | 2 | 3 | 4 | 5 | 6 | 7 | 8 | 9 | 10 |
|---|---|---|---|---|---|---|---|---|---|

1 = 与传统价值相一致　　　　　　10 = 需要对核心价值进行重大调整

根据上述威胁概况评测结果来制定应对策略，5 分或 5 分以上的评分意味着相对较高的风险

### 第2步：制定解决威胁的方法

如何管理威胁取决于威胁的性质和程度。如果某个威胁程度很低，那么可以通过清晰的沟通和消除受威胁方的疑虑来解决。如果威胁在三个维度中都很高，那么你需要制定策略来满足、减少或避免威胁可能造成的阻力。每个维度都要考虑，任何维度的评分超过 5 都表示高威胁。

**当能力威胁程度很高时……**能力转移型创新要求要么对受到威胁的人作出重大投资，对他们进行培训，帮助他们培养新的能力，要么寻找已经拥有这些能力的人一起工作。也可以混合使用这两个选项，例如雇用具备新技能的人员，同时也培训能力受威胁的人。

第一种选项减少对只持有旧技能的人的威胁，是通常比较推荐的做法，因为只要受影响的人愿意并且有能力学习新的技能，培训的成本就

174

不会很高，而且可以及时提供培训。尤其在竞争威胁很高但核心价值威胁很低时，人们都会迫切地想学习新的技能；但如果需要改变核心价值，他们的积极性可能就不会那么高。如果对能力转变的要求非常高，那么培训就会非常昂贵并且进展缓慢，可能会阻碍创新。

第二种选择也有一些弊端。吸引已经拥有新能力的人可能很困难且成本高昂，这取决于劳动力市场上具备这种技能的人数以及他们的工作选择余地。购买新技能可能会导致一些问题。比如，一个社会企业家想要创建一种在线对接服务，将潜在的志愿者介绍给适当的社区公益组织，建立有效的网站和复杂的数据库需要的能力（例如计算机编程能力）完全不同于传统的志愿者使用的技能对接服务能力。从传统的非营利标准来看，这些活动成本高昂。引入高薪的专业人员还可能让新老员工感觉薪酬不平等。除了薪酬问题，这些拥有新技能的人可能进入了一个不熟悉的领域；如果需要新技能与旧技能相结合，他们还得提升对这个领域的理解。

在大多数情况下，最明智的做法是既引进新人才又培训老员工。执行得当的话，新老员工可以互相学习和指导；但混合性方法的可行性条件是，两个群体都愿意且有能力在合理的时间范围内相互学习，并且这种混合方法不会与核心价值相冲突。

**当竞争威胁程度很高时……**竞争性创新对现状构成了直接威胁，因此对传统方法有大量投入的人和组织会抵制这种创新；但是，这也是这种创新所必须付出的代价。现有组织必须诚实地评估和探索潜在的竞争性创新，可问题是，在现有组织内追求竞争性创新就是"同类相残"，因为它将减少对旧方法的需求并对组织的资源造成压力；替代选择当然更糟，即其他人追求竞争性创新，而你不得不付出代价。在线图书销售就是一个很好的例子，巴诺书店（Barnes & Noble）觉得迫切需要创建在线网站，即便在线网站会蚕食实体店的销售额。如果不这样做，亚马逊就会占有那部分销量。

知道某种竞争性创新会给现有组织带来威胁后，组织可能决定追求这种创新，在这种情况下，管理创新的过程会异常艰难，因为面临的局势和所做的决定在组织内部形成了张力。如果这项创新既要求能力转变又具有竞争性时，张力会愈发剧烈。这种创新有时被称为"能力毁灭型"，因为新方法的应用和追赶会迫使先前的能力越来越不相关，老员工又不能轻易转向新方法。可能的应对策略有的温和，有的激烈，包括：采取平缓的、逐渐的沟通策略，结合再培训和激励机制等措施，或者采取激烈的大幅度的变革活动，如关闭或分阶段淘汰旧的运营方式、解雇相关员工。如果创新还威胁到核心价值，情况就会更糟。稍后我们会讨论每个维度的威胁程度都很高的特殊情况。

**当核心价值威胁程度很高时**……核心价值变迁的创新是现有组织结构中最难实现的。价值观变化，即便可能实现，也是一个漫长而艰难的过程。如果你只有有限的时间采取创新行动，那么改变现有组织的价值就不具可行性。即使不考虑时间紧迫性，价值观变迁也不容易。那该怎么办呢？有两种选择：可以基于新价值观创建一个全新的组织或者在原有的组织内创建一个附属于原有组织但独立运行的部门，并采用一些防护措施保持其独立性。后一种选择的可能性是，新价值观最终还是会渗透到旧的组织中，如果该创新碰巧很有竞争力，渗透就会更快。

之前我们在描述单独运行的部门时，用过通用汽车土星汽车公司的例子。土星公司持有很多与传统汽车制造商不同的价值观。例如，土星汽车的销售方式与大多数新车不同：不用讨价还价、没有委托销售人员、毫无压力，只有专业的客户代表。土星公司成立前，这种方法闻所未闻。通用汽车和其他汽车制造商曾尝试将这种方法用于传统展厅的汽车销售，但很不容易施行，因为它削弱了传统汽车销售的文化和价值观。经验老到的销售人员往往瞧不起不用讨价还价的客户代表，把他们看作仅仅是机械的"订单接受者"，技能在哪里？热情在哪里？挑战在哪里？不过，土星公司的新价值观正在慢慢渗透到通用公司的其他部门，尽管过程比较缓慢。

**当威胁的三个维度都很高时**……当一项创新需要很大的能力转变、具有很高的竞争性，并且要求很大程度上的价值变迁时，更需要建立一个新的组织，因为在这种情况下，旧方法植根的组织根本不可能作出及时的转变和调整。抵制会很强烈，而且民情激愤，这样的情形就是成立全新的公司、使用全新的运营方式的最好的理由。

### 惰性：创新阻力的来源

即使不会带来威胁，创新也可能遭到抵制。外部的利益相关者不会

176

注意到诸如过程创新的创新形式，而且这种创新对外只会降低成本，提高质量。在这种情况下，惰性带来的阻力很可能源于内部。当然很多情况下，惰性也与顾客、客户和出资人有关。所以，有必要了解市场中和组织内的惰性的来源。

### 新，即负债（注：新的组织不适宜生存）

**核心概念**

有关创业的文献中经常提及"更好的捕鼠器谬误"，这一谬误源于美国著名哲学家拉尔夫·沃尔多·艾默生（Ralph Waldo Emerson）的一句话。据说，艾默生在一次演讲中说，如果一个人能发明一个更好的捕鼠器，那么"即使他遥居深山，别人也会寻迹而至"①。艾默生是位智者，但他就这件事给出的建议很危险，因为此建议只适用于特殊情况，也就是说，要么人们特别需要捕鼠器，要么他们对现有的捕鼠器特别不满意，要么新的捕鼠器容易使用并且成本较低，要么你在深山里的房子很容易找到，要么你将新捕鼠器的信息告诉了对的人，而且这一信息很容易传播给其他需要捕鼠器的人。多数情况下，人们就是习惯了他们使用的旧的"捕鼠器"，再说旧捕鼠器已经能很好地体现它的效用。改用新的捕鼠器会要求他们学习新的东西或做些不同的事情，但积习难改。如果你不做广告，很少会有人知道你发明了新的捕鼠器；况且那些听说了的人不一定相信你的新发明真的更好。单是言语不足以让人信服，因为存在偏差，毕竟你的目的是卖掉捕鼠器。在自己尝试过或其他人尝试之前，人们不会确切地知道新捕鼠器的效果如何，而且它还必须定价合理、容易获得。设计出更好的产品只是营销过程的第一步，让人们改变已有的行为习惯通常需要更积极的努力。

**信息缺口。**人们通常不急于接受新的方法，因为他们可能不知道存在新方法，而发现新的方法并不总是那么容易，经济学家使用术语"搜索成本"来说明搜索相关替代品的信息需要高昂的成本。以激光眼科手术矫正近视为例，许多近视眼患者还不知道存在这样一种眼镜的替代品

177

---

① 根据《牛津引语词典》（*The Oxford Dictionary of Quotations*，Oxford：Oxford University Press，1979）。这一用法源于爱默生，记载于 Sarah S. B. Yule 1889 年的著作 *Borrowings* 中，作者于一次讲座中听到这一用法。

服务。想象一下，如果没有广告，他们可能知道得更少。

**风险和不确定性**。即使意识到有新的选择，人们可能也会犹豫不决。顾名思义，新方法指不熟悉的方法，而不熟悉的都是有风险的，提供更多的信息可以降低这种风险，但信息本身不是免费的，获取信息也要付出成本。人们可以通过搜索发现新方法，但是了解这些新方法的效用也需要收集可靠的信息。信息的收集还需要耗费额外的时间和费用，在激光眼科手术的例子中，首先需要有医生的意见，知道有类似的视力问题并经历过手术的人，并且能从他们那里收集到有关手术过程的无偏差信息。在一些情况下，即使广泛搜寻也不一定能获得足够的信息清楚地说明新的方法是否真的更好，而仍然存在的风险和不确定性有可能形成重大的阻力。

**转换成本**。即使获得了可靠信息，降低了风险和不确定性，人们还是会习惯于坚持某些既定的做事方式，因为习惯改变会给他们带来"成本"。这种成本不一定是金钱，有可能就是不方便，但是大多数人确实需要理由或激励来促进改变。当经济学家所说的"转换成本"很高时，就是一个严重的问题。转换成本是指人们从一件事转移到另一件事时产生的成本，可以是财务成本，也可以是其他成本。例如，在使用苹果电脑多年后，公司转而使用 IBM 电脑的转换成本就很高：不仅购买新的设备需要成本，而且培训员工使用新的 IBM 设备也会产生成本，学习新系统的过程还会导致生产率的损失。相比之下，更换不同品牌的铅笔的转换成本相对较低。回到眼科手术的例子，从眼镜换为激光矫正手术的成本相对较高，除非戴眼镜对你来说是一个很大的麻烦，否则可能会觉得不值得作出这种转变。

### 社会部门特有的惰性来源

由于组织的社会使命以及多数情况下对慈善捐款或第三方支付的依赖，社会部门的创新过程更加困难。

**造福社会还是造福个人**。许多企业努力提供社会利益，而不仅限于提供产品、服务或项目使用方面的个人利益。比如，国际人口服务组织（PSI）在人口问题严重的发展中国家销售避孕产品。单个家庭可能无法从使用节育产品中直接或立即获益，因为他们所处的农业社会需要儿童作为廉价劳动力，但整个社会却可从节育项目中获益。任何类似的创新

178

都会遇到阻力，因为社会收益的产生需要个体的参与，但个体收益却很少。当然，如果创新对个人和社会都产生净收益，那么这种创新就更容易被接受，但很多创新都不是这样的。就算对个人和社会来说都是净收益，如果个人收益比较抽象或者需要一定时间才能显现，那么创新还是会很艰难。①

**说服第三方出资者**。企业的付费客户会判断某项创新是否对他们有益；涉及社会福利时，第三方支付（至少部分支付）款项的情况并不少见。这些出资方可能是慈善家、政府机构或其他相关方如雇主。社会企业家如果要采用创新的方法，不仅要说服他们的员工和客户，而且还要说服出资者，这就增加了一个利益相关方，而且此利益相关方可能无法清楚或快速地看到创新的益处。一方面，某些第三方出资者（如基金会和政府机构）的决策过程可能非常缓慢、非常官僚。如果再碰上十分短暂的机遇窗口期，这种情况就特别麻烦。另一方面，第三方出资者对特定创新的价值判断不一定准确，他们可能看不到创新的真正价值，反而仅仅因为新奇而支持一些并不能真正起到改进效果的活动。这都取决于是什么在推动他们的决策过程以及他们在多大程度上能够准确评估潜在的创新。

### 创新采纳曲线

高科技领域的写作者们使用图形来展示采纳新技术需要经过哪些阶段，称为技术采纳生命周期②，这个想法可以推广到任何创新的采纳过程。图 7.2 创新采用曲线描绘了采纳某项创新方法的人群中顾客、客户、员工或出资者等不同群体的构成情况。

**应用工具**

这条曲线表明，有些人能更快地接受创新。现实中，创新采纳曲线的确切形状和不同部分的相对大小会因创新的不同而大不相同，创新的
179 特征、对现状的总体满意度、创新所处的文化或社会氛围，以及目标受

---

① V. Kasturi Rangan, Sohel Karim, Sherly K. Sandberg, "Do Better At Doing Good," *Harvard Business Review*, May-June 1996.

② Geoffrey Moore, *Crossing the Chasm* (New York: Harper, 1991), 原书中第 12 页有一个更通用的版本。

众的个性都决定了每个部分的大小以及人们从"创新者"转向"大多数"的速度。即便如此，思考构成人群的不同部分仍然有助于我们解决创新的阻力。接下来我们将以美国家庭采纳垃圾回收分类的例子来逐一说明各个类别。

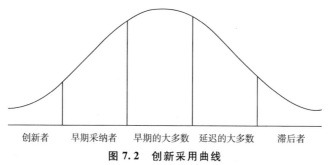

创新者　　早期采纳者　　早期的大多数　延迟的大多数　　滞后者

**图 7.2　创新采用曲线**

注：改编自埃弗雷特·罗杰斯《创新扩散》（第四版），纽约自由出版社，1995，第262 页。

创新者：一般而言，这是一小部分被创新的新颖性所吸引的人。他们好奇心强，总是积极搜寻各种新事物；他们容忍不确定性。在社会领域，他们就是先锋，希望处于各种社会问题的最前沿。领导力对他们很重要，也为他们带来回报。他们是积极游说在自己的城市建立回收中心或者已经开始自制堆肥的那种人。

早期采纳者：这个群体规模稍大，他们已经准备好接纳新事物。他们对现状不满，并认为创新可能对他们大有裨益；在他们通常所处的环境中，采纳创新几乎没有风险和成本。但不同于创新者，他们是被潜在的利益而非新颖性所吸引。他们从本质上重视社会利益，认可社会创新带来的无形利益；他们积极进取，但不是新运动的领导者。这些人会开车将垃圾运到回收中心，并对纸张、玻璃和金属进行分类；他们可能已经参与了一些保护环境的活动。

早期的大多数：这是一个更大的群体，他们愿意转向新的方法，但希望在转变前能够确保新方法的有效性。他们可能对现状不满并已准备好改变，但相比早期采纳者，他们怀疑新方法是否真的更好。他们在试图接受创新时也会看到随之而来的成本和不便；他们需要有关创新有效性的信息，也会接受这些信息。相比早期采纳者，他们对创新会产生的社

180

会利益和对自己的无形利益持怀疑态度。只有相对低的成本才会让他们开始采纳创新。他们会把可回收利用的物件搁在路边等待收取而不会自己将东西送到回收中心，他们只收集容易收集的东西、只在必要时才进行分类。

延迟的大多数：这个群体规模也相当大，但他们相对而言要么对现状比较满意，要么在采取新方法的过程中面临较大的阻碍。他们不太相信自己有能力采用新方法并从中受益，他们觉得转向新的方法让人头疼；要有明确的利益或大多数人都在使用新的方法才会让他们觉得可以采纳新方法。有时候，这个群体的决策过程非常缓慢，同伴压力可能会迫使他们做一些有益于社会的事情。只有回收比较容易时，或者朋友和邻居敦促他们回收，或者如果不回收会感到羞耻或尴尬，他们才会进行垃圾回收。

滞后者：他们是最后剩下的那群人。滞后者对任何新事物都持怀疑态度，他们对现状比较满意，即使大多数人已经采用了新方法，他们也不愿意追随。他们觉得自己使用传统的方式得心应手，万不得已绝不放弃旧的方法。这些人一般都会拖到最后没有别的办法时才会接受创新。对于社会创新而言，他们会怀疑创新到底能给他们带来什么好处，会怀疑创新推动者背后有什么动机。只有当垃圾回收站拒绝接受混合垃圾并坚持要求将可回收物分开时，他们才会进行回收。

### 至理名言

上述每类人群都对创新形成挑战，说服他们需要不同的方法。杰弗里·穆尔[1]（Geoffrey Moore）认为，每个群体之间的差异都比通常所理解的要大，特别是早期采纳者和早期的大多数之间存在较大的"鸿沟"（如图 7.2 所示）。对于创新者和早期采纳者来说，困难只是如何找到他们，让他们知晓这个创新并能够比较容易地尝试新方法。早期的大多数和延迟的大多数则需要更积极的营销手段、更可靠的绩效数据以及有效降低采纳风险的方法。创新越激进，鸿沟自然也越大，要跨越并非易事。

这种模式如何应用于社会部门？设想一个组织开发了一个颠覆性的创新课程：用艺术的方式来教授科学和数学。说服学校采纳这种课程很可能会遵循技术采纳曲线，即以课程创新为傲且不介意作出改变的独立

---

[1]　Geoffrey Moore, *Crossing the Chasm*, pp. 17-25.

学校可能最先愿意接受这一课程，紧接着的可能是对现有教学方法非常不满且对新方法持开放态度的独立学校，包括一些相对较新的、寻求差异性的特许学校，或公立学校系统中可以独立管理、有很强的灵活性且领导者比较激进的个别公立学校。这些早期采纳者和大型学校系统内的复杂决策过程之间往往存在断裂。即便公立学校系统欢迎变革且面临系统内教育水平欠佳的困局，他们采纳新课程的速度也会十分缓慢，因为教师培训成本高昂，以及人数众多的大系统内固有的保守主义。他们决定采纳之前必须要看到成果，并能向学校董事会及教师工会在内的政治性利益相关团体展示这些成果。延迟的大多数采纳者是当前做得很好、没有太多理由要改变的学区，但如果新方法在其他大型学校系统中显得十分有前景，那么他们也可能会采纳。

### 破坏性创新的特殊挑战①

哈佛大学教授克莱顿·克里斯滕森（Clayton Christensen）发现了一种对公司不利但却不易被察觉的创新形式。多数人认为创新要么能降低成本，要么能提高质量或为现有主流客户提高产品或服务的有效性，克里斯滕森称之为"维持性创新"（Sustaining innovation）。即使是能力转移的、竞争性的以及核心价值改变的创新也常常是维持性的。如他所言："维持性创新改善了现有产品的性能，而这些性能是主要市场的主流客户历来重视的。"

克里斯滕森将维持性创新与破坏性创新进行了对比。破坏性创新"至少在短期内导致产品性能下降"，并"为市场带来截然不同的价值定位"。破坏性创新最初吸引的是正在寻求主线产品的低成本替代品的"少数几个边缘客户"；但是，这些创新会演变成对主流客户也有吸引力的替代品，这就是为什么此类创新获得破坏性的名号。有趣的是，破坏性创新不一定威胁现有的能力或核心价值，一开始也不被认为有具竞争力，因为它们只服务于边缘市场。等后来认识到这变成了有竞争力的创新时，可能损害已经造成了。

破坏性创新的问题在于主流组织往往要到很晚才会注意到创新的存

---

① Clayton M. Christensen, *The Innovator's Dilemma*, (Boston: Harvard Business School Press), 1997.

在。克雷斯格（Kresge）和塔吉特（Target）的折扣零售就是很好的例子，折扣商店最终分走了百货商店的销售额，如以大众市场为目标的西尔斯（Sears），蒙哥马利沃德（Montgomery Ward）和杰西潘尼（JCPenney）。最近，沃尔玛将这一概念引入其超级店后，与沃尔玛连锁超市和沃尔玛百货店形成了竞争。网购图书和杂货对于传统商家而言就是破坏性创新。其他例子还包括：健康维护组织（HMOs）是健康保险市场的破坏创新，钢铁"小作坊"成为大型钢铁厂的竞争对手。

这种区别的意义在于，在决定探索创新时，不能只关注主流客户的需求。如果你依托已有组织去运营，那么必须留意破坏性创新：一些目前只吸引边缘群体但随后会演变为直接竞争对手的新方法。如果试图在已有组织中推动破坏性创新，那么你遇到的阻力可能不同于其他具有明显威胁性的创新阻力。破坏性创新的威胁性不易被察觉，所以阻力可能呈现为一种惰性，人们认为你提出的创新根本不重要，只适用于边缘市场，也不可能在绩效指标上有什么优势。

有关该主题的更多信息，参见克莱顿·克里斯滕森《创新者的困境》（哈佛商学院出版社，1997 年）。

### 克服惰性

行动步骤

即使创新不存在威胁性，许多利益团体也会因为惰性而抵制。使用创新采纳曲线和对阻力原因的理解可以帮助你制定应对策略。为了最大限度地减少基于惰性的阻力向前推进项目，你应遵循以下五个步骤。

1. 辨别抵制群体中可能的创新者和早期采纳者。这项任务说起来容易，做起来难。任何群体内部，人们对是否应该开放地对待创新都有一系列看法。接触他们，找到这样的人：

- 最不安于现状或对现状最不满的；
- 曾经自己进行试验或有创新经历的；
- 能够从你的创新方法里显著受益的。

2. 向这些可能的采纳者进行宣传，同时让采纳过程尽可能简单易行。主动接触这些最可能的采纳者以降低他们的信息搜索成本。承诺与这些创新者和早期采纳者进行合作来解决创新中可能存在的漏洞；给予他们特别的关注并使他们成为团队的一部分；如果可能的话，可以尝试培育这个群体对创新的拥有感，让他们成为创新过程的积极推动者。

3. 让早期采纳者展示你的创新优于现状。跟踪记录创新者和早期采纳者的使用体验，相应地完善你的创新。把成功的例子包装为可以吸引大量用户和投资者的案例。

4. 了解其他潜在用户的需求和顾虑，尤其是那些可能属于"早期大多数"阶段的人群。他们为什么抵制创新？最大限度地掌握他们的具体问题，并准备解决方案。他们是否认为收益不明确？转换成本是否很高？如果是组织，你需要了解决策过程和对决策过程有影响的个人，然后确定影响力的关键来源及关键决策者需要什么样的激励，什么东西可以让他们尝试创新？

5. 让他们轻松获得所需信息，确保信息的可信度，设法降低尝试创新的风险和成本。促进早期采纳者和支持者同后来的使用者进行交流，让早期用户讲述他们的故事。在不要求潜在的使用者作出任何承诺的条件下，演示或模拟创新创新如何产生效果。如果可能的话，提供一种低成本的方式让他们尝试你的创新。降低转向创新的成本以及万一不满意时从创新转回过去方法的成本。如果新用户对你的方法不满意，请为他们提供退出的方式。

### 处理内部抵制的具体建议

创新者经常在组织内部实施创新，但在组织中强制推行创新通常不是一个明智的选择，因为抵制的员工可以找到许多办法进行破坏。如果时间或经济压力不允许在组织内部培养支持和认可，也许只有强制推行创新，但即便是这样，强制推行依然有问题。通常情况下，解决内部抵制的策略是以说服为目的的宣传。以下是六个有用的步骤。

1. 找到一位绝对支持创新的人，然后帮助他招募合适的团队。现有组织中的每项创新都需要拥有权力和权威的创新拥护者进行推动。如果这个拥护者不是高级管理人员，那么可能还需要一个能为此过程保驾护航的高级管理人员和致力于推行此创新的团队。

2. 在团队中为最有可能抵抗的人提供一个位置。团队组成的设计可以包括最有可能的抵抗者，通过听取他在整个过程的意见来同化他、建

184

立合作关系。至少要有一位受人尊敬的、聪明且诚实的抵抗者加入团队，在当团队为创新而努力时，抵抗者可以提供有建设性的批判，帮助你弄清楚如何应对其他抵抗者。

3. 寻找方法让客户、出资者及关键外部合作伙伴能够在此过程中发表意见。对于任何影响到外部利益相关者的创新，外部的视角都很重要，连商业企业都经常开展这种联系外部的活动。在一项针对中型成长型公司的有重大突破的研究中，克利福德和卡瓦纳发现，成功的创新者"把客户和经销商视为创新过程中受欢迎的合作伙伴"①。

4. 跟踪记录团队的经历及创新的效果。为说服他人相信创新的价值，你需要有力地说明创新可以带来的与组织使命相关的益处。这样，从一开始就要跟踪记录，也要给团队充足的时间解决问题、改进创新。高级管理层可以使用此信息来决定在何处以及多大程度上推进创新。

5. 确定员工中抵制的来源。抵制可能只是对任何变化或不熟悉事务的正常反应；但是，在创新比较激进的情况下，阻力可能有以下一个或多个来源。

- 在学习创新所需的新技能方面感觉有困难；
- 担心创新会对旧的行事方式产生很强的竞争性威胁，甚至危及他们的工作；
- 新旧两种行事方式的员工之间存在核心价值的冲突。

6. 根据阻力类型制定应对策略。如果抵制只是对变化的正常抵抗，你可以使用常规的以说服为目的的管理工具：沟通、培训、胡萝卜（奖励）或大棒（惩罚）。如果抵制与新的技能要求有关，那么要投入开展适当的培训项目。如果创新是对现状的竞争性威胁，那么随着新方法的采用，你需要制定策略来转移调整员工，对无法转移调整的员工进行裁员。如果阻力源于价值冲突，你可能需要创建一个单独的运营单位来开展创新，新单位就是整个组织讨论核心价值观的最佳场合。一些创新要求组织经历激烈的变革，也许不至于激烈到讨论组织的结构重组，但致力于创新的领导者必须做好面对艰难抉择的准备。

---

① Donald K. Clifford and Richard E. Cavanagh, *The Winning Performance* (New York: Bantam Books, 1985), p. 223.

## 创造一个有创新能力和适应能力的企业

社会企业家仅有创新性还不够。随着组织的发展，你需要保证组织的环境支持创新。外部世界变化很快，有效的组织需要随之改变。任何致力于社会使命的组织都应该不断努力取得更好的结果，这不仅是组织能够存续的要求，更是道德上的要求。那么如何才能建立一个有创新能力及适应能力的组织呢？

### 喜忧参半的组合：成功且强势的领导者

具有讽刺意味的是，创建创新型组织的两大潜在绊脚石是过去的成功和强势而有远见的领导者。

### 成功的代价

至理名言

大多数组织成长时都会经历演变的过程，这一过程增加了组织的官僚主义和僵化程度。有趣的是，初期的成功会加速这种僵化。在对美国快速发展的中型规模公司的一项重要的研究中，迪克·卡瓦那（Dick Cavanagh）和唐·克利福得（Don Clifford）总结道："信息很明确：公司越成功，保持创新能力的阻碍就越多。"[1] 成功会滋生自满，"我们已经弄得很清楚了，为什么还要修修补补？"

不幸的是，"如果没有损坏，就不要修理"的说法其实是糟糕的管理建议。组织如果希望能够存续和壮大，就应该不断寻找能够优化使命实现的方式。那么，如果事情进展顺利，为什么还要优化呢？答案是，如果等到事情出现了失败的迹象时可能就为时已晚。在 20 世纪 80 年代，数字设备公司（Digital Equipment Corporation）在其率先推出的小型计算机业务中站上了成功的巅峰，巨大的成功让他们忽视了个人计算机的重要性——一种潜在的破坏性创新。数字设备公司很晚才进入个人电脑市场，再也没能建立强大的竞争地位。20 世纪 90 年代初，公司出现严重的财务问题，损失了数十亿美元，之后又经历了重大的重组，到 1997 年， 186

---

[1]　Donald K. Clifford and Richard E. Cavanagh, *The Winning Performance*, p. 51.

被领先的个人计算机制造商康柏电脑公司（Compaq Computer Corporation）收购。

当然，任何组织都应该承认并巩固取得的成功，但不应该止步于已有的成功。即使事情看起来很好也要不断检视，正如逆水行舟。这意味着成功的领导者必须给出强有力的信号：成功是前进的基石，而不是休憩的台阶；成功是平台，而不是沙发。

### 强势而有远见的领导者的弊端

许多成功的企业都离不开强势而有远见的领导者，一个看得见最初的机会、有能力整合资源并组建团队来追求目标的人。这种精力、权力和信心无论对新成立的创新型企业的成功还是对振兴老企业的活力都至关重要，这种能人可能是组织创新的核心力量，组织成员都会向他询问新的想法。这种情形可能会导致对一个人的不健康的依赖，而这个人不一定是推动下一轮创新的最佳人选，组织中没有任何人有能力独占所有的好想法。

有远见的领导者甚至可能有一种通病：创始人综合征，当领导者或创始人不愿意放弃对组织的控制时，就会出现这种情况。有时，创始人极其强烈地认同组织的原始愿景，以致任何质疑态度包括可以推动进一步创新的质疑都被压制。许多创业者都说很难对"自己的孩子"放手。这种想法很自然，他们对自己企业的初创和成长倾注了太多的精力和心血，因此很难接受组织有自己的生命的现实。但正如父母必须让孩子自己成长、自己做决定一样，有远见的创始人必须让组织的其他成员享有一些主动权与自主权。

### 行动步骤

你的组织是否存在上述两个难题？以下三个问题可以帮助你评测组织的自满程度及对核心人物（可能是你）的依赖程度。

1. 过去两年中，组织执行过或者认真试验过多少种创新？

2. 领导者（你）以外的员工提出过多少新的想法？如果一个外部人员询问组织员工这些创新是谁的主意，有多少会归功于领导者（你）之外的人？

3. 在会议上有人提出新想法时，是否所有人的眼睛都转向领导者（你）观察有什么反应？

如果第一个问题的答案是"即便有也很少"，那么你可能有自满的问题。如果第二个问题的答案是"不多"，而第三个问题的答案是"是"，那么你的组织在"领导者依赖"方面很严重，即使对第一个问题的回答表明很有创新活力，这个结论依然适用。如果创新主要来自领导者，那么这个组织实际上就不是一个创新型组织。

### 什么时候"领导者依赖"不是问题

如果你的组织属于以下三个类别之一，那么依赖领导者可能不是问题。管理学作家吉姆·柯林斯（Jim Collins）提出了组织"不会持久存在"[①] 的两个条件，在这些条件下，一定程度的领导者依赖是可以接受的。除了他的两个条件，我们增加了第三个条件。

罕见的天才：最明显的情况是如柯林斯描述的，组织是一个"为天才服务的平台"。柯林斯的例子包括托马斯·爱迪生（Thomas Edison）的研发实验室，埃德温·兰德（Edwin Land）的宝丽来（Polaroid），肯·奥尔森（Ken Olsen）的数字设备公司，以及比尔·盖茨的微软。他认为"没有任何道德上或商业上的理由要求微软在比尔·盖茨对公司的引领不存在以后还要继续存在"，投资者可能对这种观点有争议，但重点是有些组织正是一个罕见天才的表达，要求这样的天才过早地离开中心决策圈，去创造一个所谓更具创新性和适应性的组织是一个真正的悲剧。相反，这种组织自然而然要依赖领导进行创新，而且最好是把领导者的创新技能制度化以保证组织在领导者的技能开始弱化之后仍保持高产，不过，鉴于这些领导者发挥的主导作用，制度化估计很难实现。

有限的目的：柯林斯讨论的另一个条件是当组织像"一次性注射器"时，组织只是"向世界注入新产品或新技术"的催化剂。他提出这个概念的背景是新技术企业，但这个概念也可以应用到社会部门。设想一个组织只有短暂的使命去解决特定的问题，例如清理某个社区中过去的环境遗留问题，清理完成后，组织可以宣布成功并解散。这种场合下，

---

① Jim Collins, "Built to Flip," *Fast Company*, March 2000, p.136.

有一个强势的领导并依赖领导就不是什么严重的问题。

创建初期：领导者依赖可能不是问题的另一种情况。组织初创时期往往是创始人扮演着主要创新者的角色，而团队的其他成员则专注于执行。这种自然的劳动分工在一段时间内可以有效地提升组织的成效，但随着组织的成长，越过了初创期，进入为生存而努力的阶段时，就需要考虑如何把整个组织当作一个整体才更具创新性。很显然，这个条件是暂时性的。

## 创新型组织的特点

经过初创期以后，很少有组织把目标局限于特定的范围或者拥有罕见的天才，因此领导者依赖不再是明智的选择，而是一个需要解决的重要问题。如果领导者不愿意采取措施减少这种依赖性，最好的解决方案可能是让创始人离开或在组织中担任不同的角色，这是商业企业使用的一种常见方案。

创建不依赖领导者的具有创新性和适应性的组织需要从三个方面支持创新：建立文化规范、培养组织能力和建立强化机制。

### 建立文化规范

正式规章和组织结构图可用于划定组织的权力等级，除此之外，组织还需要有组织文化。组织文化是描述"我们在这里用什么方式做事"的一套价值观和规范。文化可强可弱，可灵活可僵化，可开放可保守。成功的组织通常具有强大但易调整的文化，建立这样一种文化需要行动体现多于语言表达。具体而言，创新组织的文化通常具有以下"5R"特征。

**核心概念**

1. 不懈（Restless）努力，持续改进。组织及其领导者必须有强烈的愿望去改进所做的每一件事，创新应该成为大家都期望的核心价值，应该期望各层级的员工都寻找新的做事方式。有多种不同的形式可以传达这种信息，关键是高层管理者通过绩效评估和各种政策确定这个基调。

2. 接受（Receptivity）来自各个层面和各种来源的新想法。多数高级管理者认为自己能够接受新想法，但是询问员工或留心观察会议的讨论流程可以知道这是否属实。很多时候，除了领导者之外没人会提出新的想法，或者新的想法一经提出就很快被驳回。即使是想要鼓励创造性思维的管理者也可能由于他们的反应方式而无意识地阻碍了新想法的提出。压制新想法行为有多种形式，包括但不限于：高级管理者作出判断太快或者态度消极；鼓励他人指出瑕疵；直接忽视这一想法；未能提供时间或资源来探索或测试这个想法；把这个想法改编成他们自己的想法；声称他们很久以前就有同样的想法，或者使用的会议形式让人们很难提出新想法。

3. *严格（Rigorous）*筛选和测试新想法。这似乎与上一条接受性规范相矛盾，但事实并非如此。严格不意味着根据有限的事实作出快速判断。人们应该有公平的机会列出支持他们新想法的理由，但应该满足适当高的标准。接受性和严谨性相结合的关键是为员工提供时间和资源来发展他们所相信的想法、为之建立案例、有必要时测试这些想法。这个过程的每个参与人都应该抱着"如何能"的心态：如何能使这个新想法发挥作用以便更好地为使命服务？这并不意味着过度研究。在许多情况下，了解如何创新以及创新的效果如何的唯一方法就是尝试创新。汤姆·彼得斯（Tom Peters）和鲍勃·沃特曼（Bob Waterman）在他们的管理学经典《寻求卓越》中谈到了优秀公司对于行动的偏好，并归纳为"做吧，修复，再尝试"①。如果一个想法看起来充满希望，又有一个拥护者愿意承担责任，那么就可以进行检验。关键是在可能的情况下从小规模开始，万一想法失败时，好管理下行风险（参见第五章风险管理）。

4. *尊重（Respect）*诚实的错误和精心策划的冒险。创新总会有风险和不确定性。创新型组织的项目失败率比缺乏创新力的组织要高；然而，他们也有更高的成功率和更强的组织活力。创新型组织文化不仅要包容诚实的错误，更需要尊重这些错误。这并不是说要接受低劣的工作质量或糟糕的个人表现，而是意味着要把失败当作创新自带的不确定性造成的结果之一，要认识到失败不是因为负责团队的执行不力。

在实践中，这种情况很难区分，因为往往事后更容易看出如何避免失败，而且很自然地为失误寻找替罪羊，但组织必须下意识地避免这种

---

① Thomas J. Peters and Robert H. Waterman, *In Search of Excellence* (New York: Harper & Row, 1982), p. 134.

倾向。领导者必须问自己：错误的发生是否基于诚实的判断？在发现这个想法行不通时，负责人是否采取了适当的行动（例如，没有试图掩盖）？我是否还相信这个人的判断力和能力？我是否相信他们从这次经历中学到了经验，以后不再犯同样的错误？如果答案为"是"，那么创新者应该因他的努力而受到尊重，不受到任何形式的惩罚。

詹姆斯·伯克（James Burke）讲述了在他担任强生公司新产品部门负责人时推出一系列新儿童用品失败的故事。失败之后，公司负责人罗伯特·伍德·约翰逊二世（Robert Wood Johnson Ⅱ）（也被称为将军）要见他。将军是一个严厉的老板，伯克以为遇到了大麻烦，但是据报道，将军对伯克作出的努力表示祝贺："做生意就是做决策，不做决策就不会犯错。现在，不要重复这个错误，但你无法保证以后不犯其他错误。"伯克的职业生涯后来发展得非常成功，最终掌管了整个强生集团。这个故事告诉我们，即使是严厉的老板也能尊重诚实的错误。①

5. 较低层次创新的责任和权力（Responsibility and Authority）。创新和改进的理念应该融入每个正式或非正式的职位要求，组织上下的每个成员都应该对改善组织的运营方式有强烈的责任感，同时他们还必须有权采取行动。这并不意味着每个人都可以避开审批程序为所欲为，而是要求得到比较适当的授权，偶尔超出权限的审批程序也不应该繁琐而笨重。如前所述，审批程序应该严格但不能官僚，而应该及时回应请求，支持进行试验。

### 培养组织能力

只有文化还不足以确保组织具有创新性和适应性，创新需要下意识地开发和培养一定的个人和组织能力，具体如下。

1. 信息收集和处理。正如我们讨论创新过程时所提到的那样，组织必须能够"眼观六路耳听八方"。这意味着需要投入时间和资源来获取可靠信息以了解组织现在做得怎么样以及如何才能做得更好，同时，也需要组织的员工善于倾听组织内外的意见、与可能掌握有用信息的人建立联系、分析和评估获得的信息，并就重要信息在组织内部进行交流。

---

① Richard S. Tedlow, "James Burke: A Career in American Business," Harvard Business School case #389-177.

2. 跨越职能部门和组织边界开展工作。很少有创新仅局限于单个部门，所以要求相关人员能够跨越职能部门进行沟通和工作，这意味着需要了解组织的不同部门如何沟通、如何协同工作才能产出创新的结果。

3. 创造性、批判性和建设性地思考。有些人天生具有创造力，但大多数人并非如此。人们需要以个人方式或团队方式学习如何"跳出已有框架"另辟蹊径地思考、从不熟悉的角度看待事物、以建设性的方式考量新的想法，最后找出最有前景的想法。定义问题和解决问题的个人能力或团队能力都十分重要。

4. 思考未来。激进的和开创性的创新要求人们超越当前的信息，展望从现在起的五年或十年后的世界会是什么样子。一些变化可以相对准确的被预测，例如人口变化，而另一些则具有更多推测的成分，需要创新者思考多种不同的场景。这种观点对于抵御可能让你的工作变得无关的破坏性创新至关重要。

5. 管理风险、不确定性和时机。前面提到创新总是具有风险和不确定性，总是需要在尝试过后才能知道它是否有用，如何有用。如果管理不当，创新实验的失败会带来高昂的代价。管理者需要知道在不把重大资源置于风险中的情况下如何测试创新，也需要知道他们什么时候有时间做测试、什么时候得采取迅捷的行动，因为机遇之窗稍纵即逝（参见第五章风险管理）。

### 建立强化机制

除了非正式的规范和组织能力外，创新型组织需要有机制来支持和强化创新行为。创新本身就很困难，任何做事方式的变化都会扰乱原有的秩序，让人们觉得不舒服。可能有人喜欢变化，但大多数人都不喜欢，他们要么不想改变现状，要么不想给自己增加额外的工作。因此，组织需要积极地促进和激励创新。有助于实现这一目的的机制包括如下几点。

1. 明确且令人信服的使命。对组织使命的承诺是持续创新需要的最强大的动力（参见关于使命的第二章）。如果可能，使命应该表达为一种要求和支持持续改进的志向。需要注意的是，即使存在改进的空间，光坐着什么也不干是不能完成使命的。组织具体如何为使命服务需要具有灵活性，这样才可以探索更有效率和成效的运营方式。当然，出于道德或战略考虑，对其他选项进行限制也是合情合理的。

2. 可靠的组织绩效计量系统。一套能够及时可靠地测量组织绩效、逻辑上与组织使命紧密相连的计量系统对于展示特定创新的价值是必不可少的。即便员工对共同使命的理解非常明确，如果缺乏计量系统，他们也可能会对新工作方法价值的理解产生分歧。一个为大家所接受的使命相关绩效计量系统的重要作用是，消除员工顾虑、对创新进行分类并找到最值得尝试的创新。在某些情况下 [参见以下约翰·索希尔（John Sawhill）和大自然保护协会的例子]，好的计量系统可以在组织中释放出一股创新的浪潮，帮助人们看到新的工作方式，并明确旧方法的局限性。

3. 高级管理层发出的强烈信号。行为能比语言传递更强烈的信号。组织的领导者需要以两种方式树立榜样：以积极可见的方式进行创新改进和以建设性的方式回应创新思想。通过这两种途径，他们将成为员工的榜样。领导者的行为往往是表达组织价值观的故事主题，可以想象，之前强生公司的将军处理詹姆斯·伯克失败的产品线的故事如何传遍整个公司并影响着更多人。这就是传递的信号。

4. 用表彰和资源进行奖励。多数写作创新的人都同意纯粹的经济回报难以激励人们去创新，但是，有必要认可人们通过创新行为创造出来的价值。最受创新者欢迎的、最合适的奖励是以创新者的同事和团队成员可见的方式进行表彰，并让他们未来更容易获得资源去追求更多的创新想法。

5. 提供资助支持试验。对新想法进行试验通常需要资源。如果员工每次都必须到组织之外寻求这些资源，那么创新就会受到抑制，筹款挑战会成为创新的抑制因素。鉴于社会部门的资金性质，组织应该克服困难，从内部提供资助进行试验和初步评估对推动创新比较有益。理想情况下，组织可以专门设立不受限的"创业"基金用于支持对创新理念的测试。

6. 将创新纳入个人绩效考评。应该把鼓励员工寻找更新更好的方式来服务组织使命的期望纳入员工的职责描述和绩效考评系统。设定量化指标如今年内完成"三项创新"可能没有意义，但可以询问员工如何改善，或如何试图去改善其权限范围内的工作以及整个组织。如果考评还应包括来自下属或同事的意见，也可询问他们是否认可被考评者在探索新的做事方式方面作出的努力。

7. 创新责任要一直延续到理事会层面。如果理事会没有感受到创新的责任，那么将创新的责任纳入员工的职位描述和绩效测评也走不了太远。理事会在评估高层管理人员和进行自我评估时也必须考虑创新问题，他们必须对创新负责。理事会成员可以成为创新想法的有效来源，但若不支持新的创业或试验，理事会也会成为阻碍。

8. 当创业项目基于一种潜在的威胁性创新时，愿意成立新的单位。正如本章前面所见，有时创新是如此不同，以致无法在现有组织内有效地进行。这时，一个可行的方法是成立独立的组织来推行比较激进的创新，之前土星汽车公司的例子采用的就是这个方法。不这样做，要么会迫使激进的创新者创建自己独立的（非附属的）组织，要么产生对创新者和"保守派"都有害的、严重的内部冲突。

**行动步骤**

如果你正在创立社会企业，请使用本节中的指南追踪组织进度。要想获得真正独立的评估，你应该允许员工对每个维度进行保密评价，看看他们的观点与你的是否一致。

**第1步**：使用之前推荐的各项指南，创建你的创新组织清单。该清单应该允许组织员工或知识渊博的观察者依据之前的文化规范、组织能力、强化机制中的各个条目对组织进行评价。受访者应该能够明确指出组织与支持创新的规范、功能、机制的契合程度。对每一个项目都询问："我们的组织多大程度上与这个描述相符？"答案范围从1到5，1表示"一点也不相符"，3表示"有时相符"，5表示"完全相符"。

**案例分析**                                                                    194

### 约翰·索希尔（John Sawhill）和大自然保护协会

自1951年创立以来，大自然保护协会就有一个明确的使命：保护代表生物多样性的动物、植物及自然群落。几十年来，所有传统测量标准均表明，大自然保护协会是最成功的非营利组织之一，具体体现为保护区面积、会员数量及捐赠数量均显著增加。"我们以为可以通过购买一块土地并将其围起来，从而保护那些保护区内的所有物种。"

1990年，约翰·索希尔成为大自然保护协会的首席执行官。他启动了一个所有利益相关者参与的规划过程。讨论很快集中在一个备受关注的问题，即保护战略的长期有效性与组织使命的实现并无关系。保护区外的商业、住宅和娱乐活动对保护区内的土地、水和空气质量有很大的影响。在某些情况下，保护区中的物种数量实际上正在减少。"当物种生存的主要威胁来自100英里之外时，你如何保护它们？"①

索希尔清楚地看到，旧的绩效指标并不能有效地衡量组织的成效。他领导组织把成功重新定义使之与组织使命的实现直接相关。之后，他便专注于监测取得成功需要的每个关键活动。"最终，必须通过得到保护的物种数量来衡量我们是否成功；但在短期内……我们必须了解应该监测什么内容。"这种计量方式的转变导致了战略的创新。例如，每个保护项目都必须有一个"5－S"计划："确定我们试图保护的生态系统（system）、该系统面临的压力（stresses）、压力的来源（source）、处理这些压力的策略（strategy），以及如何衡量是否成功（success）"，思维方式也随之转变为对整个生态系统和流域的关注。

协会的新战略把关注重点移至保护区周围大面积土地的使用状况。这些大面积土地的拥有者和使用者的利益看起来与环境保护的目标相冲突，因此协会不得不解决经济增长如何与环境保护相一致的问题，工作人员开始考虑如何推进环境兼容型发展。他们与企业建立了基于共同兴趣点的新关系，协调议程，并共同谨慎地保护"最后的好地方"。

由清晰使命和完善的计量系统推动而形成的战略思维的创新引领了项目活动的创新。譬如，协会创立了弗吉尼亚东岸可持续发展公司（the Virginia Eastern Shore Sustainable Development Corporation），这个营利性组织有三个目标：盈利能力、创造就业机会和环境保护，业务包括自然旅游、特色食品和有机农产品。此外，协会还与世界上最大的林产品公司之一的佐治亚太平洋（Georgia-Pacific）建立了合作伙伴关系，共同管理北卡罗来纳州罗阿诺克河（the Roanoke River）和佐治亚州阿尔塔马哈河（the Altamaha River）沿岸的保护用地，目标是允许在这些地区进行可持

---

① Alice Howard and Joan Magretta, "Surviving Success: An Interview with The Nature Conservancy's John Sawhill," *Harvard Business Review*, Sep. -Oct. 1995. 本文案例所有的引言都源于这篇文章，除非特别注明。其余事实要点源于索希尔未发表的稿件"Mission Impossible? Measuring Success in Nonprofit Organizations,"1999。

续的木材砍伐，使受保护的土地具有经济生产力。

通过具有包容性的规划过程和新的绩效评估系统，约翰·索希尔帮助大自然保护协会成为一个更具创新性的组织。

有关约翰·索希尔和大自然保护协会的更多信息，请参阅附录 B 中的阅读材料。

第 2 步：完成核对清单后，问受访者一个开放式问题："根据你对以上清单的回复和在组织中的切身感受，如果我们要成为一个更具创新性的组织，你认为需要优先考虑的重点是什么？"

第 3 步：统计答案，并根据结果制定如何改进的行动计划。

第 4 步：不时地把脉创新。记录组织中的创新实践及其来源。如果觉得创新速度太慢或者创新都来自同一个人或同一组人，那么需要重复以上调查。

### 组织会创新过度吗？

创新可能在组织中造成一定程度的混乱，可能有破坏性且成本高昂。那么，组织是否有可能创新过度？是的，有这种可能。组织的创新能力本身受到各种资源（包括财务和人力资源）的制约，创新会给这些资源带来压力，太多的创新可能会压倒组织、耗尽资源。创新越激进，消耗越大。

任何情况下，创新的收益都是在它不再是创新之后才实现的。大多数创新遵循天然的学习曲线，在曲线的早期阶段，组织正在学习如何正确地采纳一种新方法，创新计划不会带来效率或效果的提升。只有在创新变得成熟、组织熟练掌握创新之后，才会迎来真正的收益。在获得一项创新的收益之前又开始另一项创新可能会导致组织因为一直在努力应对新事物而变得没有成效。 196

根据第一章的定义，社会企业家需要不断创新、适应和学习；但这并不意味着要不断进行新的激进的创新。创新过程应该遵循自然规律，创新企业的多数创新在本质上都是渐进性的，激进的创新会打破持续的学习和适应过程。

## 总　结

创新是一门艺术，创新需要卓越努力、一点天分和坚韧不拔。在本章中，我们定义了创新，帮助你认识进行创新的不同方式。我们讨论了创新过程固有的张力，也探索了抵制创新的力量来源以及如何管理它们。最后，我们解释了如何建立一个创新型组织。我们希望你能从中收获一些概念和工具来改进你自己的创新过程。

需要记住的关键点如下：

√ 创新就是建立新的、更好的实现社会使命的方法；

√ 它既是行动也是想法；

√ 它的来源多样，过程也多样；

√ 创新过程中充满了需要平衡的问题；

√ 威胁创新的因素很多元，每一样都需要不同的应对策略；

√ 惰性是创新的天敌，但它可以被克服；

√ 如果不谨慎对待，成功的、强势的领导会阻碍创新；

√ 创新既可以发生在组织层面也可以发生在个人层面；

√ 不要做过头；任何好东西也不能过分。

# 第八章  了解和吸引你的"客户"

克里斯汀·马吉斯卡[*]

**本章内容提要**

识别你的客户

了解客户的需要（needs）和需求（wants）

提出优胜的价值定位（value proposition）

最大化社会影响力的定价

推广你的产品、服务和使命

客户已走向了舞台中央。公司口号、产品宣传册，甚至电视广告都在向我们推广"以客户为中心"的方法。非营利组织在摸索如何最好地完成组织使命时，也越来越重视客户和消费者的需求和愿望。

营利企业家深知客户能够选择是否使用他们的服务和购买他们的产品。同样，社会企业家也意识到，组织服务的目标人群下意识地选择是否使用组织为他们提供的服务，哪怕是无家可归者（收容所的非付费客户）或参加免费艺术项目的孩子，也毫不例外地是自愿参与者。事实上，完成非营利性组织的使命离不开说服一系列的自愿参与者（包括受益人、志愿者、捐助者、委员会成员等）采取具体的行动。

社会企业家不太使用"客户"这个词，但是最成功的社会企业家会非常有意识地关注他们的参与者，就像聪明的营利企业家关注他们的客户一样。为什么？因为创业者总是寻找机会实现他们的目标，聚焦客户

---

[*]  共同利益组织的创始人兼总干事。

200　这种常用的商业视角可以帮助非营利组织成功地为客户创造真正的利益。创业者知道，利用有限的资源条创造出巨大变革的唯一途径是撬动这种"双赢"的局面，即找到既能让机构参与者受益，又能直接促进组织实现使命的最佳结合点。只有了解客户，社会企业家才能知道如何完成组织的使命。

在商界，客户是否购买某物品的决定传达的信息是他们对该物品价值的评价。虽然非营利组织很少有类似的反馈，但组织的成功仍然取决于参与者是否作出了想要的选择。对客户的真正了解有助于非营利组织确保把努力和资源用于创造参与者期望获得的价值。这些价值的形式多种多样，如热乎乎的午餐、增强的自信、可以安全地进行艺术创作的地方、一个美妙的古典音乐之夜，或者提高社区组织者的倡导技能。事实上，由于非营利组织并未把清晰的财务底线作为衡量成功与否的标准，专注于了解他们的自愿参与者可能是确保非营利组织知晓组织是否真正完成使命的唯一途径。

**核心概念**

在本章中，我们会描述从商业营利组织借鉴来的做法。因此，我们使用"客户"一词来指代自愿参与使命驱动型企业的任何人，他们的参与形式可能包括使用服务、参与活动、提供志愿时间、向非营利组织捐赠钱物，甚至购买服务或产品等。因此，社会企业家的"客户"可能包括以下几个群体。

**直接受益人**（非营利组织存在的原因）

| | |
|---|---|
| 使用服务： | 食物银行的物品接受者 |
| 参加活动： | 地方图书馆图书小组参与者 |
| 奉献时间： | 在捐赠土地上参与建造自己的住所的低收入家庭 |
| 捐钱捐物： | 当地艺术影院的成员 |
| 购买服务或产品： | 低成本医疗诊所里的付费客户 |

**间接受益人**（因帮助非营利组织完成使命而间接受益的人，他们的受益包括因作出贡献而获得的满足感）

| | |
|---|---|
| 使用服务： | 为非营利性回收中心收回汽水罐的青少年 |

| 参加活动： | 参加会议讨论"重建"邻里学校的家长 |
|---|---|
| 奉献时间： | 参与保护项目跟踪水獭的当地居民 |
| 捐钱捐物： | 就业培训项目的企业赞助商 |
| 购买服务或产品： | 多重就业障碍培训受益人生产的产品的购买者 |

社会企业家都有不止一组的客户，而且很难让所有客户一直满意。尽管如此，遵循一些了解客户的原则可以帮助你说服不同类型的客户作出决定支持组织的使命。

## 识别你的客户

### 客户群：总和大于整体

成立之初，威格特中心协会（WCA）的任务是管理一个装修过的贫民窟酒店，现在已经发展成为加利福尼亚州洛杉矶市为无家可归者和穷人提供健康和公共服务的大型多功能综合体。WCA 的成功之路始于对自己的追问："谁是我们的客户？" WCA 意识到必须突破现有的一些迷思（不正确的理解）：所有无家可归者都是衣衫褴褛的拥挤在门口推着购物车的男男女女。相反，WCA 的研究表明，它的客户群实际上组成了多元化的市场。WCA 首先分析是什么原因导致人们无家可归，让他们摆脱困境、不流浪街头需要克服什么障碍。组织的第一任总裁回忆说，他曾帮助制定了不同的方案，为类型不同、需求不同的三个客户群体提供服务。根据流浪街头的具体原因，WCA 将无家可归者细分为三类：

- 遇到暂时的挫折，通常是财务方面的困难；
- 存在药物滥用或其他健康问题；
- 患有精神疾病。

社会企业家通常凭直觉也知道所有的客户都不一样，但是多数人不可能这样奢侈地为每个客户提供量身定做的服务，满足他们的需求。然而，正如 WCA 所表现的那样，这并不意味着你就得对服务或营销采取"一刀切"的方法。

**核心概念**

客户细分指识别具有相同的需求、行为和人口学特征的客户群体，因为这些特征可以帮助你针对特定群体提供因人、因需求而异的服务。

航空公司提供了一种为我们熟知的（也常常令人沮丧的）客户细分的例子。通过识别不同的客户类型，比如，从纽约到旧金山的航程，航空公司在销售基本相同的产品时采用的是既保证座位单价最高又保持满座率的方式。航空公司有意识地针对不同的客户群体提供不同的服务，包括宽敞的商务舱座位、常旅客津贴、提前计划促销、最后一分钟特价和星巴克咖啡等。当他们用恰当而诱人的营销组合以及合适的价格接触到理想的客户群体时，他们就成功了。

在非营利部门，直邮筹资者也经常使用类似的客户细分的方法。他们在同一次宣传活动中很可能同时设计五到十个不同版本的募捐信件，每一个版本的设计都尽力做到因人而异、有的放矢，因为不同类型的捐赠者有不同的捐赠动机。想想大学每年在做的筹资活动。收到什么样的劝捐信件取决于你是一个应届毕业生、活跃的校友、不再捐赠的人还是家长，甚至还可能考虑到你把大学里的大部分时间耗在运动场还是待在化学实验室。

**行业工具**

把潜在客户进行细分既是一门艺术，也是一门科学。表 8.1 是 "细分" 市场的三种常用方法。

表 8.1　"细分" 市场的三种常用方法

| 细分方法 | 定义 | 示例 |
| --- | --- | --- |
| 人口统计学 | 基于可辨别的因素，例如年龄、性别、家庭规模、收入、教育等 | YMCA 细分：年轻专业人士、中年男性、在家工作的母亲、年轻人、老人 |
| 行为方式 | 基于实际行为，尤其是使用相关的服务或产品的行为 | YMCA 细分（基于健身房的使用）：每天锻炼的、常来上课的、偶尔锻炼的、一年两次的 |
| 生活方式 | 主要基于活动、兴趣和意见 | YMCA 细分：拥有健硕身体的雅皮士、男性篮球运动员、遵医嘱锻炼者、家庭健身人士等 |

　　选择哪种细分方法取决于哪些信息与你想要影响的客户决策相关，以及你可以获得哪些信息。例如，人类服务机构可能会发现无家可归者的性别会影响他们决定是否待在避难所，因此，在避难所客户细分中应该包括对性别的考虑。然而，提供食物救济的组织可能会发现他们的客户性别与是否接受服务无关；相反，对这群客户进行细分的最好方式可能是自我形象和流浪街头的时间，也许在这些特征上具有共性的人会倾向于用相似的思维方式来看待食物救济问题。

　　市场细分为什么有价值呢？如图8.1所示，客户需要至少四件事情才能决定是否参与某个活动或购买某项服务。

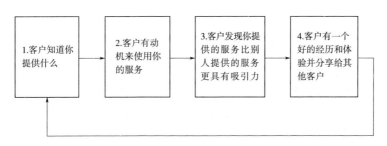

**图8.1　服务使用的决策过程**

　　细分提供了一种有用的方法确保你在这四个环节中都以最好的方式满足每个细分组的客户。例如，人群细分后的信息传递策略可能需要更加精细，但执行起来可能带来更高的成本效益。基于对一个细分人群（收入极低的年轻人）特定行为的深刻理解，缅因州波特兰市的一个社区艺术团体螺旋艺术（Spiral Arts）创建了一个"流动艺术"项目。由于知道这个群体可能喜欢在街上玩，两名艺术家开来了一辆面包车停在街角，搭起画架、铺上画布开始作画，有几个好奇的孩子凑了过来看，几分钟内，一群年轻人也毫不犹豫地跟着画起来，因为他们熟悉这里。

　　了解并区分潜在客户的不同类型对于初创组织而言更是意义非凡。聪明的企业家能够确定为哪个类型的客户提供服务最有成效，并集中精力为这个群体创造有价值的东西。等他们展示了能够成功地为这种类型的客户提供服务时，他们也积累了更多的信誉去获取额外资源来增加细分客户的类型。

不幸的是，用不同方式对待细分客户可能需要很高的成本。营销专家建议，只有在具备下列条件时才需细分客户：

- 可以识别和分辨细分人群的明显不同；
- 细分人群的人群规模足够大，值得投资推行不同的服务方式；
- 现实中做得到基于不同的细分人群传递不同的消息或服务；
- 细分人群对你的消息或服务会作出不同的反应。

**实用技巧**

市场调查和咨询公司根据多种信息来源和统计技术来细致地界定细分人群。资源较少的组织仍然可以尝试下面的创业策略来有效地识别和划分不同的客户。

1. 收集所有关于潜在客户及其行为的数据，如转介信息来源、人口统计信息、调查数据、邮件列表、客户数量比较多的日期、每个客户使用服务或购买物品的数量、对外展或促销活动的反应，以及其他与客户相关的任何线索。注意要包括还未使用服务的潜在客户。

2. 就每个特征或行为尝试自然分组。例如，什么类型的客户会注册参与不同的项目？一周中的哪一天和一天中的哪个时间段你最繁忙——这时来的是哪种类型的人？在调查中，什么样的客户认为"质量"最重要？对你支持力度最大的客户或你最大的客户有何共同之处？

3. 从与客户关系最密切的员工（社会工作者、前台接待员、店员、志愿者）那里获得信息，小组讨论会效果最好。要求他们描述符合下列标准的客户：

√ 使用或购买了你提供的全部或大部分的服务；

√ 使用了你最成功的项目或购买了最高利润率的项目；

√ 在一个项目中做过登记但再也没有出现过，或只看不买；

√ 从不参与营业店开放日活动，或者只从商店橱窗观看但不进店；

√ 只使用最低收费服务，或者使用之前先查看价格；

√ 向朋友介绍你的组织，或者希望了解组织社会使命的更多信息。

向小组提问，让他们再现所描述人群的形象，譬如，他们是怎么认识这些人的？什么时候见到的？这些人最看重的是什么服务或产品？是什么促使他们使用组织的服务？第一次听到组织提供的服务时，他们通常有什么反应？他们还使用过哪些其他非营利服务？他们闲暇时一般在哪里？

4. 把步骤 2 和 3 的发现进行归类，对五到十个客户进行细分，确保每个细分的特征汇集在一起后具有实际意义，即分在同一群的人具有更多的共同点。

5. 问你的员工是否能就每个细分人群描绘一个典型的例子，并让他们给每个细分人群起一个描述特征的名字，比如"紧张的母亲""爱说话的旅游者""不想待这儿的青年"。

6. 头脑风暴，讨论如何更好地接触和满足每一类细分人群。如果你能以相似的方式应对几类细分人群，那么这几个人群应该合并。

如果你要启动一个新的创业项目，那么从你在市场调研中发现的客户细分开始，最起码要思考基于不同人口统计信息的人群对你希望提供的服务会有什么不同的反应。与相同领域内的其他组织谈谈，了解更多有启发性的细分方法，你甚至可以试着问他们一些上面提到的问题。

### 珍惜社会企业客户

包括营利性公司在内的大多数组织早期都花了很长时间尝试启动和运营，他们会不计手段地去吸引自己的第一批客户。在创业初期，任何客户都是好客户；然而，随着组织变得更加精明，它认识到，服务某些类型的客户更容易成功。举个例子，一个非营利组织可能发现自己确实改变了现在处于贫穷状态的人的生活，但对未来会濒临贫困线的人的影响却很少。基于这种理解，非营利组织就可以决定侧重于服务哪个人群才能最大限度地完成组织的使命。

如果你的组织刚刚起步，那么你应抓紧时机评估组织能够为哪种类型的客户提供最有效的服务，然后集中精力只为这个客户群提供服务。成功以后，你总有机会不断成长，为更多的细分人群提供服务！

当营利企业决定针对哪个细分客户群提供服务时，他们倾向于关注每个客户或客户群的获利底线，有时甚至估算从每个客户的"生命周期"中能够获取多少利润。利润越大，客户对组织的价值就越高。但是，社会企业家们经常使用另一种"底线"，他们把社会目标作为衡量成功的标准。社会企业家不计算每个客户群的平均财务收益或损失，而是估计相对于在每个客户群体上花费的资金，他们获得的社会效益是多少。

206

为什么以帮助最需要的人（而不是那些最有钱的人）为明确目的而建立的社会企业又要花精力来确定"最有价值"的客户细分呢？最有价值客户的分析并不会导致使命导向型组织去刻意追求或故意回避某种类型的客户，但是，客户分析会推动组织去审视可能产生积极社会影响的一系列机遇。评估客户时要考虑以下几个问题。

1. 鉴于有限的资源，只关注我们能最有效地为之提供服务的那类客户有什么利弊。

2. 如果想为更多的类似客户服务，有没有最好的方式去吸引和服务他们？

3. 服务此类型的客户我们能获得什么？如何把学到的经验运用到其他的细分人群、为他们带来更好的社会效益？

4. 是哪些因素导致我们在为某些类型的客户提供服务时，耗费的成本高于为他们创造的社会效益？可以采取哪些措施在降低成本的同时又保持服务的效果？

对于公司而言，计算每个细分客户的获利状况通常会带来公司利润的大幅提升。一般情况下，公司 20% 的客户带来了 80% 的利润，剩余的大部分客户往往只能带来中等利润甚至仅仅是盈亏持平（见图 8.2）。

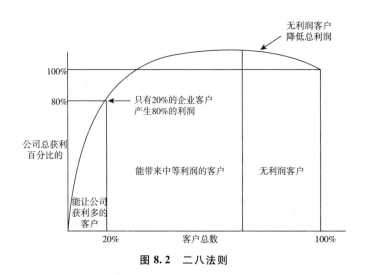

图 8.2　二八法则

令人震惊的是，大多数公司都在非常卖力地向即便是基于长期利润计算也不能带来利润的客户进行营销却毫无察觉，在这些客户身上投入的成本高于他们能够带来的利润。不过，公司正越来越善于识别和追逐符合"前20%"特征的客户，不再对不太可能获利的客户进行投资或满足他们的需求。

**实践运用**

"阿什伯里图像"（Ashbury Images），旧金山一家旨在雇用即将摆脱无家可归状态者的丝网印刷机公司，近期对销售状况按照客户类型进行分析后发现，公司服务期限最长的传统客户（多为小型的非营利组织）实际上构成利润最低的那个市场细分。因此，这家社会目的的企业（Social-purpose enterprise）打算重新调整业务方向，为更大的营利企业客户提供服务以期获得更多的利润，营利企业客户市场不仅带来更高的利润率和更可预测的时间安排，也能为阿什伯里的最大优势，即优质产品和社会使命带来最高的溢价。

知道了为一些目标客户群服务比为其他客户群服务更"昂贵"，非营利组织该怎么办？近几年出现的几种工具可以帮助组织就如何针对客户使用有限的资源作出艰难的选择。

其中，罗伯茨创业发展基金会的杰德·艾默生（Jed Emerson）和BTW咨询公司的费伊·特沃斯基（Fay Twersky）都主张，在衡量社会影响时应纳入"困难程度"因素。他们建议，"衡量成功的标尺"需要根据开展特定客户或特定使命的工作难度和风险进行调整才能更准确地反映单位支出金额的投入产出效果，只有这样才能充分认可那些从事最具挑战性工作的人，因为这种调整意味着，如果成功的话，最艰难的工作具有最高的潜在"投资回报率"。

许多人使用图8.3中的矩阵来帮助组织考虑"使命"和"金钱"的关系（例如，为特定客户细分提供服务或运营特定项目有何经济学意义）。学者R. E. Gruber和M. Mohr最先建议非营利组织在确定战略时要考虑不同的活动怎么构成"组合"。Sharon Oster教授使用类似的产品组合图来帮助组织确定和平衡各种活动。① 这与社会企业家中心（National Center for Social Entrepreneurs）的做法一致。

---

① R. E. Gruber and M. Mohr, "Strategic Management for Multiprogram Nonprofit Organizations," *California Management Review*, Spring 1982, Vol. 24.

**行业工具**

　　绘制你的活动、项目或客户细分图可以使你更好地了解组织能够"负担得起"做什么，并提供一种机制来评估可能的策略。例如，大多数组织支持产品组合图中右上角的任何活动，因为这些活动在实现使命和经济可行性两个维度上都很重要。有的活动或客户细分只有很小的社会影响、对经济可行性的贡献微乎其微甚至是负面影响（左下）。如果你有足够的创业精神，这些活动或客户群就是需要重新设计的最佳选项，否则，就应该要么关闭，要么移交给在这方面比较擅长的组织。有些活动的规模（表现在圆的大小上）对组织来说具有较高的社会价值，但成本投入也很高（左上）。了解了这一点，组织就能作出决策，要么强调在不损害项目质量的前提下控制成本，要么从其他地方筹集资金来补贴这一块的活动。社会企业家要特别警惕那些对组织的生存能力有显著贡献但对组织的使命贡献不大（右下）的客户群，他们所附带的资源可能很有吸引力，但风险是有可能会将组织的关注点远远拖离组织的社会使命。①

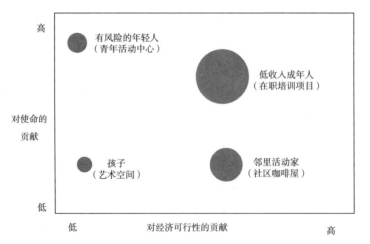

**图 8.3　产品组合示例：社区非营利组织**
**（点的大小代表项目预算）**

---

①　Sharon Oster, *Strategic Management for Nonprofit Organizations*（NY：Oxford University Press, 1995）, p. 93.

那么，你如何计算"对经济可行性的贡献"的数据呢？你可以用某个细分市场的所有产品的销售总收入减去销售总成本，就可以得到该客户细分市场的利润。总成本不仅包括提供产品或服务的直接成本，还包括该市场细分的营销成本，以及分配给该部分市场的所有间接成本。例如，假定基督教青年会（YMCA）服务了一个细分后的"青年人市场"，总成本除了包括青年工作人员外，还包括以下费用：

√ 开发结构性青年教程的成本；

√ 开发用于到学校发放的海报和市场宣传品的成本；

√ 营销总监与校长开会所花的时间投入；

√ 处理注册卡及各种表格的管理时间投入；

√ 支付额外的救生员；

√ 更衣室服务员每周 10 小时的时间投入。

通过跟踪并准确地分配成本，YMCA 可能会发现每月花费 50 美元就可以使 9~12 岁儿童的平均体育锻炼量翻倍，而让 15~16 岁孩子的体育锻炼量翻倍，每周却要花 200 美元。

行动步骤

你知道你的客户是谁吗？你希望他们是谁？花点时间记下你脑海中涌现出的几种客户类型，用简短的段落描述每种类型，包括他们在哪儿、如何使用你的产品、使用什么其他相关产品、客户机构的主要决策者收听什么广播，诸如此类，多用形容词进行描述。同组织的其他人分享你对客户的分析资料，看看他们是否还有补充，然后让每个对此有兴趣的人开始更认真地进行客户细分。

基于按开支或按时间计算的社会效益，在客户细分人群中选择你认为最具有和最不具有"成本效益"的客户。请你的会计师帮忙大致估算为该客户群提供服务的年度总成本，估算值需要包括实际发生的间接费用（例如，只有某种类型的客户才会发生的费用）。现在，把你关心的社会效益（比如，送了多少餐、通过多少认证考试、预防了多少儿童疾病）折算成金额累加起来。你是否正确地估计了为哪类细分人群提供服务的开支比较少？有了这些信息，你是否需要作调整？

210

## 了解客户的需要（needs）和需求（wants）

不幸的是，只知道你的客户是谁还不够。要让组织成长或存续，就必须了解为什么他们会成为你的客户，他们喜欢什么，如何让现在还没参与项目或购买产品的人成为你的客户。只需要一点点勤奋和创造力，你就可以做到这一点。

### 研究你的市场

营利公司每年花费数十亿美元对客户进行研究。所幸的是，即便资源有限，社会企业家也可以在一定的预算内开展有洞见的市场研究。

有效的市场调研为组织作出具体决策提供信息和依据。在《廉价但良好的营销研究》和《非营利组织策略营销》中，作者艾伦·安德烈森（Alan Andreason）建议开展"反向市场调研"以便在开始花钱之前确保研究努力是有用的。这是他建议的调研开展过程：

1. 决定哪些关键决策需要用到研究的结果；

2. 确定需要什么信息才能作出最佳决策；

3. 草拟一个你提议研究的结果作为例子，问问你自己和决策者这是不是所需要的信息类型；

4. 弄清楚需要做什么分析才能得到这种结果[①]；

5. 针对分析所需要的信息，确定你必须提哪些问题；

6. 核实这些问题是否已经有组织或研究回答过；

7. 设计样本（基于你想要了解的客户群）；

8. 开展研究；

9. 分析数据并交流研究发现和结果；

10. 帮助决策者使用研究发现来引导他们的决策。[②]

### 现有信息

第三方已经收集到的信息对于回答诸如"我们正在考虑推出的项目的市场有多大"的问题很有效。当地组织，如商会、小企业发展中心，

---

① Alan Andreasen, *Cheap but Good Marketing Research* (Dow Jones-Irwin, Homewood, IL, 1988). 本书用门外汉的视角描述了几种"如何做"市场调查的方法。如果你打算自己开展市场调研，这是一个比较好的参考资料。

② 同上，第 65 页。（指原书——译者注。）

或者所在地的经济发展办公室，通常都有有用人口的信息。行业协会、政府机构和行业刊物也是很好的资源，可以帮你深入了解哪些人有可能参加你们这种项目或使用这种服务、使用频率，以及如何支付等。因特网上额外的信息资源在同当地人口统计信息相关联后也可以帮助你了解潜在的客户。举例来说，至少有一家公司会提供社区"生活方式"的描述，通过邮政编码可确定具体的位置（甚至详细到社区）而获得这个社区的人口统计信息。

表 8.2 展示了在研究一个暑期工作的市场时你可以查询的资源和提出的问题。

### 表 8.2  例子：确定市场

| 1. 是否有足够的年轻人想在暑假工作？ | |
|---|---|
| ● 学校系统 | 在目标社区有多少大三和大四的学生？ |
| ● 劳动部门 | 去年暑期有多少 18 岁以下的人参加了工作？ |
| ● 当地青年组织 | 去年暑期大概有多少大三和大四的学生没找到工作？ |
| **2. 是否有足够的雇主愿意以建议的工资水平在暑期雇用青年？** | |
| ● 商会 | 目标社区多少企业有超过 5 个人的员工？ |
| ● 劳工部 | 平均小时起薪和季节性工作的数量 |
| ● 国家试点项目 | 在同等经济条件下按业务规模雇用的学生的平均人数 |
| **3. 资助暑期工作是否能为社区带来足够的经济利益？** | |
| ● 人口普查局 | 目标社区既定收入水平的家庭数量百分比 |
| ● 青年倡导小组 | 能够展现暑期实习工作所带来的中期效益（包括成为楷模、办公技巧、面试技巧等）的研究 |

你经常可以从现有信息的另一个来源——你自己的组织中学到很多东西，组织的各种记录看起来不像"数据"，但是如果系统地查看，这些记录能揭示很多信息。例如，有人建议开展一个项目提供儿童保育服务以便让曾经无家可归的母亲重返工作，但采纳这个建议之前，你应该分析过去和现在居民的儿童保育情况。就业培训师的报告可能会反映有多少居民由于儿童照料的局限而拒绝了潜在的工作机会；个案经理的报告提供的数据可以帮助确定居民迄今使用的儿童日托服务者的信息，以及其他妇女解决类似问题的替代办法。这些数字甚至可能表明，与现有服务提供者合作可能会扩大服务的覆盖面以满足更多的需求。

### 观察法

核心概念

观察法是一种有效、常见又经济的方法，可以帮助你收集市场信息，了解现有客户或潜在客户在自然环境下的行为。观察、计数和测量实物线索能为社会企业家提供支持社会变革的论点。例如，计算在高峰期有多少公交车经过低收入社区的一个公交车站时因满载而没停靠可能是增加服务的一个令人信服的理由；分析市中心某片区的垃圾量可能引领一场运动，鼓励购物者用适当的方法处置垃圾或者敦促高中生使用学校的回收箱。

在观察用户时，你可以关注营利性"新市场研究者"的指导原则："探索自然场景、观察、聆听、用心聆听、撇开偏见、分析。"

这种"新市场研究"不仅使任何人都可以轻而易举地成为观察者，而且还提供了很多可发挥创造性的空间。举个例子，开发"非暴力游戏"课程的非营利组织可以从天际线（Skyline）（一家儿童玩具的开发商）产品的创始人那里得到启示。由于天际线的几个创始人都没有孩子，他们在当地的学校和公园里建立了游戏团体，征得孩子父母的同意后（同时孩子也得到了照管），这些创业者仔细观察孩子们怎么玩新玩具，问他们许多问题，并利用孩子们的见解开发出能吸引目标用户的玩具。[1] 作为非营利性服务提供者，你可能会记录客户进入等候室拿的第一本小册子是什么，或记录不同类型的客户在听到价格或付款方式时有何反应。然而，与所有的市场研究类似，注意不要把你的发现进行过多的延伸和推断。有必要花时间去学习研究的基本原则，例如，选择什么样的观察"样本"才能够准确且有代表性地反映你试图研究的整个市场。

### 焦点小组

行业工具

社会企业家这个概念的含义就是寻找创新的方式来满足社会的需求。焦点小组这种方法可以通过直接获得信息的方式有效地帮助你了解潜在

---

① Joshua Macht, "The New Market Research," p. 86.

客户对服务的需求或对营销信息的反应。一个焦点小组通常由来自目标市场的 8 到 10 个成员组成（尽量包括目前的客户和还不了解你的潜在客户），在协作者的带领下回答关于特定主题的开放式问题。焦点小组是替代面对面访谈的低成本手段，而且还有促进组内互动的额外好处。同质性相对高的小组中，成员有相似的语言技能、价值观和经验，可以降低一些参与者感到害怕而不敢发表自己意见的风险，这往往是社会部门的创业者们特别关注的问题。

"美国志愿者组织"是一个拥有 43 个附属机构的大型国家级志愿者组织，最近因为需要在一个主要的媒体宣传活动中推介自己的机构而组织了一些焦点小组访谈活动。焦点小组的建议让人大开眼界。该组织惊讶地发现，多年来一直用以激励员工的使命"根本没有引起公众的共鸣……我们仅仅是在自说自话而已"。根据这一发现，美国志愿者组织修改了使命，重点是让使命陈述与普通公众更为相关。

焦点小组的参与者通常需要从能代表客户基本情况的人群中招募。根据各组织不同的使命，焦点小组的参与者可以来自汤厨房、交响乐大厅，或当地购物中心。向他们解释你要做什么，为参加者提供一点补助感谢他们的时间投入。当协作者能够引导参与者聚焦讨论议题、能够让所有参与者都贡献自己的观点时，焦点小组访谈就能取得最好的小果。当然如果确信能够做到客观中立，你也可以自己主持一次焦点小组。记住，知道客户不喜欢什么也同等重要！关键是需要为焦点小组设定一个明确的目标，例如，如何提供更好的客户服务或者如何促进期望的行为改变。然后提出以下问题。

√ 我刚才描述的项目有哪些地方吸引了你？

√ 这个项目的哪些方面让你厌烦？

√ 你认为该项目是为谁设计的？

√ 你愿意多久参加一次这个项目的活动？如果项目还有一些额外的 214
特点，你是否会参与得更多？

√ 能说服你参与一次这个项目活动的是什么？

鼓励参与者多发表一些让你感到惊讶的评论，一定要把会议过程拍摄记录下来，这样你才能捕捉到所有的细节并观察参与者的非语言反应。

## 营销测试法

**行业工具**

一旦你有了具体的服务或产品，确保要做营销测试，即使你的资助人认为这个项目已经够好了！营销测试本质上是进行一项实验。不要直接询问客户他们认为自己要做什么，而是要给他们机会，并观察和记录结果，你的创业直觉会帮你弄清楚他们为什么这么做。美国的凉茶饮料业领军者色来氏调味品公司（Celestial Seasonings）自成立以来就坚持对凉茶饮料进行味觉测试，当时该公司的创始人来到健康食品商店，向客户提供不同味道的饮料。这家目前价值 1 亿美元的公司估计，1998 年有25 万人测试了公司的产品——每销售出 400 美元的产品，就有 1 个人接受测试。

你可以将产品或服务的设计原型带给你认为比较诚实的潜在客户或经销商进行测试。例如，非营利组织 Grupo de Trabajo Redes 在为秘鲁的低收入妇女设计健康教育小册子时，编辑会花时间向目标受众展示有插图的草稿，一对一地讨论了解某个受众如何理解他们设计的彩色图纸，这有助于编辑有效地传达文本的信息，特别是针对识字能力有限的受众。

**至理名言**

尽管营销测试看起来非常耗时，小地球产品公司（Little Earth Productions）（一家利用回收橡胶、车牌照等生产时尚配饰的公司）的创始人艾娃·德马克（Ava DeMarco）解释了为什么他们坚信市场信息必不可少。她说："如果你设计了一个产品，推介了，然后失败了，你失去了投在这个产品上的时间和金钱，而这些时间和金钱本可以用在其他地方（例如你的社会使命）！这么一想，你遭受了双倍的损失。所以，越早开展市场调查，你就能越早地保证把梯子搭在正确的那堵墙上。"[①]

即使是用于捐赠的产品也有必要进行产品测试，这个提议可能会让有非营利理念的组织感到惊讶。旧金山城市商店，一个旨在通过售卖不寻常的旧金山纪念品来雇用无家可归者的社会目的企业，发现即便"免

---

① Carla Goodman, "Can You Get There From Here?" *Entrepreneur Magazine*, online version, "Tips Archive."

费"产品也可能成本高昂。这家商店早期因为社会使命而储备了别人捐赠的许多有纪念意义的物品，管理者当时没有考虑机会成本，即没有往货架上摆放客户实际上更可能购买的其他产品。毋庸置疑，改成推出有销售潜力的产品后，即使面临储存那些有纪念意义产品的高额成本，总体的销售额和利润率还是上升了。

215

## 问卷调查法

行业工具

问卷调查是社会企业家可以使用的另一个低成本的市场研究工具。事实上，提及组织的社会使命可能就是说服客户参与问卷调查的一种方式，同时也要运用其他更传统的吸引客户参与的方式，如优惠券或免费商品。确保调查问卷简洁明了且容易收回，这样的话，即使没有显著的统计学意义，你得到的信息还是足以帮助你了解客户。例如，批发商小地球产品公司把他们设计的一个简短的调查问卷粘贴在一种产品的小标签上，询问客户的姓名、地址、工资情况、是否是学生、为什么要买这个产品，以及他们还可能会买其他什么产品。调查结果证实了原先的许多假设，并确定了一个全新的购买者群体。[1]

国家公共广播电台（NPR）在一个专项活动期间对听众开展了一项非正式调查。他们鼓励听众，"如果这是一个你看重的节目"，请打电话参与。在那个时间段内，NPR让听众们能够通过拨打电话来为他们最喜欢的节目"投票"。

互联网加速了人们获取客户数据的数量和速度。因为互联网的互动性，客户可以即时告诉你他们喜欢什么。不管是通过问卷调查来询问，还是通过观察了解客户的喜好，你都可以根据自己的"研究"结果来为每个在线客户量身定做你能够提供的服务——无论这种服务是促进健康生活方式、推销一本新书，还是向潜在雇主推荐你的职业培训项目的毕业生。

然而，不管用哪种媒介，都要提出"有效"的问题，即不会给调查结果带来偏差的问题，但这并不容易。问卷调查员、问卷受访者，尤其

---

[1]　Carla Goodman，"Can You Get There From Here？" *Entrepreneur Magazine*，online version，"Tips Archive."

是书面调查表的表达方式，都有可能扭曲调查结果，扭曲的调查结果自然是弊大于利。如果你没能获得精通问卷设计的专家（他们确实存在）的帮助，那就试着使用已经由合格的研究人员测试过的问题，让严苛的评论者查看你的问卷，正式开展调查之前还要让真实的客户做预测试。

**红色警示**

市场调查也不是万无一失。如果没有电话、复印机，没有勇敢的创业者在最初客户缺乏兴趣时仍然坚持不懈地追求理想，那么我们的世界肯定大不相同。作为社会企业家，你很可能遇到的情况是，提供目标客户不知道在未来自己会非常看重的服务或产品，所以，如果你真的了解客户，努力"推动"一个想法会非常有意义，而不是仅听客户说他们想要什么。

216  **开始了解你的客户**

如果你能超越人口统计信息和调查反馈结果的范围去了解目标客户的需求和态度，那么你可以了解如何让他们乐意使用你的服务。如果你能让今天的客户开心，他们将陪伴你，并将你的服务告诉朋友。那时候你会知道你创造了价值，并极有可能扩展客户群，然后做更多的好事。

**核心概念**

"任何产品或服务的价值在于它有能力满足客户的优先考虑事项。"[1]非营利组织和营利企业都常常以为它们知道自己客户的优先考虑是什么。事实上，只有通过仔细倾听才能来发现客户明确表达的和未明确表达的优先考虑事项。

通用电气公司（GE）首席执行官杰克·韦尔奇，用以客户为中心的思维领导着这家商业巨头成为 20 世纪 90 年代最盈利的公司之一。韦尔奇开创了 CEO 营销的技巧：不是兜售产品，而是与客户公司的 CEO 们坐下来，了解哪些因素会影响他们的业务营利。基于客户视角，通用开

---

[1]  Adrian Slywotzy and David Morrison，*The Profit Zone*（New York：Random House，1997），p. 23.

发了增加客户利润的解决方案。一家销售额超过 10 亿美元的客户公司总裁曾谈道：

> 我们工厂的伙计们喜欢通用公司，他们习惯与通用产品的推销员打交道，因为他们花时间来了解我们需要解决什么问题，以及如何提供帮助解决这些问题。其中的一些问题，如谁来购买我们的塑料制品，其实跟他们毫不相干。[①]

通用也确保与多个会影响购买决策的人交谈，从 CEO 到工厂工程师。通过类似的仔细倾听，你会知道哪些人可能对你的服务感兴趣。例如，"儿童项目"（The Kid's Project，一家定制设计儿童适应性设备的非营利性制造商）意识到，尽管康复治疗师是这种设备的有力推广者，但也需要影响主流的教师和校长，因为他们掌控教室环境，是教学预算的决策者。

纽约的一家非营利民俗和城市文化中心，城市传说（City Lore），这样描述他们提供给教师的产品目录中如何考虑客户的优先需求。

> 我们工作开始的前提是，民间艺术卖不动，我们一次又一次地吸取了教训。得到民间艺术目录的老师根本不会把教授民间艺术或拥有民间艺术视为他们需要优先考虑的事项。这就要求把我们的愿景植入到他们的需求中，他们的需求不是"我如何能教会孩子们关于内华达州城市或农村的民间艺术？"相反，他们的需求是"怎样才能生动地讲述美国内战？怎么才能把拉丁美洲那一节的内容组织得适合多米尼加的学生？"……围绕这样的问题编写目录才能够带来更大的成功机会。[②]

对客户的了解并没有改变城市传说的使命，而是以帮助客户解决问

---

① Adrian Slywotzy and David Morrison, *The Profit Zone* (New York: Random House, 1997), p. 82.

② Amanda Dargan and Steve Zeitlin, "The Cultural Catalogue," in *Lessons Learned: Case Studies by te National Endowment for the Arts Publications*.

题的形式来实现组织的使命。民间艺术目录保存了城市传说100%的核心信念，即"草根文化和本土知识对于建设一个有创造性的、可持续的社会至关重要"，而这些材料实际上也已进入课堂。

在社会企业家的世界里不难找到下面这样的情形：核心客户想要的东西跟组织使命旨在提供的东西完全相反。不要把"了解你的客户"直接理解成"为客户提供他们想要的东西"，而是要利用对客户的了解来帮助你识别"最佳服务结合点"所在的领域，既能让客户受益，也有助于组织完成使命。

## 访 谈

### 约翰·杜兰德（JOHN DURAND），明尼苏达州多元化工业

约翰·杜兰德在20世纪60年代创立了明尼苏达州多元化工业公司（MDI），为出生残疾的人提供长期的职业发展机会以促进他们的福祉。杜兰德以100美元的资本起家，将MDI发展为一家年产值6000万美元的制造和装配公司，雇用了1000多名有各种就业障碍的人，并为他们提供了很好的福利。MDI有一个部门负责销售产品给3M和Toro这样的企业客户，另一个部门是为美国邮政总局提供重型塑料邮件箱的独家供应商。

我们曾问过约翰·杜兰德，MDI是如何利用其对客户的了解来创建这家具有巨大社会影响的组织的。

**问**：你是如何找到第一个客户的？

**杜兰德**：我从电话黄页本上的号码开始打电话找，然后去查看客户公司的建筑，以确保它足够大，能成为一个好客户。接下来，我去参观工厂，跟工厂经理会面时问："你们有什么问题吗？"我不告诉他们我们是做什么的。相反，我让潜在的消费者谈论他们需要什么。结果，他们需要的东西正是我们很拿手的产品。问完了那个问题，我又问了同样的问题："你们还有什么其他问题吗？"工厂经理对一些高强度的缝纫工作感到沮丧。我就说："这是我们的擅长领域。"于是我们很快就成功地解决了缝纫问题。

**问**：你经常提到的强大的客户关系是怎么建立的？

**杜兰德**：我不谈论自己，我谈论你，谈论客户。这就是我们摸索如何帮你解决问题的方法。偶尔，MDI也会陷入过分关注自己的陷阱。例

如，一些客户问我们是否可以储存一些产品，MDI 拒绝了，因为我们的政策是只开展劳动力密集型业务。后来我意识到错了，我们所在的行业就是为客户提供服务，如果客户需要的是存储他们的产品，那我们就应该积极主动地为客户提供仓库。

**问：**谁是你最有价值的客户？

**杜兰德：**我仔细挑选客户。我可能花更多的时间来限定客户而不是追逐客户！即使是个小合同，我们也会排除那些只根据价格决定是否购买的客户。我们选择和少数几个客户建立非常深度的关系，把生意捆绑在生产一两件产品上的做法非常危险。

在这个过程的早期，我们会和客户谈论他们同以前的供应商有什么问题。以前的供应商不能提供什么？他们期待自己的行业发生什么样的变化？我们能提供什么帮助，如更好的材料、更快的交货等？目标就是传达我们严肃认真地希望成为他们解决方案的一部分。对于只要求我们做好工作却不能进行这种对话的公司，我不希望成为我的客户。在整个过程中，我们会继续与客户见面，通常是与工厂经理、生产经理、工程师、质量保证等各种团队见面，不仅询问他们觉得我们做得怎么样、在哪里可以改进，而且还谈论他们对未来的期望。我们经常会见供应商，把他们的想法带回给客户。例如，我们发现一种新的机器能够大大降低客户的单位成本，如果客户愿意跟我们签订两年的合同，我们就会购买这种机器作为回报。

**问：**你们怎么定价？

**杜兰德：**我们为明年定价，也就是说，定价的基础是基于长期合作来计算客户的总成本。如果一项投资可以让我们提高生产率或降低单位成本，我们会做好各种准备，然后请他们同我们合作；如果我们自己的成本下降了，就会在第二年或第三年降低单价。

---

**核心概念**

客户看重什么？对客户的真正了解能够引领你灵活地而不是生搬硬套地制定组织战略。这种"逐步了解你"的策略并不只是针对如 GE 或者 MDI 这样的几个大客户才管用，相同的策略可以用来了解参与者客户 219

细分的更多情况。无论是采取公众认可形式的大规模慈善捐赠、掌握适销对路的技能，还是父亲节的完美礼物，客户都在寻找他们解决问题的方法，你可以通过非正式的谈话或直接提问来了解这些需求。你有没有听到讨论，比如"我时间很赶"或者"我女儿会喜欢这个"？客户的穿着是不是像刚从工作的地方回来？他们有孩子吗？他们是否喜欢在你这里享受时光？这些零碎的信息都可能是你了解客户生活方式和潜在需求的线索，养成习惯把它们记下来，看是否可以发现什么规律。定期与客户对话，测试你的假设是否正确，这样你就能获得不断更新的客户细分情况。

**行动步骤**

今天就与你的三个最大或最常见的客户约定会议时间。如果你是和很多人一起工作，普通客户进来时，可以提议出去喝咖啡，以便简要地了解如何提高客户满意度。不要在这种互动中尝试任何推销；相反，做足了解客户的充分准备，问一些有关客户自己以及他们的家庭和生意等的开放式问题，还要确保包括一些你害怕听到答案的问题，因为那些问题的回答会是你让未来客户满意的最好向导。

### 向竞争对手学习？

竞争性分析？我们是非营利性组织，怎么会有竞争对手！但是《高绩效非营利组织》的作者们不同意该观点，他们认为："非营利组织实际上参与了各种形式的竞争：他们竞争资金，也竞争员工、志愿者，甚至客户。"[1] 把竞争看作学习他人的"最佳实践"吧。

竞争主导着资本主义市场，营利公司时刻保持警惕，确保以最低的成本提供最好的价值。社会企业家也知道，客户可以选择是否参与、是否贡献资源，所以必须观察竞争以便洞察客户所珍视的是什么。

首先，确定谁是直接竞争对手。谁为你的目标客户提供相似的机会？例如，对于希望与企业合作进行公益营销的非营利组织，"竞争者"包括具有相同合作目标但使命不同的其他非营利组织。例如，在许多"以

---

[1]　Christine Letts, William Ryan, and Allen Growwman, *High Performance Nonprofit Organizations* (New York: John Wiley & Sons, 1998), p. 98.

工代赈"项目中，非营利组织已经发现彼此竞争、与私营公司竞争以争夺符合政府工作培训资格的候选人。动物收容所可能不会就收容流浪猫狗这件事展开竞争，但他们在筹款活动中的竞争者包括不同的非营利组织，如各地的男孩女孩俱乐部、国家级的防止虐待动物组织等。

220

### 行业工具

为了从争夺客户注意力和资源的竞争对手那里获得客户的青睐，你需要能回答以下类型的问题，并至少每6个月更新答案一次。

√ 哪些服务和产品是竞争对手提供但我却没有提供的？反之，我们提供的哪些服务和产品是竞争对手没有提供的？

√ 竞争对手还提供哪些额外的服务或便利？

√ 竞争对手的项目结构是怎样的？

√ 竞争对手达到了什么样的客户服务水平？

√ 竞争对手使用什么样的销售和营销策略？（如培训后保证就业、获得个案管理者的推荐）

√ 竞争对手收取多少费用？谁（如参与者、政府合同）支付这个费用？

√ 竞争对手对他们的客户还有什么要求？（如强制出席、考试、凌晨工作时间）

### 实用技巧

创业者获取竞争信息最经济的来源是什么？"参观"竞争！拜访竞争对手的办公室或陈列室，问一个难以回答的客户服务问题，买个产品试一试，询问项目的信息，获得项目的报价，下订单。注意你作为客户体验到的每一个细节：气氛、产品质量、标志、专业、价格、客户服务、效率、便利设施等。如果你不能亲自去拜访竞争对手，那就派一个志愿者去。

要真正向其他组织学习，你得好好反思自己。在拜访竞争对手后，立即在组织中模拟竞争者开展活动的整个过程。有什么不同？能在哪里改进或调整你所做的事情？记住细节。

汤姆·斯坦伯格（Tom Stemberg），办公用品超市连锁店 Staple 公司的首席执行官，堪称是竞争性购买的信徒。每周，斯坦伯格都会走访至少一家全国范围竞争对手的商店和至少一家自己的商店。他声称，这样的观察对自己公司的成长至关重要，而且他"从来没去过一家我学不到东西的商店"①。

为客户服务的社会企业家没有这样的"零售前线"，只能通过其他迂回的方式收集竞争对手的信息。收集同行和竞争对手的小册子、讲义和年度报告能够帮你跟踪他们的主题和定位，以及他们的项目和筹款结果。组织的网站通常也可以提供丰富的信息而且你还能匿名浏览。同类似组织中有第一手经验的客户、员工和志愿者进行良好的交谈，不要低估这种价值。向他们解释你希望从这些问题中学到什么（如何提高为组织使命服务的能力）后，你可以问他们特别喜欢或讨厌什么，他们的经历与你的团队有什么不同，等等。

现在考虑比竞争对手更广泛的领域，阅读有关你所在行业的杂志，参加贸易展览和协会会议。你能从其他地方的组织学到什么？其他组织针对客户的类似需求提供了什么产品和服务？如果你是一个非营利的教育软件开发者，你能从最成功的视频游戏制作商那里学到什么？供儿童使用的互联网站点呢？有线教育电视节目呢？世界上充满了可以复制（或可以避免）的例子。

从本质上讲，社会企业家总是关注任何来源的新思想。你甚至可以从完全不同的行业考察客户类型。例如，波士顿芭蕾舞团在了解如何改变公众形象时，不仅考察了旧金山的芭蕾舞团，还考察了波士顿的科学博物馆，因为他们最近改善了公众形象，甚至还去了 Au Bon Pain，这家地方连锁面包店以为客户提供良好的服务而著称。

**行动步骤**

在接下来的 3 周内拜访 3 个直接竞争对手（亲自去或通过小册子、与参与者的对话），每次访问收集至少 3 个新想法。如果你的组织在所有方面都比他们做得好，那么利用这些访问机会，观察那些客户最看重其他组织的哪些方面，然后集中精力改进你自己的组织在那方面的能力。在接下来

---

① Tom Stem berg with Stephanie Gruner, "Spies Like Us," *Inc.* maganize, August 1998, p. 45.

的 3 周内，拜访 3 个为你的客户人群提供服务但在不同行业的组织。每一次拜访都挑战自己是否能找到 3 个可以适用于你的组织的经验和教训。

# 提出优胜的价值定位（value proposition）

## 利用你的竞争优势

核心概念

竞争优势是一个使用过度的术语，但也是一个难以置信的内涵丰富的概念。简单地说，竞争优势是指在提供服务、项目或产品时，你在成本、质量等方面比同一市场的竞争者更优越的一种特点。最可能的情况是，这些竞争优势因客户的细分而有所不同。

创业者最著名的竞争优势在于能够识别竞争对手无法满足的客户需求，并通过自己的创新方法来满足这些需求。例如，色来氏（Celestial）调味品公司就是以竞争对手未做到的事为基础不断寻找机会。

"识别和了解自己的竞争优势非常重要。不知道竞争优势在哪里就无法在市场上区分自己。找到竞争中还没有得到满足的客户需求。例如，我们和立顿的用户交谈后会问：'好的，你喜欢立顿是因为又便宜又方便，在哪儿都找得着，但立顿是否有哪些方面不能满足你的需求？你希望立顿在做却没有做的是什么？'"——迈克尔·卡拉什（Michael Karrasch），色来氏公司消费者和市场研究高级经理。[①]

由竞争战略大师迈克尔·波特（Michael Porter）教授领导的"竞争性内城倡议"（ICIC）旨在鼓励商业企业进入遭受失业和贫困严重影响的城市地区，ICIC 开始之前考察了如果进入城区，商业企业将如何受益，结果发现，内城区域有四种主要的竞争优势。

√ 位于主要城市、高速公路和通信节点的核心战略位置，有潜在的物流优势；

√ 相比于全国劳动力市场紧缺的情况，内城的劳动力使用率低、保留率高；

√ 当地市场服务不足但购买力强大，还能够支持更多的零售企业和

222

---

① Jessica Hale, "The Secret Ingredient," *Business Start-Ups Online*, December 1997, online version.

服务企业；

√ 在这里的公司有机会同区域经济中的竞争性行业集群（例如卫生保健和旅游业）建立联系或提供外包服务。①

在 Inc. 杂志《城市内城 100 家》中排名第 66 位的通道安全公司（Gateway Security）看来，组织的竞争优势就是创始人与城市的联系。在犯罪猖獗的新泽西州纽瓦克，大公司寻找安保服务时，路易斯·戴尔·埃尔莫（Louis Dell'Ermo）之所以得到了这份工作，正是因为他是这里的终身居民，也是当地警察部队的老兵。多年来，戴尔·埃尔莫一直以这种竞争优势为基础，开发了一些如雇用当地安保培训项目毕业生的策略。他说："仅凭交通的噪音就可以知道发生了什么！他们知道会发生什么。"②

223　　作为新进入市场的非营利组织，你可能会发现，曾经成就了组织繁荣的核心项目的特征与这些新市场所需要的竞争优势很不相同。

**红色警示**

事实上，你的一些传统的竞争优势可能在新的创业中会变成负债。

"我们发现，我们的品牌如此强大并且与扶贫救弱的联系如此紧密，以至于我们外派员工业务部的潜在客户认为我们派遣的工作人员不可能合格。所以我们把外派员工业务改名为社区就业服务。"——Jane Kenneally，英国北部地区亲善工业发展与社区关系总裁。

作为一名总是在营销信息的喧嚣中努力让自己的声音得到聆听的创业者，把市场营销的重点聚焦于传播你的竞争优势当然是合情合理的策略。一旦你知道自己为什么与众不同，为什么客户更倾向于选择你，那么请确保你的目标客户也知道这个信息。

**行业工具**

在开始任何营销活动之前，先做一下由《市场营销游击精粹》一书的作者杰伊·莱维森（Jay Levison）开发的"测试"，该测试的目的是确

---

① Michael Porter and Anne Habiby, "Understanding the Economic Potential of the Inner Cities," *Inc.* magazine, May 1999, p. 49.

② Emily Barker, "The Old Neighborhood," *Inc.* magazine, May 1999, p. 65.

保你真正具备竞争优势，你也可以考虑向一线员工或者抽样客户来提这些问题：

　　√ 我的目标市场会认可这是一种优势吗？

　　√ 这个优势是否真的有别于竞争对手所提供的？

　　√ 客户确实能从这个优势中受益吗？

　　√ 潜在客户是否会相信我对这个优势的陈述？

　　√ 这种优势是否促使客户立即或很快购买或采取行动？

　　如果你对上述任何问题的回答都是"不"，那么回到客户和竞争对手的研究以及你对组织的评估中，你需要发现或创造更强大的优势，然后给上述问题予以肯定的回答。①

## 设计你的价值定位

核心概念

　　简单地说，价值定位是"与付出相比，你最后获得的价值"。尽管在营销中已经强调了最能说服客户参与具体项目或使用具体产品的理由，但是你为客户提供的仍然是一个总的服务包，服务或产品之外的许多因素（如与员工的互动、方便性、售后电话、推荐其他服务等）都会对客户产生影响。在参与项目之前、期间和之后，由产品质量、服务提供、与员工互动组成的组合，以及产品或服务的特点和价格，相对容易获取的志愿服务，按要求完成项目等，都共同构成了你的"价值定位"。224

　　想想某一天你如何决定在哪儿购买杂货。一方面，你可能会考虑超市的食物选择、蔬菜质量和价格，但也可能根据商店的营业时间、位置、停车的方便程度、商店的拥挤程度，或者是否能够在同一商店买到处方药等作出决定。另一方面，你可以简单地选择就去经常光顾的社区杂货店。社区食品银行的客户可能会根据自己的优先事项作出类似的决定。设计价值定位意味着关注个体因素，因为这些个体因素会影响客户决定是否使用你所提供的服务。

---

　　① Jay Conrad Levinson, *Guerrilla Marketing Excellence* ( Boston：Houghton Mifflin, 1993 ), p. 116.

**案例研究**

### 工作资产长途电话公司（WALD）

WALD 公司使用精心设计的价值定位成功地与规模相当于其数倍的公司竞争。WALD 把费率和呼叫计划的定价同其他竞争对手进行价格匹配，但是并不像其他公司那样花费数十亿美元在大众市场投放广告，而是通过帮助客户"建立一个更美好的世界"脱颖而出，并把这个价值定位贯穿到公司的各个活动环节中。WALD 将收入的1%捐赠给客户指定的致力于推动社会改革的非营利组织，为了协助客户更容易地向这类组织捐款，WALD 允许客户每月对账单进行"汇总"，以便计算超出应付款项的付费。WALD 在每个月的账单上都会提出一个关键的社会问题，如果客户愿意支持解决这些问题，公司还提供打到华盛顿的免费电话。WALD 也在账单背面推广一系列"发人深省的"书籍，或者在网站上收录进步的联合专栏作家，让客户不落伍。WALD 还与志同道合的有社会责任感的公司（如"本和杰瑞冰淇淋"）联合促销。WALD 所有的账单报表都是用100%的回收纸张制作发送的，甚至连名片也是用再生塑料做的！这种表里如一的"社会责任"价值定位使得 WALD 拥有了行业内最忠实的客户，不必从竞争对手那里重新招揽客户为公司节省了一大笔钱。WALD 具有极低的坏账并通过良好的口碑和公共关系获得了不断增长的新客户。从1986年到1998年，这家不算大的电话公司已经向发展中的非营利组织捐赠了超过1600万美元。

**行动步骤**

225　　　如何才能创造一个成功的价值定位？回到你对目标客户市场细分的了解，问自己，除了服务或产品，还有什么对客户很重要。他们重视友好的人际交往吗？他们消费时是否会考虑效率因素？在作出决定之前，他们喜欢获得技术性建议吗？他们只会用英语以外的语言交流吗？他们会让孩子或配偶参与重大决策吗？试着从他们的立场和角度来描述"理想的服务包"。对客户而言，你的价值定位组合中最重要的一两个变化是什么？如何才能做到？

　　　通过对与客户相关的所有因素进行经济学考虑，你还可以识别未曾说到的甚至客户自己都没发现的隐藏的优先事项。不要把组织的服务或产品当成重点,而把自己设想成排名前五的客户细分人群中的某个家庭的一家之主,回答以下问题:

√ 我的家庭(或事业)的目标是什么?

√ 什么事让我担心?

√ 这个组织如何帮我实现目标?这个组织的什么行为阻碍我实现这些目标?

**核心概念**

参与项目或使用服务的金钱成本只是客户使用服务代价的一小部分。客户有时候不得不从单位请假、支付儿童保育费、为参与项目做准备、支付交通费,甚至还得等待一些时间才能获得你的服务。作为回报,客户理应从服务使用中获得有形无形的利益。客户的总体获益方程是美元、时间、麻烦因素和其他相关成本的累加,方程的结果就是客户最后获得的"价值"。

缅因州的两家社会目的企业,阿尔法一(Alpha One)和信仰工作(Faithworks),成功地运用对客户经济学的理解,完成了他们的社会使命。

**行动步骤**

客户需要选择项目来满足自己的需求,你离他们的首选目标有多近?最大可能地猜测客户的优先需求(包括总经济成本),然后按顺序排名,不管你是否有市场调查数据的支持(但如果你有精确的客户数据时,一定要进行重新排序)。现在,就每个优先考虑事项对你的组织评分(1到10分),尽可能做到客观,也对你的竞争对手就达到每个优先事项的能力进行直接和间接地评分(见表8.3)。下面这个案例中,这家公司在最高优先级项目上以最大利润率超过了竞争对手。

**案例研究**

226

### 阿尔法一(ALPHA ONE)

阿尔法一的组织使命是"成为领头羊企业,为社区提供信息、服务和产品,以资为残疾人士创造独立生活的机会"。早在美国残疾人法案生效之前,阿尔法一就说服政策制定者确保新公共建筑的设计包括无障碍通道。他们最有说服力的论点是什么？比较两种具体设计案例的成本差异：一种由于缺乏无障碍设施而翻修或产生法律诉讼，成本昂贵；另一种则在初期规划阶段考虑到建设无障碍通道需要的成本。随着时间的推移，阿尔法一因其专长而知名，开始为建筑商提供信息和帮助。如今，该组织的咨询服务和无障碍设计服务业务雇用了很多业内的专家建筑师，并对这些服务收费。

信仰工作的创始人保罗·鲁宾（Paul Rubin）的名片概括了他的组织目标："为包装业提供高产的劳动力，为所有人提供就业机会。"鲁宾很清楚他最大的资产是：一个由1000多名工人组成的强大工作团队可以在接到通知后的几个小时内动员起来，每天完成50多万件必须经过插入、密封、填充、包装等复杂程序，或以其他方式准备妥当后发送给消费者的物品。这其实也是他的客户的最大资产，信仰工作的客户往往是对大型项目有严格的截止日期管理的公司，这些项目需要体力劳动但又无法靠自己的工人来完成。信仰工作雇用的人员大多是难以进入典型的结构化工作环境的人，他们工作时间非常灵活，根据任务完成的计件获得报酬，所以信仰工作可以快速地在可容纳150人的厂房内招满渴望工作的劳动力。信仰工作的快速运转和优质服务常可以为客户节省成千上万美元的费用。这样一来，鲁宾的满足客户在经济上优先考虑事项的能力已经转化成为边缘化人群提供的80多个全职工作。

**表8.3　优先考虑事项评分**

| 客户 | 我的分数 | 竞争对手1的分数 | 竞争对手2的分数 | 竞争对手3的分数 | 与最厉害的竞争对手的分数差 |
|---|---|---|---|---|---|
| 1号优先考虑事项 | 10 | 8 | 6 | 7 | +2 |
| 2号优先考虑事项 | 8 | 7 | 6 | 5 | +1 |
| 3号优先考虑事项 | 7 | 7 | 7 | 6 | 0（原文有误。——译者注。） |
| 4号优先考虑事项 | 7 | 8 | 6 | 4 | −1 |

你如何改变自己的价值定位以确保走向成功？

227　**以使命驱动的供给来满足市场驱动的需求**

如果你的社会使命同目标客户的需求存在矛盾，你会怎么做？典型的困境包括如下场合。

√一家雇用了残障者的木制家具制造商发现，现有雇员在短时间内完成利润丰厚的大订单时力不从心，但一时又无法找到新的具有适当工作技能的残障者作为补充，也不能两班倒进行生产。

√志愿者能够制作定制高品质的适应性设备，但生产进度只能根据他们的时间安排而不是客户的时间要求。

√艺术治疗项目中的无家可归者有机会出售他们的作品，但是他们的创作变得越来越商业化，越来越缺乏治疗性。

一些现实的解决方案如下。

√确保你关注的是最适合你的组织的客户细分。美国缅因州奈津斯科特木制品工业协会（Nezinscot Guild）是一家雇用残障者的木制品制造商，在进行了多元化尝试生产高端复杂的木制品后，仔细回顾了组织自身的核心优势，于是决定将客户目标重新锁定为只愿购买基本产品的客户，因为生产基本产品的效率更高。

√审视当初为如何实现社会使命时作的一些假设。起初，非营利的睢玛（Juma）风险投资公司以为，要实现组织的使命就只能雇用旧金山的本和杰瑞冰淇淋店的高危行为青年。后来，睢玛的经理们发现，同时雇用一些经验丰富的员工来帮助企业成长反而会促进他们雇用更多的高危行为青年。

√创意工作系统（Creative Work Systems）最初是一个专门雇用残疾人的制造工厂。如今，他们只有50%的劳动力是残疾人，因为他们发现，混合型工人组合既能提高公司的营利能力，又能进一步推进残疾人融入社区的使命。

√主动向客户提供不同类型的价值。缅因州"复活节印章项目"的"儿童工程"依靠志愿者来生产提供给学校、康复治疗师和家庭的适应性设备。他们确保客户事先知道"儿童工程"不能保证交货日期，也确保客户知道他们的低价格源于对志愿劳动的依赖。

√在项目规划阶段仔细考虑组织的业务设计如何体现使命内涵。缅因州波特兰社区艺术组织螺旋艺术在推出贺卡系列之前，要求店主和平面设计师从组织的艺术创作中筛选出有销售潜力的图片做成贺卡。如果客户购买了组织常规项目设计的图片，螺旋艺术会感到坦然，因为推出学生作品并未损害其课程的完整性，组织开始鼓励学员提交他们为制作

228

贺卡而构思的最得意的作品。

## 最大化社会影响力的定价

价格是客户为了获得某样东西而愿意付出的代价，如自由、金钱或任何他们认为有价值的东西。价格只是客户决定是否参与你的项目或使用你的服务的诸多因素之一。尽管如此，对于那些致力于改变现状的创业者来说，定价对实现社会使命仍然是一种非常有价值的工具。我们将研究一些比较常见的定价方案，探讨如何使用不同的定价策略来满足组织的目标，以及定价时如何利用客户对价格的敏感性。虽然定价有多种形式，但本书内容涉及的定价指的是货币支付的价格。后文的社会营销案例简要地讨论了其他形式的"价格"。

### 你的定价选择

### 免费还是收费？

与营利企业家相比，社会企业家经常面临的情况是，有很多不向客户收取任何费用的充足理由。在决定随便定个价收回服务成本之前，想想以下情况。我们中的大多数人都知道，对"使用"停车标志等交通指示的司机进行收费毫无道理。

客户遵守停车标志的行为有利于整个社会，因为这会减少交通事故。这类不向用户收费的理由称为"正外部性"。社会选择不收费来鼓励无限制地使用停车标志，而不是通过要求司机付费才能使用停车标志来阻止他们把停车标志牌作为驾驶指引。同样，取消拼车的过路费和本地穿梭巴士的收费也是有意义的，因为它们提供了正外部性。

229　　其他因素也可能影响定价决策。例如，你会注意到很少有教堂要求人们必须捐赠才能参加活动，这大概是出于意识形态的原因。有时候，向客户收费没有经济意义，因为收费的成本高于收取的总费用。例如，在许多小型公园，车站护林员一年内只在夏季对游客收费，其余时间允许游客免费进入是因为游客太少以至于"不值得花时间"去收费。

还有一个令人心痛的原因是社会企业家只有向客户收费才能更好地推动社会使命的实现。收费使得客户不得不在不同选择项中分配他们的金钱、时间或其他资源，这样一来，他们必然只会选择自己重视的项目或服务。同意为某项服务付费（哪怕只是总成本的一小部分）至少表明该服务对他们来说值得付出。标了价但利用率非常低的服务给我们传递的信息是，该服务的目标客户并不认为该服务有那么高的价值。所以，社会企业家应该把客户对价格的反应用以指导如何分配稀缺资源才能更好地为客户服务。

要求客户付费使用项目或服务还有一个作用是降低他们的消耗。例如，引入"按垃圾桶数量"进行垃圾收费的城镇会发现居民的"垃圾"减少了，同时回收量增加了。当然，收取费用也可以增强意识，例如付费客户更支持项目，因为他们对服务的付费实际上就是对项目结果的"投资"。（见表8.4）。

表 8.4　免费和收费的理由

| 对客户免费的理由 | 对客户收费的理由① |
| --- | --- |
| 公共利益 | 项目资源的分配 |
| 正外部性 | 了解客户需要什么价值 |
| 增强意识 | 降低消耗 |
| 收集成本 | 增强意识 |

**向谁收费？**

服务成本费用必须有人支付，但由谁来支付却是个学问。就像家庭一样，支付家庭账单的人往往制定规则，至少他们对家庭事务决策有主要影响。想想你如何才能让资金来源与使命保持一致。例如，西雅图雨果艺术馆（一个致力于服务社区的文学艺术中心）的第一任理事会主席抑制了自己利用强大的个人财力来解决该初创企业成长困难的冲动；相反，她鼓励该艺术馆同整个社区建立联系共同寻找资金。两年后，雨果艺术馆拥有了非常多元化的资金基础，包括30%的创收所得，以及与社区中的多样化人群建立起来的密切的"客户关系"。

要求受益人以货币或其他方式付费使用服务也显示了对他们的尊重。以显而易见的方式对项目作出贡献使得受益人能在组织中代表客户发声。

230

---

① 从以下材料改编而来：*Strategic Management for Nonprofit Organizations*（Oxford University Press，1995），p. 101。

事实上，国际仁人家园组织要求低收入家庭贡献"劳动产权"，即他们投入工作时间来建造自己或他人的家园，以这种方式来支付自己未来的居住费用。这样的做法使得购房过程更像是一种平等交易而不是捐赠，这种方式也使仁人家园从不缺少愿意通过自己的劳作来换取居住家园的家庭客户。

定价策略也必须考虑市场竞争的现实，总有些人或人群需要付出代价。多年以前，贝宁顿学院作出了一个有哲学意义的决定：不向大捐赠者寻求资金（以示独立）。结果，该学院就不可能通过使用捐赠基金来为学生提供学费补助，导致了学校在招生时处于竞争劣势。

**计算价格**

最常见的但不一定是最好的对商品或服务进行定价的公式是"成本加成"。成本加成是指按照单位产品（如咨询 1 小时）的生产或采购来计算成本，然后在此成本的基础上提高一定的百分比的计价方式。例如一家艺术博物馆的礼品店以 5 美元的价格从供应商那里购买一件物品，可能加价 100%，即以 10 美元进行销售，因为基本的假设是只有在成本上进行加成才能够覆盖组织的所有管理成本，如租金、销售人员、广告等。

相比而言，基于"盈亏平衡"的定价是一项更为复杂的工作。计算此种定价必须考虑按照给定的价格，销售多少个单位的产品或服务才足以支付该服务的成本以及组织的固定成本。这种价格设定意味着必须事先能够预测以给定的价格能够出售多少数量的服务或产品。

**核心概念**

以客户经济价值（EVC）为基础进行定价的方式不再关注公司的内部成本，而是关注客户愿意为特定目的的项目或服务支付的最高价格。这种凭客户感觉的定价可能是具体的经济价值（如"花 300 美元安装新的窗户一年内可以节省 400 美元的取暖费"），也可能是主观的感受（如"如果这条裤子能够让我看起来很棒，那我愿意花 100 美元购买"）。你可能已经猜到，EVC 因客户人群不同而不同，所以，EVC 通常与分段定价策略结合使用，我们将在本章后面进一步讨论。

不像以利润最大化为生存目的的营利组织，非营利组织难以接受向客户收取的费用高于他们所提供产品或服务的最低成本。旧金山城市商

231

店是一家非营利性组织，年轻员工质疑组织因对某些产品"收费过高"而存在伦理问题。这些高危行为青年也知道，只有收取高于产品成本的价格才能支付所有的商业成本，但是他们还是觉得不应该因为商店位于旅游景点，向客户销售胶卷的价格就可以高于其他非景点区的店铺。同样让这些员工惊讶的是，客户竟然会根据自己的收入水平和优先等级考虑，支付两到三倍的价格购买他们认为有"价值"的物品。

当然，客户的支付意愿通常直接受到可以满足相同需求的替代服务或产品的价格的影响。竞争性定价意味着定价与行业中的"现行市价"有关。在类商品行业中，极小的价格差异就可以对客户的决策产生很大的影响，因此用非常接近竞争对手的价格进行定价几乎是必需的。以保密方式对合同进行投标的组织采用的是另一种竞争性定价方式，投标方会尽力把自己的产品价格定得略低于其他的竞争者，但又需要确保该价格能够覆盖成本并获得尽可能大的利润。

若客户有替代选择，组织（包括所有社会企业家）就必须通过直接或间接的方式知晓竞争对手的价格。保持与竞争对手一致（无论是等价、溢价，还是保持最低价）的价格水平是一个重要的战略决策。

## 支付方式

你应该从创业者的角度去思考怎样定价（无论多高或多低）才能给客户更多的选择来使用你的服务，并帮助你的组织变得强大。

√ 分期付款。在低收入社区的牙科诊所，一些父母没有能力一次性支付 2000 美元的账单，提供分期付款的选择就能让他们的孩子获得牙齿矫正服务。创造性地安排时机对筹款"客户"会有用，例如，斯坦福商学院校友会高明地推测，刚毕业的学生"感觉自己很穷"，但随着时间的推移，他们的挣钱能力会逐步提高，因此校友会提供了一种五年制的捐赠承诺，第一年捐赠额度最低，到第五年最高。

√ 贷款。汽车制造商和房地产代理商都清楚地认识到，消费者总是根据他们的月收入来考虑是否负担得起。社会企业家通过为非传统项目提供贷款或预付订金的方式可以创造很多的购买机会。例如，微型企业放贷人的经历已经成功地证明，小微企业所有者对自己的投资计划有能力并且始终如一地做到了按照月度支付要求进行还贷，这是一次性购买

232

方案根本做不到的。

√ 单件交易还是打包交易：价格。考虑为消费者提供购买单件物品的选项，而不是一揽子销售。例如，许多艺术推介组织已经意识到，很少有 30 至 50 岁的人提前很长时间去购买一个系列音乐会的票；即便他们知道购买系列票比单张票更划算，他们也不会因为便宜而选择购买系列票。

√ 单件交易与打包交易：销量。不同的付款结构会让组织受益。提供音乐会套票优惠不仅增加上座率和提前售票量，还可以改善艺术推介组织的现金流。

√ 不满意退款保证。缅因州的小型商学院托马斯学院（Thomas College）因推出了艺术学士学位项目"不满意可以退款的保证"而上了新闻头条。托马斯学院认为，为学生降低潜在的风险可以消除他们进入学校的巨大的初始障碍，让原本不会选择入学的学生选择该学校。同时，该政策也促进学校努力确保帮助学生实现自己的职业目标。

## 根据你的目标制定价格

第 1 步：你的战略目标是什么？

第 2 步：什么样的定价策略能最有效地实现你的目标？

就像营销策略的其他要素一样，无论你经营的是财富 500 强公司还是非营利组织，价格必须经过仔细计算才能促成你获得期望的回报。让我们来看看一些定价策略及其结果。

### 以能够覆盖成本的最低单价创造最大化收入的价格

市场逻辑：根据市场供求规律，价格下跌会带来需求上升。如果以较低的单价出售，你就会卖出更多的商品，从而占有更大的市场份额。对商品进行大量的生产或销售可以降低单个商品的成本，意味着你实际上以更低的销售价格获得了更高的利润。

社会创业逻辑：较低的价格意味着社区中有更多的人可以获得你的产品或服务，不管他们的经济状况如何。

好牧师食物银行是一个捐赠食品的集散站，为缅因州其他食物银行提供低价食品，它的主要目标之一是降低价格。对好牧师而言，每磅食物的保管维护费收得越低，就有越多的食物银行能为有需要的家庭提供食物。

较低价格带来更高销售量（或更多工作）的事实对支持就业的社会企业来说也是一个诱人的策略：工作越多——只要这些工作能够使组织完全支付成本，包括向员工支付"公平工资"——就业机会就越多。

信仰工作这家组织经常承担特殊的项目，因此，有时它的估价会高于实际成本。这种情况下，信仰工作就会把这部分额外的收入定期回馈给客户，因为他们认为，让最大数量的员工保持工作的最佳方式是通过诚实的关系为组织确保一定数量的回头客。

**从有消费能力的客户那里获得最大利润，对不同类型的客户采用不同的价格以增加利润总量**

√ 根据价格组合和与这个组合相关的销售数量为整个市场选择一个能产生最大利润总额的单一价格。

√ 根据支付意愿和支付能力识别具体的客户群，为支付意愿或支付能力低的客户群体提供折扣。例如，以家庭收入为基础为学生或老年人提供折扣，或按比例浮动收费。

计划生育组织（一家非营利组织）提供的卫生服务就是执行浮动费率，收费金额直接与患者自我申报的收入挂钩，对无力支付全额账单的人收费低于收入超过一定水平的人。这种按人群分区进行收费的定价机制与计划生育组织的信念直接相关，即"无论个人收入状况如何，能够管理自己的生育选择是每个人的基本权利"。

√ 使用价格促销只会吸引对价格敏感的消费者，因为他们需要付出一定的努力才能享受这些促销，如折扣、优惠券、短期促销、与竞争对手价格匹配的价格等。

√ 根据客户对产品的使用情况给予折扣。使用了你的组织中更多产品的客户可能更关注产品价格。同时，他们的大规模订单会降低你用于营销的开支，因此提供折扣算是给他们的公正待遇。

市场逻辑：企业在客户关系的整个周期应该尽可能多地从客户那里获取利润。

社会创业逻辑：向愿意支付更多费用获得相同服务的人收取更高的价格，以补贴有需要的客户。审视你的产品组合图，确保在各项目间保持平衡以实现这一目标。

234

阿尔法一组织经营着一家叫作"轮椅无限"的零售店，出售适应性设备让残疾人能更独立地生活。轮椅无限也出售适应性设备给享受政府医疗补助的患者——即使管理层知道这种交易入不敷出，因为创始人史蒂文·特伦布雷认为，利用来自高利润客户的收入去补贴没有经济能力的人购买设备本来就是"组织使命的一部分"。

**红色警示**

价格的计算很简单，用等式表示为成本＋经营费用＋利润＝价格。读这本书到此，你可能已经认同，不因为组织是非营利的就得用"零"代替等式中的"利润"。记住，在最初的 5 到 7 年里，大多数小企业得把所有的利润（甚至更多）重新投入组织才能保证业务持续增长。合理的利润不仅帮助你支持组织实现社会目标，还帮助你的组织长期生存。

### 用零成本或初始低成本的价格鼓励客户尝试新产品或服务

市场逻辑：客户一旦经过尝试认可了一种产品，就会成为回头客，用相同或更高的价格购买更多的产品。

社会创业逻辑：让行为改变变得容易。1984 年，人口服务组织（PSI）（一家非营利组织）将安全套引入孟加拉国以帮助减少当地的人口增长。PSI 成功地将安全套的定价向其他"小奢侈品"（如香烟或茶等）看齐。

**红色警示**

除非你准备好提供更多补贴，否则请确保你的价格比收取费用的成本高。

### 通过高于必要价格的定价来提高感知价值

市场逻辑：通过利用产品的"虚荣吸引力"来使利润最大化。

社会创业逻辑：提高服务或产品的感知价值以促进社会使命的实现。PSI 曾经以极低的价格将避孕药引入孟加拉国，以为低价会增加需求。事实上，PSI 很快意识到，需要将价格提高到等同于市场上其他品牌的价格水平——而这个价格是 PSI 成本价格的许多倍——才能提升潜在用户对产品的信心。

235

每盘食物1000美元的有人数限制的慈善晚宴可能比其他价格低、规模大的筹款晚宴更能引起人们的参与兴趣，从而获得更多的净利润。

**通过设定足够高的价格来促使客户充分利用服务或产品，进而获得客户的承诺**

资源组织是针对纽约移民的一个私人就业培训项目。该组织的显著特征是：强调参与者本人——而不是政府或地方慈善机构——必须支付一部分培训费用。这些移民要么通过提前预付，要么以工作后从工资里扣除的形式每学期支付400美元，约98%的项目毕业生现在都找到了工作。

**通过价格设定来测试你提供的产品对客户的价值，认为产品或服务物有所值的客户会愿意支付这个价格**

医疗诊所通常收取最低的"分摊费用"，这样做的部分原因是让客户只使用他们需要的服务。

**行动步骤**

记下你目前的定价策略，是否与你的总体战略目保持一致？浏览前面的常用定价策略列表，是否有一种定价策略能更好地支持你的核心使命？

## 利用价格敏感度获得优势

**核心概念**

价格敏感度描述了客户群体对价格变化的反应程度。价格敏感度高意味着只要价格小幅上涨就会导致客户购买既定商品的数量明显减少；同样地，价格的小幅下降可能导致购买数量的明显增加。当价格敏感度较低时，客户对价格上升或下降的反应相对较小，除非价格剧烈波动。

价格敏感度会因产品、产品类别、总价格范围、商店类型、所需服务水平、地理位置、年度时间段以及客户细分等而不同。社会企业家可以灵活运用价格敏感度，做到以更高的价格提供更多的服务，并且让客户仍然认为获得了"良好的价值"。譬如，社会企业家可以利用价格敏感度降低班级的个人收费，但所有收费仍能覆盖班级的固定费用，因为较低的费用能吸引更多的学生。

236

**红色警示**

非营利组织员工习惯了提供免费服务或为低收入人群提供服务，因此会以为客户对价格不敏感，而事实并非如此。例如，缅因州一家关注老龄问题的非营利组织老年光谱（Senior Spectrum）最近推出了一项营利性业务，为老年人提供更加独立的生活服务。老年光谱的一些员工一开始对从非营利转向营利收费服务感到不舒服，他们用自己的这种假设去推测客户，以为客户也会不愿意付费获得服务，而实际上他们的客户（包括很多为自家老年人购买服务的人）认为付费服务很有价值，并认为老年光谱制定的价格绝对公平。

下列因素导致价格敏感度下降：

√ 认为产品或服务比较独特；

√ 在整个产品或服务购买中所占成本相对小；

√ 认为好的价格意味着好的质量。

下列因素导致价格敏感度增加：

√ 认识到有容易获得的可选择替代品；

√ 使用直接竞争产品比较容易；

√ 客户已有大量支出。

确定价格敏感度的最佳方法是进行实验。要留意不公正感的反弹：相同的服务为什么价格不同，所以要尝试对不同服务的价格进行调整。跟踪新价格上用户的参与率，与旧价格的参与率进行比较（确保在一个可比较的时期内）。要尽可能地留意和观察客户：他们是否询问服务价格，在知道服务价格后，是否说"不用了，谢谢"就走了？一些客户本来只打算报一个班，但发现价格比较低时是否改为报两个班？也要关注竞争对手对你的价格变化的反应，并把他们的反应纳入应对策略。

你可能会发现，有一些服务项目的收费已经低于最优价格；你也可能发现，降低另一些服务或商品的价格会赢得更多的利润或者为社会提供更多的服务，所以需要持续进行试验。即使客户的偏好和优先选择顺序没有改变（通常情况下是会发生变化的），你的竞争环境也会发生变化。

你还可以运用定价技巧让对价格非常敏感的客户能够比其他客户为同一产品支付更少的费用。回到运用定价技巧使利润最大化的例子，审查使用该方法对客户和价格进行区分时是否符合伦理。

**行动步骤**

至少开展一个价格敏感度的试验。把最畅销的服务或产品降价 10%，确保降价标记清晰可见，并观察结果。观察当你再次把价格调回原来价格时会发生什么？如果你把价格提高 5% 又会怎么样？哪一个价格最符合公司的终极目标？

## 推广你的产品、服务和使命

市场营销有多种形式。人际关系可能是最不引人注意但却最有效的营销形式。大多数社会企业家名至实归地为自己的声誉感到自豪，建立一个强大的品牌可以进一步巩固这种声誉。许多社会企业家拥有一个"不应该是秘密"的武器，即他们的社会使命（如果他们选择把使命当"武器"的话）。我们将分别研究每一种营销形式。

### 通过建立关系来进行营销

管理学者彼得·德鲁克曾经说过："商业的目的不仅是销售，还包括创造和保留客户。"[1] 社会企业家通过与客户建立关系进行营销合情合理，因为这个方法既有效，成本又非常低，而且可以充分发挥非营利组织领导人常有的人际交往技能。社会企业家可以受益于战略性地考虑客户关系、客户引荐，以及同有重要价值的中介建立关系。

社会企业家面临的一个挑战是如何将他们与社区建立起来的牢固关系与组织的最大优势相结合。卢贝肯企业发展总监卡丽·波蒂斯（Carrie Portis）给出了一个很好的例子："在卢贝肯面包房，有人（潜在志愿者）问如何帮助我们的面包店发展，我告诉他们购买我们的蛋糕，让他们的朋友来购买我们的蛋糕，感谢杂货店储存我们的蛋糕。刚听到这个建议时他们大笑，然后他们明白了，希望他们出去时就购买一次。"[2] 卢贝肯知道利用关系发展客户。

---

[1] Jonathan Levine, "Customer, Sell Thyself," *Fast Company*, No. 3, p. 148.

[2] Carrie Portis and Kristin Majeska, "Managing Key Relationships with the Rest of the World: Lessons Learned (the Hard Way) by Social Purpose Enterprises" in Social Purpose Enterprises and Venture Philanthropy in *the New Millennium*: *Practitioner Perspectives* (Volumn 1) (Roberts Enterprise Development Fund, San Francisco, 2000), p. 73.

持续投资增加对客户需求的了解并超越他们的期望值是获得回头客的最佳方式。合作家庭护理协会从事家庭保健业务，从一家雇用需要福利救助支持的女工的初创公司成长为创造 700 万美元利润的企业。我们问创始人里可·苏平（Rick Surpin）使用了什么营销技巧做到了这种飞跃，他的回答很简单。

**至理名言**

238    "我对市场营销一无所知"，他说，"我只是同诊所和政府部门建立了良好的关系，一个一个地建立关系"①。

最近一项针对 900 名销售和市场营销专业人士的研究证实，企业家应该把精力集中于关注那些已经了解和支持他们的人，这些专业人士把"引荐"列为吸引新客户的最有效方法。发起该研究的尼尔伯格集团总结道："获得新客户的最短路径就是评估现有的联系人，并询问最愿意推荐组织的人。"②

人际关系也可以为社会企业争取个人客户发挥重要作用，你所需要的是找到合适的中介。赫里福德餐厅（Hereford House）（在 Inc. 杂志 1999 年版的《市中心 100 家》中排名第 70）的老板有效地运用了这种技巧让堪萨斯城一家偏僻的濒临关闭的牛排店起死回生。他去接触市中心各酒店的礼宾部，分发礼券来吸引客户将车停在他的餐厅门口。为了确保出租车司机能带来新的客户，他偶尔会为出租车司机提供免费的小点心。类似的是，非营利组织旧金山城市商店与旧金山导游协会建立了良好的关系，因为他们知道导游协会会带领游客光顾他们的商店。

倡导组织阿尔法一认识到可以与建筑师建立同盟以确保所有的公共建筑设置无障碍通道。尽管建筑业主必须批准和认可与无障碍设施相关的成本，但建筑师拥有强大的发言权，并能得到这些决策者的信任。阿尔法一积极培育这种关系，不断培训建筑师，让他们知道在建筑物设计中最大化融入无障碍设施能够带来的社会和经济效益。

---

① Interview with Rick Surpin, founder of Coperative Home Care Associates.
② Cheryl McManus, "Customer Bait," *Inc.* magazine, July 1999, p. 93.

**社会营销**

当我们谈论营销策略时，有必要认识到一部分社会企业家面临着特殊挑战。社会变革常常要求参与者付出较高的个人代价来改变他们的行为，以达到"社会效益"。例如，哥伦比亚的低收入农民不愿意放弃种植古柯植物去种植那些收入不足以养家糊口的作物，即使他们认同降低毒品成瘾的目标。当个人参与的成本超过个人获得的利益时，说服个人参与社会项目比说服客户购买符合他们自身最大利益的商品要困难得多。

卡斯图里·兰根（V. Kasturi Rangan）教授、索尔·卡里姆（Sohel Karim）教授和谢里尔·桑德伯格（Sheryl Sandberg）教授认为，开展社会营销的最佳方法是，首先系统地从目标参与者的角度分析期望发生的行为变化。社会企业家应该基于两个因素来规划营销：（1）期望参与者付出的成本，无论是经济上、心理上（如戒烟），还是时间上；（2）参与者能从建议的行为改变中得到哪些有形和无形的好处。最有效的市场营销方法会因这些成本效益组合的不同而不同。通过绘制参与者的成本和收益，图8.4可以帮助你确定在特定情况下运用何种关键营销策略。

239

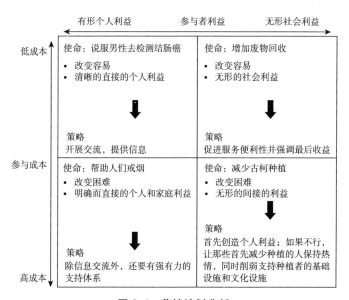

图 8.4　营销计划分析

## 打造品牌

核心概念

根据最新排名，麦当劳在世界品牌中排名第一，"一个具有始终如一的品牌价值、行业优势和个性活力的典型国际品牌"[1]。品牌有价值是因为品牌直接影响客户的决定，品牌为购买者提供了选择产品、服务或行动等信息处理的捷径。用索尼董事长大贺典雄（Norio Ohga）的话说，"我们最大的资产是四个字母：SONY，不是我们的建筑、工程师、工厂，而是我们的名字……我们必须建立和维护自己的声誉，因为这决定了我们公司在21世纪的价值。"[2] 品牌对初创企业也是非常重要的。1990年还不存在的亚马逊购物和易趣网（eBay）现在已经成长为如此强大的两个品牌，以至于它们的名字立刻会让人想到互联网商业和股市的成功。

核心概念

在非营利部门工作的社会企业家在建立品牌方面有独特的优势。一个曾在宝洁公司担任营销主管的人说："大多数非营利组织本身已经是一个品牌。问题的关键在于他们是否根据自己的优势去定义、阐述和管理这个品牌。"[3] 如今，许多非营利组织已经关注品牌建设，并通过利用组织已有的声誉和形象，综合运用各种方法去巩固资助者、客户、公众的忠诚度。非营利组织希望运用他们的品牌来增加筹款资金和商品销售额、与营利公司建立联盟，他们甚至提出要增加在公共政策中的发言权。美国志愿者组织的发言人史蒂文·阿伯特（Steven Abbot）将品牌塑造描述为一种防御策略："如果你不给自己冠上品牌、聚焦信息、整合信息传递方式，并利用一切手段将信息传播出去，那么你将会迷失在这个信息爆炸的时代。"[4]

---

[1] "The World's Greated Brands," *Fast Company*, August 1997, online.

[2] Mercer Management Consulting, "Managing Brands as Strategic Assets," *A Mercer Commentary*, 1997, p. 1.

[3] Thomas Billitteri, "'Branding': A Hot Trend for Charities," *The Chronicle of Philanthropy*, May 29, 1999, online.

[4] Thomas Billitteri, "'Branding': A Hot Trend for Charities," *The Chronicle of Philanthropy*, May 29, 1999, online.

波士顿科学博物馆的传统营销资料包括品牌更新信息。"它有生命"这个新口号连同一个富有运动感的新标志都强调了博物馆不断变化的目标，可以理解为值得频繁参观。但波士顿博物馆的标志和口号也发挥了双重作用，这是他们第一次用于帮助博物馆的礼品店做销售。为什么把博物馆品牌和礼品店商品搭配在一起呢？博物馆的零售销售经理说："我们深切认识到需要在商业化中得以永存。"[1]

### 红色警示

过于激进地推广品牌或背离核心使命会让社会企业家面临比营利同行更大的风险。追随聚光灯、资金捐款，或者听命于捐赠者都会分散组织的注意力。而且，如果公众认为你的市场营销流于形式而不关注问题的实质，或者你听起来像是在推销软饮料而不是在推广一个好的事业，那么你离脱离捐赠者、志愿者和更广泛的社区就不远了。

品牌宣传活动也有局限性。营销不是弱小组织或无序组织的灵丹妙药。用波士顿科学博物馆副主席的话说："品牌塑造需要真实地呈现组织所提供的服务和产品，而不能随意编造一个形象就开始祈祷好运降临。"[2]

### 案例研究

241

#### 苏荷剧团（SoHo REP）品牌

纽约苏荷剧团最近尝试提升自己的品牌身份。在董事会成员辛西娅·朗德（Cynthia Round）的带领下，苏荷团队分析了消费者对剧院的看法，他们不仅调查了客户对其前卫戏剧的观点，还了解了消费者对剧院的标志、座位容量以及在艺术界的定位有什么看法。苏荷喜欢受众提出的一条期望：既是"创新的"又是"实验性的"，因此决定通过自己的品牌把这种期望打造成真正的竞争优势。

苏荷的品牌规划不仅是塑造一个形象，用朗德的话说，剧团的目标

---

① Thomas Billitteri, "'Branding': A Hot Trend for Charities," *The Chronicle of Philanthropy*, May 29, 1999, online.

② Thomas Billitteri, "'Branding': A Hot Trend for Charities," *The Chronicle of Philanthropy*, May 29, 1999, online.

是"传递一致的服务使用的个人经历"。艺术总监丹尼尔·奥金（Daniel Aukin）把这个概念更具体地表达为："当一个观众或未来的观众与剧院互动时，不管他是在看表演、在大堂里等待、在街上看海报，还是收到剧院的明信片，他对剧院的感受和期待都是一致的，不会因互动形式而不同。"

基于客户研究的发现，苏荷正大刀阔斧并注重细节地实施品牌战略，剧院现在的广告清楚地反映了剧院的前卫形象，奥金的名片也如此。很快，剧院大厅的彩绘墙壁也会随之发生类似的变化。

奥金一开始持怀疑态度，认为品牌战略"听起来就像想卖薯条才会努力去做的事情"，现在他发现一个品牌战略"难以置信地有用"。

---

**行业工具**

那么，你要如何打造自己的品牌呢？作为耐克"随心所欲"品牌宣传和星巴克品牌的背后设计者，斯科特·贝德伯里（Scott Bedbury）提出了八个品牌建设原则。

√ 一个伟大的品牌是持久的。

√ 一个伟大的品牌可以是任何东西（如英特尔、星巴克和耐克）。

√ 一个伟大的品牌了解自己（通过询问消费者）。

√ 一个伟大的品牌发明或重塑整个产品类别（如迪士尼、苹果）。

√ 一个伟大的品牌会激发情感（就像一场伯仲难分的篮球比赛中的情感）。

√ 一个伟大的品牌背后都有一个未曾完全被人知晓的故事［如李维斯的故事、惠普方式（HP Way）］。

√ 一个伟大的品牌具有设计一致性（如拉尔夫·劳伦、耐克）。

√ 一个伟大的品牌是相关的（不仅仅是耍酷）。

正如贝德伯里所言，打造品牌是一次"长途"跋涉，需要投入稀缺的资源。在你慎重决定打造品牌之前，问问自己，你的公司是否属于以下任何情况，因为只有这些情况下，大量投资进行品牌塑造才有意义。

√ 我们是否需要迅速建立自己的身份？因为我们刚进入了一个新的

242

市场还不为人知。国际仁人家园的品牌帮助世界各地的小型志愿者团体招募志愿者和捐助者，具体方式包括传播一套公认的价值观和让低收入家庭对家园拥有所有权，这使得当地加盟机构不再需要花漫长的时间等待建立信任。

√ 客户是否非常看重品质感，供应商之间是否存在很大的质量差异？非营利组织访问护士协会（Visiting Nurses Associations）有另一个更为人熟知的名称——VNAs，它在卫生保健服务行业竞争日益激烈的时代仍然持续繁荣的部分原因在于其组织名称的优势及护理的传统和质量，这可追溯到成立之初，组织的护士们会给贫困社区的病患家里打电话。

√ 我们是否只有很少的机会直接与广大客户互动？联合国儿童基金会与美国的普通消费者几乎没有直接联系，但它每年销售数百万美元的卡片和礼物。联合国儿童基金会依靠这个品牌来传达帮助儿童的机构目的，唤起"就1美元能买到什么"的形象，并给别人留下一种做国际慈善的感觉。

那么，资源紧张的创业者在不致破产的情况下能做些什么来巩固自己的品牌呢？创造性地思考并利用组织的资产。这里有几个例子。

思考能见度：城市年华组织（City Year）给了克林顿总统一件运动衫和一块印有其标志的手表，后来组织的名称登上了全国电视台和电台，借助那些场合宣扬了该组织工作的重要性和对该组织的重视。

以己之擅长为基础：通过饼干销售，女童子军能够触及超越组织核心客户（年轻女孩和家长）的人群。意识到每个饼干盒都会被消费者转手很多次，或许还会被浏览好几遍，于是女童子军决定把饼干包装变成有效的交流工具，告知受众组织如何为青年女性的未来做准备，如山地骑行、计算机课和建立自信心等。

设计一个能增强组织的品牌和使命的产品：全国头痛基金会的时事通讯"新闻提要"专门安排了几个页面，详细回答成员有关偏头痛的问题，体现了该机构致力于提高偏头痛患者生活质量的承诺。同时，"新闻提要"还通过不同方式巩固品牌的可信度，包括邀请不同的专家回答问题并报告偏头痛治疗最前沿的进展（切实列出了最新学术研究的日期）、不惧风险地推荐具体的药物。

社会企业家可以从营利部门借鉴许多低成本的营销策略。然而，品牌和营销活动可能会提高声誉，也可能会降低声誉。资金短缺的创业者经常忍不住要"自己动手，丰衣足食"。虽然你可以使用一些旁门左道的营销技巧来有效地实施本章中的原则，但要特别小心营销材料的偷工减料给人留下持久的不良印象。

回头想想你最有价值的客户，总的说来，他们珍爱的价值是什么？什么品牌能吸引他们？再想象一下，如果要求他们来描述你的品牌，他们会怎么说。他们能描述吗？自己牵头通过焦点小组或者请市场营销专业人员帮助你了解客户对组织的看法。掌握了这些知识后，决定如何用两至三个具体步骤来建立或改变客户的某种具体看法。

### 事业关联营销（cause-related marketing）

事业关联营销对于社会企业家来说可能是一种撬动成熟组织的财务和创造性资源比较有效的方式。事业关联营销通常采用连接客户眼中的两种品牌或者"联合品牌"的形式。

"喝牛奶了吗？"加州牛奶生产商与女童子军联手制作了一则影响力很大的广告牌，广告牌上传递了可爱的与布朗尼蛋糕、女童子军饼干和牛奶相关的健康吸引力。

"反饥饿收费"。近几年来，每当有人在假期使用美国运通卡时，美国运通就拿出 0.03 美元捐赠给共享力量组织（Share Our Strength）（SOS）的饥饿救济项目。美国运通与其他公司伙伴一起，向 SOS 提供了超过 1600 万美元的捐款，这样做同时也增加了自身的交易量、持卡人的满意度以及接受其卡片的商家数量。

"宠物领养"。一个当地的人道主义协会每周都会在当地报纸上免费刊登一到两只宠物的广告以供领养。这篇广告使该协会在支持社区发展方面得到了加分，并毫无疑问地让乐意看到可爱动物照片的读者乐在其中。广告中的动物通常都会找到一个家，宠物护理问题得到了很好的解决。

营销学教授艾伦·安德烈森（Alan Andreasen）鼓励非营利组织把

244

自己看作是这些营销组合中真正的"伙伴"。他建议采取三个步骤：
（1）对组织自我评估，了解组织能为潜在的合作伙伴提供什么价值；
（2）识别并接触可能会从组织提供的服务中获得最大利益的潜在合作伙
伴；（3）积极地帮助建立和监督伙伴关系。以下是他建议在思考能够为
潜在合作伙伴提供什么价值时需要回答的问题。

　　√ 我们的形象是什么？

　　√ 我们有很高的品牌知名度吗？

　　√ 我们的事业对某些公司和行业特别有吸引力吗？

　　√ 一些公司对我们的核心客户有特别的吸引力吗？

　　√ 我们是否在推动一项公众认为特别急迫的事业？

　　√ 我们对某些群体有影响力吗？

　　√ 我们是地方组织、国家组织还是国际组织？

　　√ 我们是否有一位富有领导魅力或高知名度的领导者？

　　√ 我们的组织是否有经验并且稳定？①

### 使命驱动的公共关系

　　社会企业家在公共宣传方面有一个令人羡慕的优势，这是最低的直
接成本形式的营销。大多数媒体人喜欢讲述一些关于人们做"好事"促
进人类福祉的故事，尤其这种好事使用了原创方法的时候。公共关系工
作的第一步是评估对组织的社会使命进行宣传会对组织有什么益处……
或者弊端，然后再考虑使用哪些基本工具建立公共关系。

　　如果你是一家社会目的企业，提供的产品或服务与组织的使命没有
直接联系，那么你需要通过市场调查来确保目标客户能够受到组织社会
使命的激励。不幸的是，对于许多人来说，"非营利组织"这个词会让
人联想到"质量低劣"，"不专业"。如果潜在客户把你的产品或服务视
为"慈善"，那么他们就感知不到你的价值定位。明尼苏达州多元化工
业公司（MDI）的约翰·杜兰德解释说："据我的经验，商业世界不信任
非营利组织。他们认为，如果一个组织没有货币收益来激励它提高质量

---

① Alan Andreasen, "Profits for Nonprofits: Finding A Partner," in *Harvard Business Review on Nonprofits* (Harvard Business School Press, 1999), pp. 126-130.

或及时交货，那它就成不了什么气候。"所以，杜兰德在他的销售宣传中故意不提 MDI 的社会使命以便回避这个问题。旧金山的 CVE 是一家提供商业化清洁服务的社会目的企业，管理层采取了更为主动的方式："有时我们会一直等待，直到 6 个月以后我们非常成功地清洁完整栋建筑以后，才会对客户强调组织的使命。那个时候，正从精神疾病中康复的员工也更可能被视为我们组织的一个优势。事实上，我们觉得谈话有助于打破与精神疾病有关的污名化，然而，同样的信息在之前可能会被视为弱点。" CVE 的执行总裁约翰·布劳尔（John Brauer）这样说。[①]

或者，你的社会使命可能是一个有力的卖点。问问自己每年溢价卖出了多少女童子军饼干。女童子军把组织使命完全融入了市场营销。东端儿童厨房（East End Kids Katering）是缅因州波特兰市一家为低收入家庭的儿童提供低成本营养食品的组织，他们发现，组织使命是新的餐饮企业最初吸引客户的一个主要因素。丝网打印机公司阿什伯里图像针对不同的细分客户，按照不同的程度有策略地营销组织的社会使命。

宣传社会使命时，带有为市场活动进行销售宣传的目的往往会引发伦理拷问，就像某些组织利用海报上的儿童筹款一样。社会企业的领导必须制定明确的规定并举例说明哪些是可以接受的营销，哪些不是。制定上述政策时，请务必回答以下问题。

√ 从我们的受益者角度来看，什么是正确的事情？（别忘了征询他们的意见，因为有些意见你可能预期不到。）

√ 如果要制作故事、采访、照片等，我们对受益人的期望是什么？

√ 公共关系的工作真的能促进我们的社会目标吗？

√ 我们的传统支持者有何反应？

随着企业的发展，你需要定期重新审视如何促进社会使命的问题。很多年之后，由三个木工雇佣企业组成的非营利组织创意工作系统，决定在其标签中加上这些文字："萨克湾供应商（Saco Bay Provisioner）是

---

① Carrie Portis and Kristin Majeska, "Managing Key Relationships with the Rest of the World: Lessons Learned (the Hard Way) by Social Purpose Enterprises" in Social Purpose Enterprises and Venture Philanthropy in *the New Millennium*: *Practitioner Perspectives* (Volumn 1) (Roberts Enterprise Development Fund, San Francisco, 2000), p. 67.

缅因州的一家非营利公司，它为挑剔的客户生产优质产品。你对产品的购买就是对有身体残疾、心理残疾和后天残疾的人提供帮助。"苏珊·珀西（Susan Percy）（该公司执行总裁）解释说，担心"剥削"受益人，所以很难做决定，但她同时也认为，推销高品质的缅因州产品使得用与社会"挂钩"的标签来促进其工作价值的方式可以被接受。

一旦决定了是否及如何向公众传达你的社会使命，传统的公关工具 246 就可以派上用场了，这是迄今为止能够充分利用营销资金的最好方法之一。首先，需要认识到你已经有了多数记者想要有所作为的基础——一个好故事。接下来，协助媒体把这个故事转变成带正能量的"新闻"。像任何公司一样，你可以发布新闻稿宣传"新"项目或产品，详细说明它们为什么具有新闻价值。作为一名社会企业家，你可能比大多数公司更适合举办活动，为公众提供他们想知晓的信息。不要忘记，政客们喜欢在这种活动中对好的事业表示公开支持，而且，政客们到哪里，媒体就会跟到哪里。如果你在这些社交活动有基于研究发现的信息，或者有什么工作成果值得夸耀，那么试着用简洁精炼的形式包装成引人入胜的信息，方便当地报纸或电视台使用。也可以利用非营利组织的典型资产——志愿者，建议你推荐一位超级明星志愿者，或者提醒某位年轻的记者有一个很好的拍照机会（这是互惠善意）：当地一家公司的 50 名员工将在周六早上给当地的无家可归者住所刷油漆。这里有几个小技巧确保你的伟大故事能引起读者的注意。

√ 把精力集中到客户最可能使用的杂志、报纸、电视或广播节目上。

√ 熟悉上述出版物和媒介。它们通常包括哪些类型的故事？是分析性的吗？有关人类福祉吗？每个月有特别报道吗？

√ 问记者需要什么帮助，跟编辑简要地谈一谈，跟他们要写作指南和其他信息，以便你准备适当的新闻稿。

√ 开始同媒体建立网络和往来关系。利用组织理事会成员和其他利益相关者已经建立起来的各种关系。

√ 记住，公共关系不是花钱购买的。要灵活些，和记者一起工作，即便他们不想把你的组织放在头版头条，但只要在新闻媒介上提到都有助于增加公众对组织的知晓率。

√ 替记者着想，把事情做简便一些。把事实信息汇总成一页；协助记者接触组织内的每个人；有拍照的机会时提醒记者。

√ 把重点放在想要营销的事物上，构建一些涵盖各种益处的简单故事。根据你的目标，可以选择强调这个社会项目的好处，也可以把销售某样工艺品有助于促进使命的实现当作最大的卖点。

247 **行动步骤**

回答以下问题。

√ 促进社会使命的实现将如何影响组织最有价值的客户细分人群？

√ 组织的有关社会使命的公共关系政策是什么？在过去的三年里是否重新审视过？如果没有，重新审视这个政策。

现在，回想去年，有什么"新闻"是你没发布但却具有良好的公关价值的？再想想今年，你想交流的关键信息是什么？浏览你的日历，识别可以展示这个关键信息的三个潜在新闻项目。制定行动计划，在最具价值的客户细分人群能看到的地方安排至少一个这样的故事。

## 总　结

社会企业家有精力、信念、创造力、同情心、驱动力，要什么有什么。以客户为中心的意识可以将所有这些资源引导至同一个方向，为实现社会公益创造不可思议的强大力量。以下是如何做到以客户为中心的关键。

√ 识别谁是客户。把客户分成你可以想象、接触和了解的不同群体。弄清楚你为哪些类型的客户提供的服务最有成效，问问自己为什么，并利用这些知识为你"最好"的客户提供最好的服务，并改善你对其他类型客户的服务。

√ 研究——不要想当然地认为你已经知道客户看重什么。挖掘信息源、观察，最重要的是，问问你的客户！仔细倾听他们的回答，了解你的市场由哪些人组成……谁会决定你的成功。

√ 满足客户的优先考虑。掌握了客户看重什么价值以后，你要确保以什么方式满足客户。持续不断地寻找更好的方法来让客户满意。

√ 推广你的市场竞争优势。识别用什么方式才能比其他人更有效地为客户服务。确保潜在客户知道你能用什么方式满足他们的需求。

√ 使用价格来帮助你实现目标。选择能够支持总体战略的定价策略和价格水平。

√ 塑造强大的品牌形象。定义、交流和管理组织名称和组织声誉，确保客户体验与你想要传达的形象一致。

√ 推销你的使命。决定如何和何时宣传组织的社会使命才能进一步 248 促进实现组织目标。运用公关策略将使命转化为免费营销。

# 第九章　财务管理

*汤姆·麦克劳林*[*]

**本章内容提要**

五种财务报表

财务管理基本知识

全程跟踪（成本核算）

成功的代价（并不高昂）

没有人能单凭体力和热情就可以成功登顶珠穆朗玛峰。除了体力和热情，你还需要考虑同伴、装备、供给、计划、人脉网等一系列要素。同理，管理社会企业也是这样。攀登珠穆朗玛峰这个例子也许有些夸张，但我们要说明的就是这个道理。

社会企业的方方面面都涉及财务资源与需求，尤其是在创新、智慧（resourcefulness）和责任机制方面。在财务状况混乱的情况下很难实现创新，混乱中那些看起来像是创新的行为实质上可能只是一些被动的应对机制。好的管理者懂得如何辨识和利用组织的财务优势。

传统意义的问责机制不一定适合社会企业家，因为传统的非营利组织在资金方面只需要对外部出资者或监管者负责。外部资助者在赠予资金时通常会提出要求，如政府机构就特定项目征集项目投标书时会提出要求一样。但没人给社会企业家提出明确的要求，也没有就如何使用资

---

[*]　德豪会计师事务所（BDO Seidman，LLP），管理咨询部经理。

金作出限定，因此，内部的财务责任机制变得至关重要。为了让所有工作得以顺利进行，财务系统必须到位，财务信息流程和预算管理实践必须健全，必须增强组织的问责机制。所有这些要素在组织运营层面也有要求，稍后我们会有所提及。

252

高效的社会企业家了解自己的财务资源，但不会被财务资源所束缚。在财务领域，他们需要了解组织能提供什么资源，并保证组织的财务管理系统运行良好，否则，企业家首先要做的就是改善财务系统。

**应用工具**

本章的所有示例均参照美国国税局的 990 表格，相当于个人报税时需要填写并于 4 月 15 日前提交的 1040 表格。（顺便说一下，这一过程比个税申报过程简单。组织须在相应财年结束后的第 5 个月的第 15 天前提交 990 表格）。当我们引用比率或作出说明时，一般都会提到具体数据在 990 表格中的具体位置。

## 五种财务报表

要想掌控非营利组织的财务状况，管理者需要在适当的时机获得正确的信息：谁得到这些报表、何时得到的这些报表同报表的内容一样重要，因为不同岗位的管理者需要关于各自责任领域的不同类型的信息。

以下就是这五份报表。

√ 资产负债表（财务状况表）。这是观察非营利组织财务健康状况的窗口，涵盖了有关组织资产和负债的累积信息，也是后面我们会讨论的许多财务比率计算的信息来源。

√ 损益表（活动表）。此表反映组织的盈利程度。单个项目的损益表与之相类似，但应交由每个项目负责编制应收账款（票据）的经理管理。

√ 应收账款。这份报表对于需要依靠信用获取收入或从事服务性收费服务的非营利组织或社会企业来说尤其重要。该表需要显示组织内每个主要收入类别的全部未付账单的账龄，并以 30 天为增量。与前一份报表一样，项目管理人员应该有他们各自版本的报表。

253 √ 现金流量预测表。与其被突如其来的现金流问题袭击，不如做好准备应对可能的现金流"灾难"。你可以邀请熟悉组织业务的人一起编制现金流量预测表，对未来一年或者至少一个季度的情况进行预测。

√ 使用率报表。这份报表因场景不同而不同，应该包括组织服务数量和其他关键数据的详细信息，可以用来发现趋势和机遇。

表 9.1 列出了提交财务报表的关键点（仅作参考，不要机械地理解）。

表 9.1　财务报表的关键点

| 报表 | 报给谁 | 什么时候报 |
|------|--------|-----------|
| 资产负债表 | CEO，理事会 | 月度，但应在需要时随时提供 |
| 损益表 | CEO，理事会及各项目经理 | 月度，但应在需要时随时提供 |
| 应收账款 | CEO，理事会及各项目经理 | 月度，但应在需要时随时提供 |
| 现金流量预测表 | CEO | 至少是季度的 |
| 使用率报表 | CEO，理事会及各项目经理 | 月度，但应在需要时随时提供 |

## 财务管理基本知识

首先，让我们做一个不用计算器就能做到的简单快速的测试，看看组织的财务状况。找到资产负债表（990 表格从第 45 行开始），用手指顺着年终资产清单的第 45 行滑到第 58 行[①]，停在最大的数字处：谁控制这部分资产，谁就控制着整个组织。

为什么这么说呢？可以这样想：如果组织最大的资产是现金，控制现金流的人在机构中就有很多发言权；如果组织的最大资产是作为股票组合持有的留本基金（第 54 行），那么控制该组合的人将牢牢地控制组织的发展方向；如果最大的单个数字在应收账款——该机构已经交付了服务但未收回的款项，那么欠款者基本上控制着组织。

这对社会企业家将意味着什么？答案很明显：创业之前确保获得掌控最多资产的人的支持，如果那是社会企业家本人当然最好。

---

[①]　由于原著出版得比较早，990 表格后来改版过，所以文中的条目行数与现行 990 表不一定对应。——译者注

一般情况下，你应该知道组织的财务管理状况。财务报表是否需要 254 时就能获得？财务报表是否提供了有价值的信息？财务管理人员能否利用财务系统编制特殊报表？年度财务审计结果是否在你的意料之中？所有这些问题，如果答案都是"是的"，那么你现在应该已经拥有了一套合适的财务管理体系。

---

### 收付实现制还是权责发生制？

在杂货店，你可以选择使用纸袋还是塑料袋，但非营利组织在财务管理系统方面却没有选择。会计制度分为以现金为基础和以应计为基础两种，非营利组织应该使用权责发生制。在收付实现制中，只有获得现金时才被记为收入；只有在付出的支票兑现后，才被记为支出，但这个方法会产生收入和支出的记录偏差。在权责发生制中，目前暂未收到的收入（应收账款）也会被记为收入，所欠的还未支付的费用（应付账款）也会被记为支出，因此可以提供更可靠、更准确的报表。对于个人而言，纸袋还是塑料袋可能是一个困难的选择；但对于非营利组织而言，选择收付实现制还是权责发生制则容易得多。

---

### 财务比率

以上的快速测试更适合忙碌的或恐惧数学的人，此外，你还可以通过计算各种比率对财务进行更深入的分析。这些比率通常能够反映三个方面的财务健康信息：流动性、资本结构和盈利能力。

除非另有说明，下面各比率均使用 990 表格资产负债表中的 B 栏（年末数据）进行所有资产负债表的计算。

### 流动性

**核心概念**

流动性衡量组织短期内根据需要可以调用的现金或流动资产。调用情况多数涉及组织的日常活动，比如支付账单和工资单，但也可能包括重要活动如购买车辆或不动产。对于非营利组织，现金为"王"。有了现金，你可以为所欲为；没有现金，举步维艰。

以下列举了流动性的几个重要指标。

## 流动比率

比率：流动比率

类目：流动资金

公式：$\dfrac{流动资产}{流动负债}$

990 表格公式：$\dfrac{第\ 45\ 行-第\ 54\ 行的总和}{第\ 60\ 行-第\ 63\ 行的总和}$

比率示例：$\dfrac{29000+139800+12000+10000}{132000}\approx 1.45$

### 它是什么

流动比率广泛用于衡量流动性。大多数审计财务报表都有流动资产和流动负债的小计，因此流动比率的计算不复杂。它比较了组织的短期资产与同期内预计面临的负债。

这个比率的优势在于它的简单性。大多数企业的"当期"定义为一年，因此实际上选择了 365 天作为时间框架，回答的问题是，"除去将在同一时期内到期的负债，我们还有多少资产可转换为现金?"

### 它应该是什么

一般认为这个比率应该至少是 2∶1，也就是说，对于每 1 美元的即将到期的债务应该至少有 2 美元资产可用来支付。一般来说，这个比率越高越好，但仅在一定范围内，因为流动比率过高也会产生问题（是管理层面犹豫不决或疏忽大意的标志），可能意味着没有就一些当前用不到的资产进行长期投资，而只是用以短期积累。

对这一比率的理解要具体考虑非营利机构的现金需求。相较于一半收入都是现金形式的组织，拥有大量复杂报账程序的非营利组织需要有更强的能力来应付债务的短期波动。

### 它不是什么

这实际上是一个相当粗略的衡量方式，将不同资产归并到"流动"类别会掩盖其中一些类别缺乏流动性的本质。例如，库存通常不容易变现（因为库存对于持续的服务提供必不可少，组织也不应该想着将其变现）。

幸运的是，许多非营利组织并不用考虑库存问题，因此流动比率通常非常有用。需要精确衡量流动性的组织（此时库存是一个问题）可以尝试"酸性测试"：

$$\frac{现金+有价证券+应收账款}{流动负债}$$

你可能已经听说过的周转资金就是指流动资产减去流动负债的余额。

**现金存量天数**

---

比率：现金存量天数

类目：流动性

公式：$\dfrac{现金及等价物×365}{经营费用-折旧}$

990 表格公式：$\dfrac{（第\ 45\ 行+第\ 46\ 行）×365}{第\ 17\ 行-第\ 42\ 行}$

比率示例：$\dfrac{29000×365}{1019400-26000}≈10（天）$

---

它是什么

人体在缺乏食物摄入时会显现惊人的适应性，如减缓代谢速度、转换焦点、改变系统，营养恢复后，又可不费吹灰之力地恢复到之前的节奏。非营利组织和现金供应也是如此：现金短缺时，组织会进行调整以弥补现金不足，这至少在管理层是一个非常自然的现象。那么重点来了：如果完全切断现金，组织能维持多久？现金存量天数回答的就是这个问题。

现金存量天数可以看作是在没有任何现金收入的情况下，组织以平均现金支出水平能够维持运营的天数。如果一个非营利组织在一年中平均每天花费 10000 美元，并且手头有价值 20 万美元的现金及等价物，那么它的现金存量天数为 20 天。

它应该是什么

某种程度上，现金存量天数越高越好，但是这个数字本身并没有告

256

诉我们太多的信息，因为随着时间的推移，组织总有机会获得新的现金收入。这个数字的有用之处在于它是一个很好的基准，在比较分析中非常有用。

计算有用的现金存量天数需要充分参考行业规范。虽然我们也可以在没有参照的情况下仅凭这一数字进行推断，但跟同类型组织进行比较会产生更有用的信息。这个平均值的计算起码可以提醒管理者组织距耗尽现金还有多远，特别是在大型组织中，现金余额特别有用，它会粉碎所有不切实际的幻想，明确组织所处的位置。

257

### 应收账款周转天数

比率：应收账款周转天数

类别：流动性

公式：$\dfrac{应收账款 \times 365}{营业收入}$

990 表格公式：$\dfrac{第\ 47c\ 行 \times 365}{第\ 1d\ 行 + 第\ 2\ 行 + 第\ 3\ 行}$ [*]

比率示例：$\dfrac{139800 \times 365}{974700 + 37700} \approx 50$（天）

---

[*] 这里只使用会产生应收账款的收入来源。990 表格第 1、2 行中还包括"资助"，但通常不计为应收款；然而，"政府资助"实际上指的是"政府合同"，所以在计算时加上表中 1c 的部分可能更保险。表格的这一部分内容在使用时需要使用者的判断和权衡。

### 它是什么

这是一个多用途的比率：用一个数字既说明了任一时间点上组织的应收账款的数目和性质等重要问题，也显示出组织财务管理系统和管理思维的有效性。

计算应收账款周转天数，需要用应收账款总额除以一年 365 天产生的总账单，得到平均金额。

### 它应该是什么

应收账款周转天数越低越好。时间就是金钱，收回账款的时间越短，组织手里的现金就可能越多，这也意味着可以把更多的现金转换成另一种生产性资产，比如投资，而不是放置在不能够产生收入的应收账款中。

应收账款周转天数指标也可以反映管理风格。一方面，较大的数字背后可能是臃肿且效率低下的计费系统（可能意味着人员准备不足、监督不力、管理系统薄弱、计算机技术不足或管理疏忽）。但另一方面，这个数字也不是越小就越好。当其他财务比率显示不良状况时，一个与行业标准持平或低于行业标准的应收账款周转天数并不能说明管理是有效的，相反，它描述的是一种迫切的、只顾短期需求的、乞求客户"我们等着资金明天发工资"的管理风格。

**实用技巧**

新上任的经理可能急切地希望阻止财务状况下滑，增加应收账款就是他能取得快速进展的最佳领域之一。大多数机构很少或根本不知道他们要花多长时间来收集账单，而且许多机构并不明白为什么要关心这些账款。更确切地说，他们没有意识到对应收账款的控制管理的重要性。有时，改善这种情况只需要组织开始跟踪各项应收账款的日期（也被称为回收期），并为财务主管设定一个容易实现的目标。

### 它不是什么

如前所述，应收账款周转天数指标并不表明账单的质量。要知道账单质量，组织需要查阅内部记录和掌握行业知识。在某种程度上，组织可以依靠审计人员，将他们认为永远无法收回的应收账款从总数中删除。但如果审计人员不了解组织运营的行业，或者管理层决定对这些账款做些"巧妙"的处理，那么应收账款总额就会高于实际情况。

分析组织财务的流动性十分重要。如果分析结果显示组织运行状况不佳或者需要现金，你能做些什么呢？以下是一些建议。

√ 盈利。今年收入超过支出的部分可用于明年的投资。

√ 加快收回欠款的速度（降低应收账款数额）。收紧组织的账单系统和政策，尝试先拿到现金；在提供服务之前检查是否会出现不良信用风险；组织结算系统电子化。一个成本较低的方法是计算应收账款的天数后告诉业务经理，如果该比率今年能改善20%，会得到奖励。

√ 拖延应付款项。即使供应商给予几个星期的付款时间，一些非营利组织也会在收到账单时立即付款。在会计软件上使用发票调度程序来减缓现金流出速度，但要确保不超过供应商指定的付款期限，否则就是一个自我挫败的策略。另外，也可以尝试协商能否在不支付额外费用的前提下延长付款期限。

√ 减少库存。即使提供服务（比如职业工作坊项目）要求必须定期储备大量的货物，也要尝试压减库存。类似的策略也适用于设备使用。但相对而言，很少有非营利组织需要大量的库存或生产设备，因此这一建议可能并不适用。

√ 通过谈判争取更好的融资。借来的钱需要支付的利息会急速增加。考虑是否可以通过大量贷款或直接要求重新协商来降低利息费用，或通过传统资本市场（如"债券市场"）借贷大量资金。如果机构太小不能发行自己的债券（90%的非营利组织规模较小），可以询问所在州的协会或其他组织是否可以整合归并发行债券，即多个较小的非营利组织共同参与发行一份债券，从而降低利率。

259

√ 获取捐款。好吧，现实中可能很难找到一个友好的基金会愿意把几十万美元投入你的组织，并且一投就是 5 年，来为组织提供保护和缓冲。但也许你可以找到一些实物捐赠，比如设备、建筑物等。向捐赠者提供税收减免的优惠是只有非营利性公共慈善机构才有的优势，你可以利用这一优势。

---

## 做还是买？

这是一个典型的商业问题：是自己生产提供服务和产品，还是从别人那里购买后提供服务和产品？这个问题对社会企业家尤其重要，因为他们通常需要灵活的方案、能节省现金的支付计划，以及分阶段的资源承诺。

---

### 资本结构

核心概念

资本结构是辨识财务健康的另一个重要类别。为什么资本结构对于非营利组织至关重要？因为所有组织都需要资本，资本可以用来获取诸如设备和建筑之类的资产，以便为组织夯实基础。然而，非营利组织不能通过出售股票来筹集资金，因为根据定义，非营利组织不能被个人"拥有"。如果没有基金会愿意把几十万美元常年投给组织，那只能依靠利润或借贷来积累资本。许多资助方都想限制非营利组织的营利能力，银行也总是设定放贷金额的上限，所以非营利组织在构建适当的资本结构方面的选择非常有限。以下是一些衡量资本结构是否合理的方法。

### 现金流量与总负债比率

---

比率：现金流量与总负债比率

类别：资本

公式： $\dfrac{利润+折旧}{负债总额}$

990 表格的公式： $\dfrac{第\ 18\ 行+第\ 42a\ 行}{第\ 66B\ 行}$

比率示例： $\dfrac{34000+26000}{132000} \approx 0.45$

---

### 它是什么

260

负债意味着组织有义务付清欠债。理解非营利组织资本结构的一个快速方法就是对比作为现金来源的利润、折旧与组织的负债总额。这个比率与内部产生现金的概念稍有不同，它表明的是组织每年有多少现金可以用来满足记录在册的债务。正如后面章节会提到利润能为非营利组织创造现金，而折旧是一种非现金形式的支出，所以它也将现金留在了组织中。这一比率将两种现金来源加在一起后与组织的总负债进行比较。

### 它应该是什么

这一比率越高越好。大多数非营利组织的这个比率都不会太高，因为它们的净收入通常不多。尽管如此，由于利润和折旧是无论组织是否免税都持有的现金来源，所以该比率是一个比较好的衡量资本结构的指标。

### 负债与资产余额（净资产）

---

比率：负债与资产余额（净资产）

类别：资本

公式：$\dfrac{长期负债}{净资产}$

990 表格公式：$\dfrac{第\,64a+b\,行}{第\,74\,行}$

比率示例：$\dfrac{0}{77800}=0$

---

注：如果要数字更精确，可以将年终净资产加到上年的净资产后除以 2。这样计算出的是平均净资产，更准确。

#### 它是什么

营利企业的资金余额或净资产意味着所有者权益，从这个角度来看，这一比率说明了机构为开展业务所背负的长期债务的数量。长期债务是指为任何目的产生的且偿还期超过一年的债务。负债与资产余额的比率将组织的总债务与累计净值（或称资金余额）相比较，也可以理解为，它将借入资金与"自有资金"进行比较。从这个比率可以判断组织是否高度杠杆化，即借贷了很多钱。

#### 它应该是什么

这个数字本身就包含着重要信息，数字比较小意味着债务负担比较小。这个数字是以百分比表示的，所以可以很容易地与其他非营利组织的负债/资金余额比率进行比较。行业平均水平也可以提供一些信息，但最关键的还是要看这个比率有多高。

如很多人所料，最好的结果是远低于 1.00。虽然非营利组织不像私人机构那样需要累积财富，但是借贷总额少于公司"净值"仍然是好的。

同样，仔细解读这个比率必不可少。许多非营利组织所在的业务领域不需要大量的资本投资，因此负债与资金余额比率应该很低，甚至为零。有时理事会对债务感到不安，只要可以避免就会拒绝批准任何长期债务。一些组织必须大量投资购买设备，这些投资通常通过借贷完成，因此它们面临的问题更类似债务的性质，即与同行业组织相比，组织负担的债务处于什么水平。

另外，还需要考虑一段时间内这个比率会发生什么变化。寻找这个比率与组织的战略方向之间存在什么关系，如果组织需要扩张，那么这个比率很有可能持续增长几年；如果债务正在减少或重组，你也会看到比率相应的变化。请记住，负债向任一方向的显著变化都会转化成组织运营获利的显著增加或减少。

顺便说一下，对调公式中的分子和分母也可以得到一个有用的数字，代表资金余额是长期债务的几倍。

### 总边际收益率（利润）

比率：总边际收益率

类别：盈利能力

公式：$\dfrac{收入-费用}{收入}$

990 表格公式：$\dfrac{第\ 18\ 行}{第\ 12\ 行}$

比率示例：$\dfrac{34000}{1053400} \approx 0.032$

### 经审核的财务报表中的其他信息

财务审计报告由审计公司签发，往往在经审核的财务报表的第 1 页。如果报告显示组织财务报表是被"审查过"（reviewed），而不是被"审核通过"（audited），那说明报表的信息可能存在问题。报告的其他段落还会说明"管理层的财务报表真实地呈现"了组织的状况。如果报告中有质疑组织的能力持续让人担忧的表述，那么需要引起重视。

√ 看看组织财年的最后一天（通常在财务审计报告的第一段中有表 262 述）与财务审计报告签发日期之间相距多久。财务审计报告的日期表明审计团队离开被审计组织的时间，因此基本上被认为是审计结束的时间。如果这两个日期间隔超过 90 至 120 天，那么可能存在以下两种情况：（1）审计团队忘记按时出现（不太可能，因为他们是专门被聘请去做这些事的）；（2）组织没有准备好按计划进行审计。你需要判断是哪种情况。

√ 阅读财务报表末尾的注释，以下所列情况需要引起重视。

○ 关联方交易（如该组织与总干事的配偶签订了专业服务合同）。这种情况不一定有问题或有违职业道德，但需要进一步调查了解情况。

○ 长期债务报表中未来几年的数字持续增长。表明组织债务在不断增加，如果这是组织计划中的并已考虑了相应对策，则无须担心；否则就是一个危险的信号。

○ 大量信用输出。意味着机构急需现金，不是尝试创业想法的好时机。

○ 未解决的诉讼问题。

### 盈利能力

**核心概念**

终于谈到了盈利能力，喜欢制造噱头的媒体称之为"底线"。虽然七年级的学生都知道总边际收益率的公式（即总收入减去总支出再除以总收入），但非营利组织还有另一个可以使用的盈利公式：运营利润。

之所以需要了解运营利润率，是因为非营利组织除了可以通过提供服务获得收益外，还有其他收入来源。非营利组织的非经营性收入中比较典型例子包括捐款、利息、租金。

许多非营利组织在运营中会亏损，只有通过捐款来填补。这是一种比较典型的模式，本质上没有任何问题，但对志在开展社会创业活动的组织来说，运营上的持续亏损通过捐款来填补就是潜在的弱点，因为这样一来，盈利程度就取决于第三方是否慷慨。更重要的是，有些微妙的组织文化认为项目亏损不可避免，但这种想法在创业背景下十分危险。

### 总边际收益率（利润）

---

比率：总边际收益率

类别：盈利能力

263 公式： $\dfrac{\text{收入} - \text{费用}}{\text{收入}}$

990 表格公式： $\dfrac{\text{第 18 行}}{\text{第 12 行}}$

比率示例： $\dfrac{34000}{1053400} \approx 0.032$

---

### 边际收益（利润）是什么

这是一条底线，一条社论编辑热衷评论的底线，一种各类强势务实的管理者唯一关注的底线。它的计算就是从总收入中扣除所有费用后除以总收入，是组织盈利能力的基本指标。其实在填写 990 表格时你就完成了这个概念一半的计算。

### 它应该是什么

在一定范围内，这个指标越高越好。虽然大多数非营利组织的经理人都认识到留有盈余的重要性，但这仅是非营利组织正常运作的一个先决条件，而非组织目标。

提到总边际收益率，就得回答"多少利润才算足够？"答案是："这些利润用来干什么？"由于大多数非营利组织不能出售股票，而且（委婉地说）大多数基金会不愿提供营运资本，所以利润就成为非营利组织可转换为现金用以投资、创新或资本化的少数几种方式之一。一般说来，组织越稳定、越少变动，对利润的需求就越少。如果计划扩张、成立新企业或者尝试打造一个更加可靠的未来，组织就需要更高的总边际收益率。可以用具体的行业标准作为参考，看类似组织的盈利能力应该是多少。

### 运营利润率

比率：运营利润率

类别：盈利能力

公式：$\dfrac{运营收入-运营费用}{运营收入}$

990 表格公式：$\dfrac{第（1d+2+3）行-第（13+14）行}{第 1d+2+3 行}$

比率示例：$\dfrac{(974700+37700)-(785100+130800)}{974700+37700} \approx 0.095$

### 它是什么

运营利润率的计算是财务分析的更深层次。总边际收益率虽然是一个很有用的概念，但可能无法反映组织内正在发生的一些重要事情。例如，组织在某一年经历了巨额亏损，但幸运的是它在同年同时获得了巨额的遗产捐赠，而且这份遗赠的金额略微超出了亏损。那么至少在这一

264

年，组织是盈利的。这份好运气掩盖了组织某些需要通过运营利润率计算来揭示的财政问题。

该比率将运营收入与费用进行比较，减去了从募捐、股息、特殊收入等途径中获得的收益。为公平起见，这一比率要求剔除可识别的与募捐相关的活动所产生的费用，但要注意，有时局外人获得的数据不一定能可靠地区分筹资的费用（990 表格信息可以做到）。去除募捐相关费用的影响后，我们就得到真正的利润。

### 它应该是什么

这个比率一个有趣的地方：过去的非营利组织管理者，尤其是那些曾在理事会任职的人，往往希望提高捐款比例（即负运营利润率）。能获得大量的捐赠的确是件值得骄傲的事情，但也意味着组织对捐赠者的过度依赖。从另一个角度看，任何捐赠者都不愿意或无法长期支付组织的全部运营费用，因此服务能否持续就得取决于第三方捐赠者的偏好和方式。

面对这一困境，运营利润率应该是什么的答案有些模棱两可：应该由组织决定。组织要么选择依靠捐款来填补长期为负数的运营利润率，要么捐赠款项只用于填补优秀的或规模较大的项目的亏损。每个组织都有自己的选择，没有"一刀切"的通用标准，所以做决定时应该审慎。

### 项目组合管理

很多人可能没有意识到，非营利组织也需要进行项目组合管理，组合管理是一个常见于营利性金融机构的概念。为了便于理解，可以把非营利组织的一系列项目和服务看作投资组合中的股票和债券。类似地，一些项目和服务会盈利，另一些则会赔钱。营利企业和非营利组织的区别在于后者可以选择继续提供正在亏损的服务，只要这种服务对社会有意义或者在一些方面对组织有所帮助。诀窍在于管理者需要在获利丰厚的项目和亏损的项目之间取得平衡。

265 　关于非营利组织的"项目组合"方法，请参阅莎朗·奥斯特（Sharon Oster，《非营利组织的战略管理》，牛津出版社，1995）或罗伯特·格鲁伯（Robert Gruber）和玛丽·莫尔（Mary Mohr）1982 年春天发表在《加州管理评论》中的文章——《非营利组织的多项目战略管理》。

### 初创企业呢?

以上这些关于财务管理的内容适用于已经在运营的实体,比如组织内的创业项目(营利部门称之为"内部创业")。但是,刚刚起步的社会企业组织又该怎么办呢?财务比率在组织刚成立的一段时间内都不会有太大的意义。从定义上看,初创公司没有任何基准可参照,但它们仍然可以使用"比率分析"。首先,制定头三年的财务预测,然后计算比率来理解组织战略是否具备财务基础。财务预测肯定会有改变,但遵照规则制定三年的财务计划并计算其中的各种数字有助于组织确定所选模式的优势与劣势,引导管理者思考可能出现的各种情况。

## 营利还是不营利,要营利多少?

非营利组织这个词在某种程度上是最不幸的,因为它似乎暗示着这类型的组织不能有盈利。实际上,和其他经济实体一样,非营利组织也需要营利,只不过非营利组织不能把任何利润以股息的形式支付给股东(因为它们没有股东)。

有些人认为非营利组织"不应该"赚钱,理由是1美元的利润意味着该组织本可以多提供1美元的服务。这种想法虽然初衷很好,但却很短视。非营利组织需要额外的利润或为组织的成长提供缓冲,或进行有形资产的再投资、改善组织现金流、满足许多其他大大小小的业务需求。

那么多少盈利才算足够呢?虽然这个问题非常关键,但不幸的是,它的答案可能并不令人满意:取决于具体情况。快速发展的组织需要尽可能多营利以便为业务增长提供资金;已经借了很多钱的非营利组织需要尽可能多营利;社会企业也应该尽可能地营利以减少对外部资源的依赖。但是如果组织感觉自己已经达到了一个适当的规模,债务很少或者没有债务,并且拥有良好的服务环境,那么它就不需要过多地营利。简言之,这个问题的回答应是一个高度个性化的决断。

266

### 应用财务比率评定你的组织

**实用技巧**

财务比率本身的信息已经非常有用,如果能将它们用作基准和参照,将更有助于放大和厘清其中的信息。基准分两种类型：内部基准（尤其是历经多年的）和外部基准。建立内部基准可以为非营利组织确定一组有意义的比率，供组织进行长期的追踪记录。通过熟悉这些比率的含义并定期进行汇编和分析组织的情况，可以很容易地发现看似不相关的决策和财务政策所造成的影响。

收集其他组织的信息来与自己的组织进行比较，这一方法也许更有用。当然，获取这些信息可能不容易。一些州政府和市政府以非营利组织所提交的财务报表信息为基础建立了公共数据库。如果连这种公共数据库也没有，那么可以询问协会、会计师事务所和其他的行业顾问，看看他们是否能提供这样的信息。

## 全程跟踪（成本核算）

一旦企业成立后运营起来，你就需要一个系统来跟踪记录企业运营的相关成本。与创业活动相关的成本有两个特征：一是它传递的十分重要的成本信息可以帮助你决定要扩张、收紧，还是终结整个项目；二是成本跟踪非常困难，很少有组织能够做到令人满意。

成本核算非常重要。许多对社会企业感兴趣的读者都在传统的政府资助项目方面有着丰富经验，政府资助的项目中，政府机构实际上已经为非营利组织做了很多事，如要求非营利组织提供成本报表，并以此为依据进行决策（如设定费率和研究相关的项目）。这实际上意味着非营利组织不必再考虑定价和营利能力等问题，也不必养成建立系统以回应市场条件的习惯，而只需要让政府资助者满意即可。

当开放市场成为最终的决定因素时（正如社会企业所面临的情况），非营利组织可能就会凸显成本管理能力的不足。通常组织只会像以往以汇报项目为目的那样去考虑成本追踪和管理，而不会去积极主动地管理项目。

为什么现有的会计系统产生的报表不够？好的会计系统能够产生许多有用的报表，但都是关于财务问题的。创业者需要的，也是直觉上可以理解的，是关于经济的信息。仅仅知道上个月食品服务项目需要多少运营成本是不够的；重要的是要知道为什么举办一个200人的宴会比举办一个12人的晚宴利润更低。

267

这一困境的解决取决于多重因素。在某些情况下，可以建立成本核算系统，而且已经有许多可供选用的工具。例如，市场上有许多制造业的成本计算和跟踪软件包可用于任何类型的生产环境。但另一些情况下，组织能做的只是基于会计信息和其他可用的东西临时拼凑一个系统。不管怎样，关键是要意识到这种需求，并积极采取行动（甚至是在企业成立之前），以确保获得有用的成本信息。

---

### 失去隐性的政府资助：缺乏稳定性

传统的非营利组织管理通常非常依赖政府资金。为什么不呢？在我们的社会中，还有谁有动力将大量资金投入诸如青少年罪犯或残疾人等不被大众关注的人群中？对为这些群体提供服务的非营利组织而言，政府的资金支持除了对服务提供具有很大的帮助外，还有一个经常被忽略的好处：收入稳定性，这是社会企业家无法企及的。社会企业家必须做好准备应对自己管理的项目在收入（及支出和资本投资）方面可能出现的急剧波动。这没什么不对，实际上正是社会企业的魅力所在。企业家们可以对这些可能的波动进行提前准备，比如分析财务状况、进行传统的盈亏平衡分析、更全面地考虑创业对于整个组织的意义。

---

## 成功的代价（并不高昂）

福兮祸之所伏。如果组织的社会企业大获成功，那么你就需要考虑一个非营利组织管理通常不需考虑的问题：营业外企业所得税（UBIT）。

遇到这种情况，不要紧张。我们正在谈论的是有关税务的问题，而非生死攸关的大事；它是人为产物，有自己的特定逻辑，也不像你所听说的那样令人生畏。

### 营业外企业所得税（UBIT）的故事

通常情况下，山姆大叔和他在州政府和市政府中的侄儿侄女们拥有对公司的利润进行征税的绝对权力（注意我们说的是"利润"，而不是"收入"，即对扣除开销后剩余在桌上的美元而不是对最初进入机器的美元进行征税，这是美国的古老传统）。对于非营利组织，尤其是那些为服

268

务大众而组建的公共慈善机构，我们的"好叔叔"自愿放弃了对利润征税的权力，这就是为什么非营利组织也被称为免税组织。

请注意，作为放弃征税权力的回报，山姆叔叔要求非营利组织为使命服务（为方便起见，我们就把非营利组织等同于公共慈善机构，虽然这不太准确——许多非营利组织并不是公共慈善机构，但是对于我们要说明的情况，这种差别影响不大）。如果非营利组织的运作超越了其原本的使命，并且通过此行为获得了利润，那么就得支付所谓的营业外企业所得税（UBIT）。

**核心概念**

什么是营业外的业务？这就是问题的核心所在。据美国国税局（当涉及这些定义时，它拥有绝对权威）的定义，这是定期进行的、与慈善使命无关的并且会通过销售商品或服务产生收入的活动。请注意，这里说的是收入，而不是利润。要对利润征税，但我们还没有讲到那里。

让我们想象这样一个场景，一所大学的法学院决定举行一个庭院特卖会，以帮助筹集几百万美元。庭院特卖会的利润需要支付营业外企业所得税（UBIT）吗？不需要，因为它不是为了赚取收入而进行的传统商业活动。

现在我们假设，同样是这所法学院，它意识到如果能够开设一家意大利面食工厂，并将其利润投入学校，那么筹集几百万美元会容易得多。这时需要支付营业外企业所得税吗？事实上，正是这一行为促使国会和国税局提出了营业外企业所得税的概念。纽约大学法学院有一段时间拥有一家附属企业 C. F. 穆勒公司（C. F. Mueller），这是一家主要的意大利面食制造商，当时法律的模糊促使了营业外企业所得税条款的出台。关于这个故事的所有细节都是真实的，除了一个细节，这一切发生的时间太过久远，那时人们还称意大利面食为"通心粉"。

269　　以下是一家非营利组织的商业活动清单，包括营业内的和营业外的。

**营业内的：**

√ 学费；

√ 交响乐展制作的 CD 唱片；

√ 贸易展收入；

√ 残障客户制作的产品。

**营业外的：**

√ 来自租户的租金，且未明确说明服务于组织使命；

√ 租赁常用邮件列表；

√ 广告销售。

### 汤姆·麦克劳林看到了就知道这是利润

首先，一种偏见。我并不惧怕税收，当然也不喜欢，谁会喜欢交税呢？但是我可以与税收共存。税收以或这或那的方式帮助了我大多数的客户，所以我也与税收达成了一种"和平"。我会利用每一个减免税的机会，但如果最后企业真的留下利润了，我会缴纳相应税费。所要做的就是公正地、平等地应用相关规定。

很多年前，我经营过一个行业协会的保险项目，向协会的非营利组织会员出售各种保险。一个非常明智的行动（我承认这是我前任的功劳）加上一场非常严重的国家保险危机，使得我们成为所在州非营利组织购买保险的唯一渠道。很自然地，我们要求所有使用我们保险项目的组织都成为协会会员，这又增加了协会的会费。另外，我们的保险公司又支付了项目经营的相关费用。

有那么两到三年，我们富得流油，从项目上获得的利润高得惊人。会员数不断增长，会费不断涌入，我们成为英雄，这些收入让我们能去做很多曾经无法为会员们做的事情。

但问题也随之而来。我们在这个项目上赚了太多钱，协会的律师和会计师在察觉到非营利组织在不断营利时都感到不安。他们向我们说明了如何通过合法的途径获得免税，但我们仍然还有很多利润，这让他们非常担心，但我们非常有创意地解决了这个问题：交税。就是如此简单。国税局很高兴，律师和会计师们虽然有些困惑，但也松了一口气。即便这样，我们还有很多剩余的钱可以为出色的工作支付费用。更重要的是，世界末日没有来临。

好吧，我知道你可能在想后来怎么了。最终泡沫破了，我们又成为曾经那个利润微薄的保险项目，但这都是后话了。

### 税款是多少？

计算公司需缴税款的基本公式都是一样的：收入减去国税局批准的

270

（"得到许可的"）支出等于应税利润。当然，每个术语的定义总存在一些争论，但在具体情况中这些争议都可以解决。营业外企业所得税（UBIT）的税率以上报的净收入额为基础，与营利公司净收入的税率相同。首个 1000 美元的净收入无须交税，之后税率随着利润的增加而递增。

### 寻求有价值的建议

大多数非营利组织，包括许多经营着社会企业的非营利组织，都无须考虑营业外收入及其纳税问题。许多新创立的公司通常都会经历亏损，即便是盈利的社会企业获得的利润也非常少。但不论如何，提前询问有经验的顾问总是最保险的办法。这就像是即使你永远不会踏出营地，但提前了解周围地形总是一个明智的选择。

## 总　结

每个组织，无论是商业企业还是社会企业，都需要有准确及时的财务信息帮助决策者进行资源配置。如果信息不准确或不及时，不仅客户会有所损失，组织本身也很可能受到不良影响。在本章中，我们讲述了社会企业最重要的五份财务报表，并学习了财务管理的基本知识。我们谈到了成本核算的重要性，并仔细研究了一种让非营利组织感到恐惧的税收，营业外企业所得税（UBIT）。

准备好社会企业的创业之旅了吗？那我们就出发吧，向顶峰进军！

需要注意的要点如下。

√ 高效的社会企业家了解自己的财务资源，但不过分地受其限制。

271 √ 有效的社会企业需要拥有健全的问责机制。

√ 密切关注组织财务资源的流动性、资本结构和营利能力。

√ 拥有持续的内部财务系统。

√ 寻求有价值的建议。

√ 不要害怕营业外企业所得税。

# 第十章　为社会企业而规划

珍妮·鲁尼[*]

**本章内容提要**

商业规划[①]：为什么

商业规划：如何做

商业规划：无论目的，无论范围，总会有用

社会企业的商业计划

比较社会企业计划与传统商业计划

所有组织，不论其性质是营利还是非营利，发展阶段是初创期、发展期还是成熟期，都能从商业规划的过程中受益。因此，不管是打算成立一家新的非营利组织还是要发展已有的非营利组织，社会企业家都能受益于商业规划。另外，商业计划对打算创立营利公司来支持非营利组织的社会企业家也很有价值。

作为对现有商业计划文献和资料的补充，本章中"商业规划"这一术语将涵盖所有上述与规划有关的原因。"商业"和"商业计划"在营利企业和非营利组织中的用法相同，不区分是刚刚成立的还是在寻求发展的组织。我们偶尔也用"社会企业"和"社会企业计划"来减少跨营利部门和非营利部门组织在表达上的差异。

---

[*]　UMB 银行非营利组织财务咨询公司副总裁兼理事。

[①]　文中 planning 与 plan 交替出现，为保证一致性，planning 译为"规划"或"制定计划"，plan 译为"计划"。——译者注。

## 商业规划：为什么

常识告诉我们，任何人新成立了组织或对现有组织进行了重大变革，都需要起草一份商业计划。为什么？商业计划，更确切地说是商业计划制定的过程，提供了一个强有力的工具让我们明确组织的方向，更好地了解组织自身及其在市场中的位置，获取利益相关方的承诺，并鼓励采取行动。

商业计划在组织的战略规划与所有其他类型的计划之间建立了直接联系。有效的商业计划为组织提供了运营框架，确保有关客户、产品、服务、人力和财务资源的决策与组织的战略愿景和使命密切相关。好的商业计划能够鼓动更多公众对组织感兴趣并吸引投资。

本章邀请你、鼓励你学习如何进行商业规划，学会改编适用于社会企业的商业规划，并在组织的各个部分运用这种有力的工具。让我们开始吧！

### 完成商业计划的价值

如第一章所述，社会企业家在创造和维持社会价值的明确目标的引领下，孜孜不倦地寻找和追逐新的机遇，不受当前拥有资源的限制。如果企业家真是这么做的，他们如何向其他人解释？

社会企业家不受限于最初拥有的资源。当财务或其他资源并不充裕时，他们会撬动其他人的资源来实现自己的创新目标。那么，怎么才能说服"其他人"对社会企业进行投资呢？

第一章中提到社会企业家们扮演着变革者的角色，具体体现为，肩负对所服务地区的利益相关者及所创造的结果的受托责任；采取措施确保社会企业脚踏实地地创造价值；力求为所服务的客户和社区带来真正的改善，并为投资者带来有吸引力的社会回报和财务回报。

商业规划，无论是规划的过程还是形成的文本，都是变革者最强有力的工具。商业规划不仅对项目、功能和资源进行预测，而且还把对多种因素的期望整合在一个计划中，为未来发展提供框架。这个框架的制定需要有关键利益相关者的参与，该框架用于推动共同的愿景、协助日常决策并衡量是否成功，因此商业计划可促使组织识别和评估机遇并采取行动。

商业规划能帮助社会企业家更好地理解方法与目标之间的关系①， 275
并缩减社会企业的现状和预期之间的差距。社会企业规划还可以激发目
标受众采取组织提议的行动。

制定商业计划的原因很多，包括如下几种。

√ 吸引投资。社会企业经常要与其他非营利组织甚至是商业企业竞争
各种财务、人力甚至客户资源。大多数商业投资者不会因为有人向他们要
钱就决定投资；他们希望看到的是经过深思熟虑后精心设计的商业计划。
社会企业的投资者也开始越来越多地采用同样的方式，他们逐渐接受——
有时甚至要求提供商业计划。如果社会企业家计划成立的是一个营利性公
司，那么商业计划有助于扩大融资的选择范围（比如银行等传统融资方式）。

√ 识别风险。关于不确定性和风险的讨论似乎总是停留在理论和概
念上，但如果在社会企业的创业、发展或成长阶段忽略了对风险的思考，
风险很快就会变成真正的危险。有关识别和降低风险的讨论，请参见第
六章。对任何陌生领域的探索不能仅靠胆识和直觉，商业计划是降低风
险的一个很好的工具。通过使用叙述、假设和财务预测，可以确定和记
录各种风险的影响。只要对风险的性质和潜在影响进行预判，它们的出
现就不会让社会企业家和利益相关者感到手足无措。

√ 衡量结果。非营利组织及其投资者正在从需求导向的融资方式转
向结果导向的方式。有效的商业计划不仅预测客户需求及产品或服务的
收益，还会预测成功满足这些需求后的结果。商业企业非常依赖财务预
测，社会企业也应该这样，同时需要预测的还应包括市场定位、客户满
意度和市场份额。由于社会企业具有社会的和财务的"双重底线"，其
商业计划还应包括结果评估的预测和社会价值的衡量。有关如何在商业 276
计划中融入对社会成果和社会价值的描述，可参阅本章稍后题为"比较
社会企业计划与传统商业计划"部分。

√ 使用商业方法。除了结果导向的融资方法，非营利组织有时也会
尝试其他基于市场或商业领域的方法，这种尝试可能是主动进行的，也
可能是被迫的。制定商业计划的过程会涉及许多有关商业和市场的问题，

① *The Best of Inc. Guide to Business Strategy* ( Englewood Cliffs, NJ: Prentice Hall Press,
1988), p. 53.

因此很有必要用新方法新角度进行尝试和不断探索。非营利组织的许多投资者、客户、理事会成员和志愿者都是商人，如果能够让这些主要利益相关者参与规划，并借鉴使用两个部门①相关的语言和表达，那么规划过程会更有成效。

√ 展示管理团队。商业计划（包括文件和流程）展示了创业者实现组织使命的能力和潜力。社会企业家能够展示以下能力：识别问题；引导利益相关者进行必要的研究、思考和决策；制定实质性的计划。

√ 建立联盟。非营利组织和商业组织都已意识到，只有通过合作、整合资源才能应对复杂的市场问题。投资者越来越多地要求社会企业呈现合作的证据以确保他们的投资利益最大化。商业规划是让所有相关主体都专注合作、减少误解、加强责任感的绝佳方式。

√ 核对想法。使用广泛接受的现成的商业计划模板进行规划可以让社会企业家考虑并（在必要时）回答所有的关键问题，这些模板可以确保讨论了必要的问题，遵循了严谨的逻辑，最后得到一个可行的计划。商业规划帮助社会企业家避免常见的错误，如延续"这是我们一直做的事情"，轻易而危险地"在今年计划的基础上增加10%"。一个好的计划为社会企业家提供了航标，避免组织在无关或无效的活动中走得太远。

√ 检查可行性。商业计划的筹备过程会迫使组织对有关产品、服务，或者对整个社会企业组织进行市场可行性和财务稳定性测试。商业计划可以确保产品和服务的规划与组织的战略规划相关联、与财务计划相一致。商业计划也能进一步确认组织是否充分地支持了产品及服务的开发，是否有力地支持了管理系统、人力资源和营销计划。

277 **案例分析**

### 放弃这个想法：继续寻找下一个

邦妮·贝尔胡默（Bonnie Bellehumeur）是威斯康星州一家食品救济站"第二次丰收"的总裁兼首席执行官。当邦妮加入"德纳利伙伴"项目（Denali Fellows）时，她最初的计划是在市中心开一家杂货店，提供市场上还没有的种类丰富、廉价且优质的产品。她在市场调研中发现，

---

① 指营利部门和非营利部门。——译者注。

主要的杂货店也发现可以开展类似的计划并从中获利。邦妮说："我无法与它们竞争，我觉得自己完蛋了。时间就是一切。几年前，当我第一次产生这个想法时就应该付诸实践。""德纳利伙伴"项目要求邦妮提出另一个方案进行评估。此时，邦妮注意到"第二次丰收"的一个小项目，对这个项目重新审视后，她意识到这个项目很有可能在全国性市场中为新的客户提供服务。邦妮说，市场调查的各种原则和从规划团队获得的反馈"激励我，让我勇于想象，并探索新想法的可行性"。

## 商业规划：如何做

制定商业计划，有正确的路径也有错误的路径。以下我们将讨论如何用正确的方式制定正确的商业计划，以及如何在整个过程中始终保持动力。

### 启动商业规划的阻力

大多数创业者都对自己的产品或服务充满信心，并非常确信市场也会如此。他们都对自身的使命充满热情、十分关注客户的需求，以至于将注意力全部用以关注如何让更多的客户获得所需的服务。那么，为什么还要花时间进行规划呢？

即使没有规划，一个人也能拥有成功的事业，创业者也能为其产品或服务找到市场，社会企业家也能提供服务满足社区的需求。那么，规划能否让这些人达到更高的目标？进行了有效规划的人是否实现了更高的成就？有可能。

1997 年，小企业管理局（the Small Business Administration）发布了一项关于符合长期性、可行性和增长性标准的企业研究报告。80% 的成功小企业提到，它们会进行业务规划。这充分说明制定商业计划可以帮助企业成功。那么，为什么还有组织拒绝进行规划呢？

在某些情况下，创业者可能知道规划的重要性，但他们会觉得在现实中进行规划困难重重。以行动为导向的社会企业家可能会对任何听起来像是官僚主义的东西自然地产生抵触。另外，由于规划过程也意味着带来改变，因此不愿进行规划可能体现了对变革的抵触，无论是社会企业家，还是组织的员工或理事会成员都可能会抵触。而且，以往规划过

278

程中的糟糕经历也可能演变成未来规划的阻碍。抵触规划的人在面对规划时可能有以下想法。

1. 这是浪费时间。未来永远不会按照期望的那样发生，世界的快速变化会让任何计划没来得及完成就已经过时。

2. 我们聘请过一些顾问来制定和编写商业计划，但却从未使用过这些计划。

3. 我们花了很多时间撰写一个计划，然后放在架子上的文件夹里。

4. 这一过程太复杂、太困难、太耗时了。

5. 很多成功的企业都不做规划，为什么我们要做呢？

所有这些不成功的经历在现实中都可能存在或发生过。商业规划和其他的组织过程（类似的事情也可能发生在客户吸纳、志愿者管理及资助申请过程中）一样，理解不充分、实施不得当，或者预期过低都注定要失败。如果组织的领导团队不重视、员工没有受过良好培训、没有明确定义的预期结果，那么任何过程都不会有效果。

**实用技巧**

应如何避免这些消极想法呢？

1. 将规划期限制在未来 3 到 5 年。长期计划必然包括更多的推测，更容易发生变化，因此对大多数组织而言并不那么有用。

2. 让利益相关者参与制定商业计划。利益相关者包括组织的总干事、员工、理事会以及客户、志愿者和社区的代表。可以请专业顾问来指导利益相关者完成整个过程，内行的顾问都会与利益相关者一起制定计划，而不是代替他们制定商业计划。

3. 在组织的主要运营中融入商业规划。如果商业计划的制定过程独立于项目开发或预算过程，那么很可能出现的情况就是：制定好的计划得不到使用。

4. 使用商业计划。组织成员在制定商业计划的过程中投入了大量的时间和精力，所以如果知道商业计划被认真落实而不是束之高阁，员工会更愿意更有热情参与未来的规划工作。

事实上，制定商业计划并不像看起来那么难，就像制定、实施和维护个人健身计划一样。当前有很多电脑程序和网站提供了丰富的信息指

279

导商业计划是什么，什么时候做等。本书的附录部分提供了一些有关制定商业计划的资源清单。

## 开始制定商业计划

**行动步骤**

你已经了解了商业计划的价值和挑战，现在该做什么？请记住，商业计划的实际效果在制定商业计划的过程中产生，而不是在思考的过程中产生。[①] 以下过程描述了操作步骤。

1. 作出承诺。你必须有意愿这么做。

2. 回顾以前的规划工作。提醒自己曾取得的成就。识别以前在开始、完成和实施跟进各阶段中遇到的阻力，预测并想办法解决当前会遇到的阻力。

3. 确保这是你拥有和参与的商业计划。你必须参与甚至领导整个过程；必须了解问题，思考答案，并且对决策会产生的效果比较明确。

4. 制定"计划的计划"。预计你和利益相关者参与计划制定过程的强度、频率和持续的时间。你需要为此腾出空间，也需要制定架构并庆祝早期的成功。稍后将介绍如何将这个过程分解为几个易于管理的部分。

**案例分析**

280

### 七年内的四份商业计划：完成商业计划的价值

桑德拉·桑德斯（Sandra Sanders）非常信奉商业计划。在过去 7 年中，她参与了 4 份商业计划的制定！女性就业网络（the Women's Employment Network，WEN）是堪萨斯城的一个非营利组织，主要为寻求就业机会的中低收入女性群体提供服务。一位理事会成员鼓励时任 WEN 项目主任的桑德拉去调查全球小微企业的增长情况，并思考 WEN 在堪萨斯城可以提供什么支持。1993 年，桑德拉参加了埃温·玛瑞恩·考夫曼基金会的考夫曼企业家领导力中心提供的快车道（FastTrac）创业培训和发展课程。她的计划侧重于可行性。桑德拉说："商业计划对于 WEN 理事会的决策

---

[①] David W. Virtue, Ph. D., "Start Out Training" series, *Behavior in Fitness and Big Miles Training*, 1997.

具有重要的价值。他们可以根据商业计划评估财务风险。"

在课程学习期间，其他人也注意到了小微企业的概念，还有一些投资者直接提供了资助。就这样，一个独立的非营利组织，"起步资金"（First Step Fund），成立了。

与此同时，桑德拉成为彭山谷社区学院（Penn Valley Community College）（堪萨斯城大都会社区学院中的一所）弗朗西斯儿童发展研究所的资源开发和规划经理。弗朗西斯家庭基金会和大都会社区学院是该机构的主要资助者，它们计划对研究所进行大规模投资；但是，它们希望"看到计划"。利用桑德拉在"起步资金"的经验，加上一个专业顾问的指导，研究所制定了一份商业计划，记录了研究所的现状、发展的机遇以及目前资源（特别是其设施）的局限性。

此后不久，投资者投入了数百万美元用于设施的更新，并承诺对该研究所的运营提供长期支持。该研究所最近退休的总干事卡罗尔·埃里森（Carole Ellison）和桑德拉深知，商业计划是投资者理解研究所的工作内容及所需资源的关键。桑德拉发现："许多非营利组织一直在进行战略规划，有点模糊，而商业规划更实际、更直接，真的要求你进行思考。你不得不追问自己为什么要做这件事，这让你在决定寻求资金时有更清晰的目标。"

~~~~~~~~~~~~~~~~~~~~~~~~~~~~~~~~~~~~~~~~~~~~~~~~~~

281　　5. 了解商业计划并获得支持。寻求外部支持。社会企业家不应该也不可能单独制定有效的商业计划，因此接下来需要与关键利益相关者交流，让他们了解商业计划的价值和可能存在的困难。有了这个关键群体的支持和参与，你才会对整个规划过程保持热情善始善终。联系社区中你尊重的，或在商业规划方面有经验的人，例理事会成员、员工或志愿者，请他们分享所用的流程和相关文件。

6. 在中断中继续。不要让规划中断的负罪感阻碍你重新开始规划过程，规划中断时，极有可能你会学到一些与规划相关的东西。

本章前面描述了制定商业计划的激励因素。敏锐的社会企业家们知道，重大的影响往往是重要的原因所致。类似的，商业计划是否有价值通常取决于制定过程中投入的时间和精力。

商业规划的目的和范围很灵活，因此可以采取以下行动。

√ 创业者及团队不必等一切都计划好了再行动，可以边规划边实施，不需要"停止一切活动"来进行规划，也不需要花费数月时间来谋划"某事"。不必等到一切都完美后再行动。在行动过程中，他们还可以继续发现可行的研究、联系人和改进方法。

√ 事实上，并不只是"完成的"计划才会影响企业和利益相关者。规划过程可以在相关各方之间产生积极的正能量，而且这种能量可以迅速地传播到整个企业。

√ 重点应放在使计划制定过程为组织服务，而不是教条地遵循繁琐的程序或细节。

什么是"好"的商业计划？答案很大程度上取决于社会企业的需求。除了以上描述的"完成计划的价值"之外，良好的商业规划应该衍生出以下活动。

√ 在利益相关者（即所有对社会企业成功至关重要的群体）之间开放和加强多向沟通。

√ 提出具有挑战性的问题，寻找问题的答案，了解社会企业及其市场的更多信息。

√ 将市场反馈和财务预测相结合，以便确定哪些机遇可行，哪些不可行。

√ 向利益相关者明确社会企业将如何快速实现社会使命。

√ 建立解读新信息的框架。社会企业家及其团队要意识到新的信息和变革会影响到商业计划。新信息可能会提醒他们考虑那些最初标记为"不适用"的问题。

制定商业计划应该是社会企业家的一项技能，他们应该收集所需的资源并积极实践，并在这一过程中增长个人的经验。

### 创业能量

埃温·玛瑞恩·考夫曼基金会的考夫曼企业家领导力中心资助了在全国范围内推广快车道（FastTrac）创业培训和发展课程。快车道Ⅱ是一个为期 11 周的课程，帮助拥有小企业的创业者学习如何制定第一份商业计划。

其中一门课程开设于密苏里州堪萨斯城的考夫曼基金会，其培训室可容纳 50 名企业家。课程中，每 10 人分成 1 个小组，每个小组都有 1

名商业顾问——可能是创业者或是小企业专家——和 2 名辅导员。课程会邀请创业者和专家作为嘉宾，每晚都会有近 60 名的创业者和创业倡导者聚集在一起。房间里就激荡着创业的能量！

学生们会早早地来到教室，相互进行社交，建立联系，并与他们的辅导员会面。在简短的晚餐休息期间，你会觉得这个地方热闹得要炸了，每个人都热切地分享他们当下的经历。通常情况下，学生会报告说他们没有完成作业，因为他们将上节课所学的东西在第二天就应用在他们的项目中了！学生们常常待到很晚，晚到工作人员只能将他们交给安保人员而自己先行离开。许多创业者开始相互合作开展项目、定期见面聚会，甚至将公司进行合并重组。

283     虽然该课程的既定目标是学习制定商业计划，但实际上，11 周的时间只能完成一份好的初稿。尽管如此，校友的评价和他们自身的成功都有力地证明了该课程的巨大价值。例如，在接受媒体采访时，校友们一再表示快车道课程是他们追求组织使命的转折点。

这中间究竟发生了什么？在课程结束时，学生们没有花哨的文件，但他们体验了一个具有挑战性、动态性和充满活力的——一个他们可以在自己的企业中继续进行的商业计划制定过程。

### 入门建议

"拒绝'如果我们干得没问题，企业就没问题'的想法。看看商业领域及其决策过程，借鉴好的经验做法，但也保持你的核心和特色。如果你还未采用最好的商业经验，没关系，但一定要弄清楚为何没有采用。找一个很好的顾问团队，与他们建立长期的关系，他们可以帮你判断你的想法是否可行，甚至会问你一些基金会都不会问的问题。"

——桑德拉·桑德斯，彭山谷社区学院弗朗西斯儿童发展研究所资源开发和规划经理

"我的商业计划主要是我自己做的。你也可以交给别人做，但那样你就不会理解或者无法向投资者解释这个计划的内涵。但我推荐使用教练，因为如果你总是一个人默默地做事，事情就不会有进展。应尽可能与他人交流，他们可能会对你的想法给予肯定或提出修改意见，这会让你的计划变得更好。德纳利倡议（The Denaili Initiative）是个很好的例子。杰弗里·蒂蒙斯（Jeffry Timmons）的《创建新企业》（*New Venture Creation*）

一书中也有关于制定商业计划的真实例子。读了这些资料，我觉得'我也做得到！'我还得到了一位理事会成员的帮助，他帮助我审阅和回顾了有关财务部分的全部内容。"

——邦妮·贝尔胡默，威斯康星州第二次丰收（密尔沃基一家食品救济站）的总裁兼首席执行官

假如没有顾问小组，完成这份商业计划对我而言肯定会是一件非常"孤独"的事情。"这是一个充满活力的过程。我们的一个理事会成员之前是一位成功的温室领域创业者，现在是堪萨斯州立大学园艺学的博士生。他帮助我开展各式各样的市场调研并收集农业部统计数据。堪萨斯城地区杂货店和全国五金连锁店的花卉买家都在我的团队中。我们以前的总干事唐·怀斯（Don Wise），同时也是我们现在温室的建立者，也帮助了我。财务方面，我一开始甚至都不知道该问什么问题。德纳利倡议的一位教师告诉我，虽然财务分析最为困难，但也是商业计划中最有用的部分。"

——丹尼斯·范德普尔（Dennis Vanderpool），堪萨斯州堪萨斯城联合青年服务（Associated Youth Services）总干事

## 商业规划：无论目的，无论范围，总会有用

284

商业计划对企业一定有用，就是这么简单。但是，要制定一份成功的商业计划，首先需要了解计划制定的过程。这是我们接下来要讨论的问题。

### 商业规划：什么时候？

麻省理工学院的创业论坛旨在鼓励和支持快速成长中的企业，一本介绍其经验的书中谈道："每个组织都应制定商业计划以指导组织运营，确保组织的可行性和持续成长。"① "我们坚信，每个企业都是独特的，试图用一种通用模式进行归纳是荒谬的，通用模式只会掩饰一些重要的个性化的问题并强调不重要的细枝末节。不过，在寻找原则来指导投资过程时，我们应该力求具体。"②

创业者通过考虑商业规划的指导原则、避免采用"填空"方法、反

---

① Stanley R. Rich and David E. Gumpert, *Business Plans that Win $$$*: *Lessons from the MIT Enterprise Forum*（New York：Harper & Row, 1985), p. 3.

② 同上节，p. xi。

复练习有效的规划会发现，商业计划方法的应用领域十分广，具体包括：

　　√ 新创立的营利企业和非营利组织；

　　√ 已成立但正在寻求增长或寻求额外融资（无论是股权、债务还是捐赠）的营利企业和非营利性组织；

　　√ 现有非营利组织：打算设立营利企业或非营利组织作为独立的法人实体或子公司；

　　√ 全国性非营利组织：开设新的分支机构或拓展已有分支机构；

　　√ 处于任何阶段（包括发展、成长或成熟阶段）的营利或非营利组织；

　　√ 第一章"社会企业家精神"中描述的社会企业图谱中的任何一类，无论是纯粹慈善的、纯商业的，还是介于创收和免费提供产品和服务之间的组织；

　　√ 无论是收支平衡的还是有净收入的组织；

　　√ 现有营利企业和非营利组织内的新活动，例如新的产品、服务或项目，新的目标细分市场（客户群体）或新的设施；

285　　√ 大型组织的各部门；

　　√ 营利企业和非营利组织之间任何数量和任何组合形式的联盟。

　　无论何种目的或领域，所有这些情况都需要解决以下事项：组织和管理、市场、客户和竞争者、产品（服务）、服务开发和提供、财务、组织成长以及退出策略。

　　商业规划的这种灵活性让创业者可以先着眼于组织的一小部分进行尝试。在为整个组织制定商业计划之前，可以先拿一个想要拓展或添加的项目、服务或产品进行规划练习。

**商业规划：为了谁？**

　　上述任何一种情况的商业计划都有不同的读者和用户。虽然商业计划最常见的读者是潜在的投资者，但也有相当数量的商业计划是为其他人群准备的，比如以下群体：

　　√ 现有投资者和出资人；

　　√ 现有和潜在的关键供应商、客户、合作伙伴和代理商；

　　√ 员工、理事和志愿者等内部人员。

通常情况下，组织需要准备一份商业计划的基本版，在此版本的基础上根据目标读者再对计划进行调整。例如，基金会可能会关注社会企业的一般信息，但也可能对具体项目的资助信息特别感兴趣；银行可能对营利企业与其非营利母公司之间的协同效应感兴趣，但更为关注的可能是营利企业作为独立实体的可行性。

根据读者和用户的需求对商业计划的复杂程度、详细程度和格式类型进行调整并不困难，有这样的灵活性特别棒，但是也要记得明确说明各个版本的制定目的和使用范围。

### 商业规划：多久进行一次？

制定商业计划不是一次性的过程。很多创业者会为完成一份商业计划而自豪，尤其是实践中还应用了这份计划的时候。可是如果这份 10 年前制定的计划再无更新，那么拥有商业计划的荣光瞬间会黯然失色。企业发展的过程中，目标和业务范围会不断变化，相应的，制定商业计划的需求会一直存在。组织的商业计划需要随着组织的变化而更新。

虽然企业家应该每天"使用"商业计划，但也没必要在每次获得新信息或作出新假设时就更新商业计划的文本，适宜的频率是一年一次。创业者应该将实际发生的事情与商业计划预测会发生的事情进行对比，如果理事会、管理团队和投资者需要的话，创业者可以准备一份报告说明按计划完成的内容和计划外的情况。社会企业家应该利用这种对比的结果更多地了解组织、调整假设、修改未来的计划。

### 商业规划：什么程度

尽管商业计划特别有用，但别忘了这只是一个"计划"。如果环境发生了变化，原假设和原计划不再相关，那么就没必要再继续使用。在这种情况下，可以同利益相关者协商，根据变化更新原有的商业计划以及相关的行动计划。

**实用技巧**

社会企业家需要学会接受甚至主动迎接变化。商业计划提供了一个应对变化的框架，要学会根据市场反馈和外界变化不断调整思路。

我们最终的目标是掌握制定有效计划的技能，不仅掌握，而且要推广应用。创业者应该勇于尝试拓展新的规划方式，这一过程可以帮助他们在未来更加灵活地适应变化。①

## 社会企业的商业计划

一份好的商业计划应该具有以下特征。

√ 经常被使用的文件，磨破了边角但一尘不染；

√ 涵盖社会企业的各项活动，或新设立服务的每个重要方面，或合作中的协同作用。商业计划将庞大而复杂的组织分解成可管理、易理解的小部分。

√ 由一系列互补的目标组成。应侧重于少数重要的、可量化的机遇，而不是众多的没有意义的项目。

√ 融合了文字和数字，图文并茂，深入浅出。

好的商业计划是社会企业家的一项工具。他们应该统合资源，然后着手规划。

287 **案例分析** ～～～～～～～～～～～～～～～～～～～～～～～～～～～～～～～～～～～～～～

成　长

1998 年，丹尼斯·范德普尔成为联合青年服务（Associated Youth Services，AYS）的总干事。该组织现在经营着一个 5000 平方英尺的温室，许多从这儿毕业的人现在都成功地就职于当地的商业温室。丹尼斯在联合青年服务的第一个商业计划周期推出的 5 年后，启动了第二个计划周期。起初，丹尼斯认为自己只是在寻找改进现有温室运营模式的方法，但随后意识到：虽然温室为年轻人提供很好的学习经历，但是社区并不能为毕业生提供足够的就业机会，并且，温室的规模严重地限制了它获取财务支持的能力，更不要说支持组织的其他业务了。

丹尼斯说，制定商业计划帮助他"拓展思路，更具创造性地思考，思考那些通常被认为是非营利组织无法做到的事情"。例如，"将组织文

---

① David W. Virtue, Ph. D., "Start Out Training" series, *Behavior in Fitness and Big Miles Training*, 1997.

化从'捉襟见肘地将就'、因资源少而做得不充分，转变为敢于冒险、管理更新更大的事务、创造利润、升级资源"。该组织计划通过大幅创收来解决上述两个主要问题。

## 商业规划的资源

制定商业计划的实践在商业领域历史悠久，因此已经有很多优秀的资源，但这并不意味着你需要通读几十本书才知道怎么做商业计划。

### 行动步骤

制定商业计划不能简单地套用模板，也不能依靠外部咨询顾问提供一个标准模式。你需要完成以下任务。

√ 买本好书，这本书应涵盖商业计划各主题中必须解决的许多疑难问题。

√ 利用计算机软件，好的软件会要求你作出关于市场和财务的假设，允许设定多种不同的场景，回答"如果……怎么样"的问题。

√ 聘请顾问，有经验的顾问会指导你和主要利益相关者制定严格的业务规划流程，并督促你写下自己的商业计划。

本章篇幅限制，无法涵盖撰写商业计划过程中要考虑的所有事项。所以你需要一本专门讲述商业计划的书籍进行更系统地学习。当然，也别忘了上面提到的各项任务。

不是每条建议都与你的社会企业相关。但是，应该认真对待主题清单，因为指南和清单的用途就是促使读者思考是否存在被忽略的或不了解的主题或问题。读者应该花时间思考这些主题是否可以在自己的社会企业中得到解读或应用。

√ 许多商业计划的书籍偏向以产品为中心，会讨论产品的制造、装配和物流等问题，这些问题对服务性企业来说不太相关。但是，其他方面，比如产品开发，即使是服务性企业也需要考虑如何开发服务。例如，需要哪些专业技能对客户需求进行研究、给新项目注入知识、开发材料、培训服务提供者？是否需要预测试、市场测试或者有限制地推出计划？服务开发的时间表是什么？

√ 大多数书中都会讨论"退出策略"。这可能是创业的悖论之一：一边规划企业的发展和增长，一边考虑如何"终止"。对于正在寻求风险投资或考虑短期内上市的高增长、高科技企业来说，需要立即考虑退出策略。对于希望长期参与公司业务的创业者而言，退出策略最好取决于风险评估，例如，如果资金或者收入未达到最低需求时，该怎么办？虽然组织不会倒闭，但是否应该终止某项服务或放弃某类客户？

√ 社会企业家应该将商业计划的目标和范围铭记心中，才能提出现实可行的信息、决策和计划并纳入商业计划中。

## 289　传统的商业计划

应用工具

接下来的部分列出了商业计划中广为接受的几大主题，每个主题下所罗列的要点可能不太全面。① 所以，在计划制定前务必查阅其他相关资料。

1. 执行概述

● 把这部分当作独立部分撰写。

2. 业务描述

● 业务的性质是什么？这些业务主要做什么？受众是谁？

● 描述编写商业计划的原因或契机。②

● 组织业务属于哪个行业？这个行业是否成熟？组织在该行业中扮演什么角色？

● 组织提供什么产品和服务？为什么需要这些产品和服务？

● 组织处于哪个发展阶段？各主要产品或服务处于哪个发展阶段？

● 如果不是针对整个组织的计划，则需要描述这一部分业务与整个组织的关系。

● 提供战略规划概要。

---

① Rhonda M. Abrams, *The Successful Business Plan*: *Secrets and Strategies* (Grants Pass, OR: The Oasis Press, 1993); Terrence P. McGarty, *Business Plans That Win Venture Capital* (New York: John Wiley & Sons, 1989); Rich and Gumpert.

② Frederic M. Alper and Jeffry A. Timmons, "Business Plan Guide for Non-Profits," based on the "Business Plan Outline" in *New Venture Creation* by Jeffry A. Timmons (1999).

- 提供与组织未来相关的组织历史。

3. 管理和组织

- 管理层的人员为组织带来了哪些相关的专长？谁能以什么方式做什么？为什么？

- 薪资待遇概述。

- 业务如何促进组织发展？

- 描述管理信息系统。

- 理事会各成员为企业带来了哪些相关的专长？

- 重大责任、法律、保险和税务问题是什么？如何处理？

4. 市场

- 客户

——描述客户群体，以及当前的和期望的目标市场细分。

——界定客户的需要和欲求。

- 描述产品或服务的特征及其为目标客户带来的益处。

- 竞争对手

——谁是竞争对手？它们的产品和服务是什么？它们的服务市场是什么？它们的营收、市场份额和毛利率是多少？

——竞争对手成功的原因是什么？

——未来竞争的性质是什么？

- 市场定位：当前的和期望的

——这项业务有什么独特之处？是什么让该产品和服务与众不同？

——企业所处市场的规模有多大？可以获得多大的市场份额？

- 定价

——销售单位是什么？用什么定价方法来确定其市场价值？

——各细分市场的价格是否不同？

——与竞争对手的价格相比是否有竞争力？

- 营销和销售：当前的方法和计划

——涵盖公共关系和广告。

——这些功能需要哪些内部的和外部的专长？

——业务依赖于"回头客"还是持续不断的新客户？

——如何对"信息"进行营销？

290

- 从市场调查和分析中寻找上述问题的答案，因为市场调查和分析的数据与业务相关。换句话说，决策要基于事实。

5. 产品和服务

- 针对每种产品和服务，从研发到最后交付给客户，涉及哪些流程、多少资源（即人力、技术、资本和财务）和多高的成本？

——研发和测试。

——制造和组装。

——交付。

- 如何衡量产品性能、服务质量和客户满意度？结果是什么？计划作出什么改变？

291

- 从持有者和使用者两个角度描述知识产权相关问题。

6. 假设（这个非常重要，但经常被忽略）

- 用以估算财务及其他部分的所有重要数字必须清楚、具体、有据可查。例如，预计售出产品或服务的数量以及此估算的依据；单价及定价理由；等等。

- 这些假设对于读者评估计划的有效性以及随后的（财务或其他的）业务投资至关重要。

- 这些假设可以帮助创业者预先设想可能发生的场景，并且在实际结果与计划进行比较时，提醒他们注意计划制定时依赖的假设。

7. 不确定性和风险

- 描述导致不确定性和风险的原因。例如，经济、技术和季节性因素；法律和监管问题；供应、分配和财务方面的考虑。描述最小化风险影响的办法。

- 不确定性和风险对预测时所基于的假设有何影响？应该适当准备多个场景（尤其是财务方面）的应对措施。未来有多种可能，但最好或最坏的情况都极少出现。

- 确定里程碑——关键的时间节点，用来评估业务、产品或服务的可行性，以便作出调整，最大限度地降低风险。

8. 增长和退出

- 在定义增长时，要综合考虑各个方面，包括收入、利润、客户数量、销量、产品和服务种类、市场份额、客户服务和产品质量的改进、实体店、网店。

- 预测企业增长的依据是什么？

- 如何实现增长？增长持续的时间？

9. 财务

- 传统的财务报表为商业计划提供了时间线。

——一直需要的：损益表、资产负债表、现金流量分析。

——通常需要的：融资结构，例如，债务和权益的时间表和条款。

——会用到的：每个主要产品和服务的损益表及盈亏平衡分析。 292

——视情况而定的：新业务、新产品或服务，或进入新市场的启动资金；资本支出。

- 主要的财务信息，如每种主要产品和服务的毛利率、投资回报率、每位员工的收入；这些信息与行业标准相比，情况如何？

- 既要包括文字叙述，也要包括表格。

10. "经验法则"

- 商业计划应至少涵盖未来3年，这样才能捕捉组织成立、发展及增长的信息。

- 提供给外部利益相关者的整个组织正式的商业计划通常为50页左右（包括财务部分，但不包括附录）。很多组织从不与外部利益相关者分享商业计划，当然，商业计划制定的各种支持资料更不可能提供给外部相关方，除非是积极参与组织管理的风险投资人。

- 商业计划应该既乐观又现实。①

大多数创业者认为财务部分最令人头痛，下面我们就这部分提供一些额外的建议。

√ 一般而言，商业计划的财务部分不需要像组织的年度预算那样详细。商业计划的制定多是基于对未来的假设；而年度预算的制定一般基于下一年度员工的工作计划、客户预测等信息。年度预算制定后，组织就掌握了近期未来更确切的信息。

√ 一般而言，准备商业计划的目的是向外部利益相关者争取财务资

---

① Frederic M. Alper and Jeffry A. Timmons, "Business Plan Guide for Non-Profits," based on the "Business Plan Outline" in *New Venture Creation* by Jeffry A. Timmons (1999).

源，包括启动费用、组织收入未能覆盖支出之前维持组织运营的费用，以及支持组织持续成长所需的费用。

在商业计划中"粗略估计"是否可行？你可能听说过这样的故事：创业者在餐巾纸上估计了一下收入预测和所需资本，然后风险投资人当场同意为其注资。这样的故事真的发生过，但是，却没有任何故事讲述在这张餐巾纸以前有多少餐巾纸用于计算后扔进了垃圾桶。

293　　　然而，"粗略估计"还是要谨慎对待。如前"启动商业规划的阻力"所述，许多创业者在开始筹备商业计划时漫不经心。例如，他们知道必须拥有：

- 强大的管理团队；
- 市场明确需要的产品或服务；
- 完整且切合实际的财务计划。

强烈建议这种"匆忙"的创业者购买一本好的商业规划指导书籍作为参考，集合一个管理团队、预留足够的时间用来专门讨论。回顾以上提到的问题，至少进行口头辩论并确认这些问题是否已经讨论过还是目前确实不适用。

## 比较社会企业计划与传统商业计划

你可能已经注意到，有关商业计划的大部分资料都是针对营利企业的（这也是我们编写这本书的原因）。即便如此，那些材料也不可能完全适用于每一个营利企业。营利性公司的社会创业领导可能会发现那些材料比较有用，但是非营利组织领导者需要思考那些资料中的主题同自己组织的相关性，是否需要改编调整才可运用到自己的组织。

**应用工具**

下面的要点大纲按照前面一节中传统的商业计划各主题的顺序，描述了在这些主题方面，非营利组织不同于营利组织的定义和解读，社会企业的商业计划要注意到这些差异并相应地解决。

1. 业务描述

- 社会使命与财务需求之间的矛盾。正如彼得·康拉德（Peter Konrad）和阿丽思·诺瓦克（Alys Novak）所说："非营利组织不仅需要考虑利润底线，还要考虑达到公益目标的效率和成效。但是，组织如果连财务目标都达不到，它通常也无法达到公益目标。"[①]

2. 管理和组织

● 调查显示，营利公司的投资者强调，管理层的能力和组织的能力是他们投资决策的依据。根据他们的经验，相较管理不善的组织所提供的优质产品或服务，才华横溢的管理团队手中的普通产品或服务更有可能获利。

● 在非营利部门，人们逐渐意识到，与支持创新项目同等重要是提供资金加强组织能力和有效性。在准备社会企业计划时，利益相关者应评估当前的管理和组织状况、预测提高组织能力和有效性需要花费多少成本，寻找愿意对组织的结构性因素进行投资的人，因为这些因素对项目的长期成功至关重要。

● 展示为员工和志愿者提供的培训、发展和其他机会。

3. 市场

● 有效的社会企业计划从项目驱动的视角转向市场驱动的视角，有时这意味着：询问客户需要什么，并满足他们；但更多情况下，市场反馈的信息非常微妙。这一难题可以这么理解：虽然社会企业应该满足客户的需求，但许多客户不清楚自己的需求是什么，也不知道什么服务能够满足他们的需求。社会企业可以通过收集客户的信息了解客户，并应用自身的专长来识别哪些服务能够改善客户的生活，哪些服务为客户所珍视。社会企业应该利用这种竞争优势提供服务。

● 无论是社会企业还是商业企业都有许多不同类型的客户。最复杂的情况可能是购买产品或服务的人并不是使用者。这一情况经常出现在非营利部门，服务使用者无须支付费用或仅支付部分费用，费用由政府、基金会、个人等第三方来支付。

● 第三方支付给非营利组织带来了复杂的挑战。例如，如果一个营利企业现在知道了客户想要什么产品，该公司现在就可以获得融资，现在就可以进行生产然后推向市场。反之，非营利组织现在也发现了客户

[①] Peter Konrad and Alys Novak, *Financial Management for Nonprofits*: *Keys to Success*, (Denver, CO: Entrepreneurial Education Foundation, 1996).

295 的直接需求，但是，由于无法快速获得第三方支付的资金，对市场信息的反馈就会存在延迟。此外，产品对第三方的价值通常有别于产品的成本，因此非营利组织必须寻找多个付款方才足以支付成本。可以将这些第三方视为顾客或投资者，这种视角能够鼓舞社会企业家，免得他们总觉得第三方提供了资金却什么也没得到。

●以使命驱动的供给来应对市场驱动的需求。推广产品、服务以及使命，记得对社会使命进行营销！

●利用合作机制扩大非营利组织的影响范围，充分利用社区资源来实现社会使命。合作机制应该体现在社会企业计划的管理、营销和财务中。

●营销计划应支持资源开发工作，而资源开发工作又应与财务计划相结合。

4. 财务

●财务计划帮助社会企业家预测需要多少资源才能创造并维持社会价值，也说明将如何利用这些资源，从而让投资者确信他们投资价值的最大化。

●非营利组织可以而且应该获得利润，即收入超过支出的盈余，例如利润可用于再投资为实现使命而服务。通过这种方式，非营利组织可以积累资本，用于能力建设、研发和组织的进一步发展。

●商业企业家时刻会提到钱，即说明提供产品或服务所需的投入，这是他们准备商业计划的主要原因之一。社会企业家也应该毫不犹豫地表现出对资金的需求，而且尽量不要受现有资金数额和资金来源的限制，要现实地预测并清楚地呈现达到理想的市场状况所需的外部投资和收入来源。

●根据彼得·布林克霍夫（Peter Brinckerhoff）的说法，获得财务赋权"意味着拥有足够的资金灵活地完成使命并提供优质的服务，而不仅

296 限于保持组织的稳定。从财务角度上说，非营利组织可以谨慎地代表所服务的群体，把资源灵活地用于满足社区在当下、本周、本月出现的需求，他们有不同的收入来源"①。

---

① Peter C. Brinckerhoff, *Financial Empowerment*: *More Money for More Mission* (Dillon, CO: Alpine Guild, Inc., 1996), p.1, 17.

● 商业企业的投资者期望获得回报，而且通常是财务回报。如果将投资者的定义扩大到之前描述的第三方付款人，那么投资回报的性质是什么呢？现实中，基金会等机构越来越多地关注这个问题。

如第一章所述，社会企业通过社会方法实现社会目标。社会企业的主要目标是维持和改善社会条件，而非仅仅为组织的资助者、管理者、员工或客户谋求经济利益。社会企业依赖于一些关键利益相关者的善意。因此，社会投资的回报可能包括以下方面。

● 估算投资的财务回报。无论结果是盈利、收支平衡或亏损，社会企业都需要计算财务回报，并把这作为影响决策的因素之一（但不是唯一的因素）。

● 通过成果评估、客户满意度和其他评估等对使命产生的影响进行量化。

● 尽早实现前面提到的财务赋权。

● 通过审慎地使用人力、财力、技术和资本等资源，体现组织的诚信、能力和责任担当。

● 组织的影响力不仅可以通过直接提供的服务而产生，还可以通过更广泛地接触社区和展示领导力来获得。可以利用现有资助者的资金撬动社区的其他资源，让更多的人参与为推动社会使命和愿景的实现而努力。

● 志愿精神的回报，以及对生活审美和个人成长的贡献。[1]

● 社会企业家应与会计师配合，在计划中以适当的方式提出以下内容。

——获得的贡献和资源的价值，包括志愿者资源和实物捐赠。美国国税局（IRS）和会计准则都有规定如何确定这些资源的价值。社会企业计划应对所有重大捐赠依据其市场价值进行价值估算，因为这是非营利组织未支付任何现金就获得的资源。

——募捐活动和留本基金。

——开发、启动、提供和交付服务产生的全部成本，不管是否有客户或付款人愿意支付此项费用。

297

---

① Bruce Sievers, "If Pigs Had Wings," *Grantmakers in the Arts*, Autumn 1997.

## 总　　结

不论你是否喜欢商业规划的过程，一个简明的事实是，为未来制定了规划并依据规划运行的组织比不做未来计划的组织能够更好地应对挑战。在本章中，我们讨论了"为什么要进行商业规划？"的问题，然后介绍了如何制定规划。我们还描述了商业规划流程的不同方面，例如何时规划，为谁规划，以及规划到什么程度，也讨论了好的商业计划的特征，最后还比较了社会企业计划与传统商业计划的不同之处。

需要记住的要点如下。

√ 无论营利企业还是非营利组织都能从商业规划过程中受益。

√ 商业计划在组织的战略规划与所有其他内部计划之间建立了直接联系。

√ 商业计划有助于组织实现目标。

√ 规划的时间范围应控制在未来 3 到 5 年。

√ 利益相关者要始终参与到商业规划的过程中。

√ 为商业计划制定计划！

√ 商业规划非常有用！

# 附录 A　给社会企业家的相关法律介绍

布鲁斯·霍布金斯[*]

在不断追求新机遇的过程中，社会企业家们也会面临许多法律问题。本附录旨在介绍社会企业家可能遇到的一些基本法律规则。这仅仅是相关法律事务的一个起点，未能涵盖所有相关法律事务的完整指南，也不可能取代律师咨询。它提醒社会企业家应该注意的主要法律要求，在需要法律建议时，帮助他们向律师提出问题。

我要感谢同事杰弗里·E. 范恩（Jeffery E. Fine），弗吉尼亚·C. 格罗斯（Virginia C. Gross）和托马斯·J. 申克尔贝格（Thomas J. Schenkelberg）为本附录所做的贡献。有关这些和其他法律问题的更全面的内容，请参阅布鲁斯·霍普金斯的著作《成立和管理非营利组织：法律指南》（New York：John Wiley & Sons，2001）。

本附录包括以下内容。

1. 创建新的非营利组织之前，需要了解哪些内容？

2. 新的经营性活动将如何影响组织的税务状况？

3. 什么时候适合成立营利性附属公司，什么时候适合成立独立的合资企业？

4. 如何保护自己的知识产权？

5. 需要了解哪些互联网使用的相关法律问题？

---

[*]　布鲁斯·霍布金斯（Bruce Hopkins），法学博士，任职于 Polsinelli，Shalton & White 公司。

## 1. 创建新的非营利组织之前，需要了解哪些内容？

300

非营利组织是一种组织（通常是法人团体），其成立及运营的目的是让公众或至少一个群体受益。非营利组织不能将净收益分配给诸如管理者或理事之类的控制组织的个人。非营利组织和营利企业之间的主要区别在于后者最终将收益（利润）分配给组织的所有者和投资者。

这并不是说非营利组织不能营利，可以营利，但不能将利润分配给个人。非营利组织获得的任何利润都必须用于组织目标，这其中可以包括雇员薪资。

此外，非营利组织通常不属于个人所有。非营利组织可能有会员，但大多数州级法规不允许非营利组织发行股票或其他所有权凭据。如果非营利组织有会员，会员所扮演的角色通常与营利企业的股东相似（例如，选举董事会成员并对重大公司事件——如合并或分立进行投票）。如果非营利组织没有会员，则由理事会负责决定这些事项。

非营利组织可以注册为法人团体、信托或非法人团体协会。法人团体是非营利组织最常见的形式，可以为其创始人提供最大限度的免责保护。

### "免税"的含义

一般而言，州级法律决定非营利组织的资格，而免税资格（比如免征联邦所得税）则由联邦法律，即国内税法典（以下简称"法典"）决定。并非所有的非营利组织都能获得免税资格，但非营利组织资格几乎总是获得免税资格的先决条件。

该法典规定了许多不同类别的免税组织。例如，慈善组织、教育组织和宗教组织通常属于法典第 501（c）（3）节，而贸易、商业和专业协会属于法典第 501（c）（6）节（"商业联盟"）。

### 联邦法律对获得免税资格的基本规定

301

要获得联邦税法规定的免税资格，必须通过两项测试：组织测试和运营测试。组织测试要求非营利组织成立的目的与一个或多个免税目的相符。要满足此项要求，需在非营利组织的组织文件中说明其目的与免税资格相符合，并且说明在解散或清算后组织资产会分给符合要求的组织。如果组织以法人团体的形式成立，则必须在其公司章程中用相应的语言说明如何满足了这些要求。

组织的运营也必须符合一个或多个免税目的。运营测试不仅评估组织活动是否符合组织的免税资格，还会检查组织是否从事了不允许的活动，例如过度游说。

非营利组织的净收益不能服务于私人股东或个人的利益。私人股东或个人获取组织收益通常被称为"私人获益"（private inurement）。私人股东或个人是指个人或私人的利益与免税组织活动相关的人，该类人被称为"内幕者"（insider），他们所处的组织职位让他们能够在很大程度上影响组织的事务。

此外，非营利组织不能服务于私人利益（private benefit）（与公共利益相对）。与私人获益不同，这种私人利益分析考虑的是组织免税活动所服务的群体范围，而不是直接转移收入或提供与豁免目的无关的服务。

禁止组织内部人员获得利益并不是禁止私人利益的唯一情况。组织为无利害关系的个人（即非私人股东或个人利益与非营利组织相关的个人）提供私人利益也可能被列为获得私人利益的范畴。

如果免税组织及其管理团队成员、其他可以影响组织决策的人之间存在不正当交易，美国国税局有权进行罚款。这些处罚被称为"中级处罚"（intermediate sanctions）。中级处罚相关规定适用于 501（c）（3）公共慈善组织和 501（c）（4）社会福利组织。与私人获益规定不同，中级处罚会对从交易中受益的个人征税，而不是撤销组织的免税地位。为确保处罚效果，国税局可能会同时采取征税和撤销免税资格的举措。

这种被中级处罚的不正当交易被称为"超额利益交易"（excess benefit transactions）。该术语的定义基于合同法的酬金概念，即合同有效的前提是合同当事人收益大致相等，超额利益交易指与交易中的一方相比，另一方的收益过多。

### 禁止游说

法律规定，慈善组织不能以"依靠宣传或以其他方式试图影响立法"的活动为主。如果组织活动的重要部分是试图影响立法，那么该组

302

织就是一个"行动"组织①，而不是慈善组织，其中决定性的因素就是组织的主要活动是否包括游说。

联邦税法为慈善组织提供了一种选择。组织可以根据一个公式计算其在游说活动上的花费，如果组织计划进行的游说活动超过了最小金额规定，则可以选择考虑这一选项。

在其他情况下，组织可能会被征税以代替或叠加免税资格撤销的处罚。社会福利组织没有慈善组织面临的这种游说限制，它们属于行动组织类别。商业联盟类型的组织也没有游说活动的限制。

### 政治竞选活动

慈善组织被禁止参与或影响任何政治竞选运动，不可以支持或反对任何政治候选人。相关处罚包括征税以代替或叠加免税资格的撤销。社会福利组织和商业联盟可以参与某些政治竞选活动，但此类活动可能会被征税。这些组织通常会在相关的政治行动委员会中展开他们的竞选活动。

### 免税资格的获得

501（c）（3）组织资格的获得通常要求组织向国税局递交申请。501（c）（3）类组织包括公共慈善机构和私人基金会。

303

公共慈善机构是根据"法规"第501（c）（3）条获得免税的组织，美国国税局将其视为与私人基金会不同的慈善组织。公共慈善机构通常从公众那里获得资金和支持，开展以公共福祉为目标的社会的、教育的、宗教的或其他类型的慈善活动。这类慈善机构还包括"支持性组织"。公共慈善机构所获得的捐款具有个人所得税税前抵扣资格，并且不受限于私人基金会相关的规则和限制。

作为一种慈善组织，私人基金会的资金来源单一（如个人、家庭或公司），筹款活动由自己的工作人员或理事管理。成立的目的是维持或帮助其他组织开展服务于公共福祉目标的社会的、教育的、宗教的或其他类型的慈善活动。

---

① 即501（c）（4）类组织。——译者注。

501（c）（3）类型的组织必须填写并向美国国税局提交表格 1023。该表格要求组织详细描述开展的活动、相关运营行为，以及财务历史和预测。如果非营利组织在成立的 27 个月内申请 501（c）（3）资格，则美国国税局对 501（c）（3）资格的认可视为始于组织成立之日。

501（c）（3）类型以外的非营利组织（如社会福利组织）无须向美国国税局申请免税地位。即便如此，我们也建议这些非营利组织向美国国税局提出申请以确保其免税资格获得认可。该项工作要求非营利组织提交表格 1024。

### 申报要求

年收入超过 25000 美元的免税组织通常需要向国税局提交年度信息报表（通常为 990 表格）。年收入为 25000 美元或以下的组织可免除此报告要求。如果组织拥有营业外收入，还必须提交纳税申报表（表格 990-T）。

私人基金会也要向国税局提交年度信息报表（表格 990-PF），除此之外，还要向组织成立及运营所在州的总检察长提交一份表格副本。

### 募捐登记

组织在进行募捐（筹款）活动时，需要参考所在州的慈善募捐相关规定。大多数州都有相关的慈善募捐法案，具体的注册登记规定都不尽相同。

"募捐"通常指联系所在州的居民（包括通过电话、邮件或其他方式）。许多州允许一些 501（c）（3）组织免于注册，但要求其他非营利组织进行注册。此外，大多数州都要求专业筹款人员和律师进行登记。

更多有关成立新的非营利组织的详细信息，请参阅安东尼·曼库索（Anthony Mancuso）《如何在 50 个州内成立非营利组织》（第四版，Berkeley，CA：Nolo Press，1997）或布鲁斯·霍普金斯（Bruce Hopkins）《创立和管理非营利组织：法律指南》（New York：John Wiley & Sons，2001）。

## 2. 新的经营性活动将如何影响组织的税务状况？

许多免税组织都会进行一些与豁免目的无关的活动，这些活动或独立进行，或与外部个人或组织合作进行。这些活动被称为营业外收入

（UBI）活动。如果活动是定期进行的贸易或商业活动，并且与组织的豁免目的无关，则很有可能被视为无关业务的收入活动。

美国国税局通常能够判定某项活动是否属于"贸易或商业"活动。因此，讨论通常聚焦于该活动是否是定期进行的，以及该活动是否与组织的豁免目的无关。比如，免税的医院在狂欢节上开设卖热狗的摊位，如果医院只打算将这一摊位开设几周，并且实际摊位也仅运营了几周，那么就可以不会被视为 UBI，原因是虽然该活动与经营医院无关，但不会定期进行。定期进行的无关活动的一个例子是免税医院每年 12 个月运营的杂货店，这种活动与组织的豁免职能无关且定期进行。医院药房的运营活动则更为复杂，因为它的消费群体既包括医院的患者也包括非医院的患者。根据便利原则，向免税医院的患者出售药品的收入不会被征税，但对非患者的销售收入将被视为 UBI。

UBI 的识别有很多例外，包括：（1）志愿者进行的贸易或业务；（2）便利例外；（3）捐赠财产的例外情况；（4）满足条件的公共娱乐活动；（5）贸易展；（6）特定的医院服务；（7）某些宾果游戏及机会性游戏；（8）某些低成本物品的分发；（9）某些慈善组织间的邮件列表租赁交易。在这些例外情况下，活动即使满足了前面讨论的 UBI 三要素，也不会被征税。

虽然组织必须对其 UBI 活动进行报备并缴纳税款，但只要这些活动没有成为组织的主要活动，就不会影响组织的免税身份。然而，具体的关于 UBI 活动的收入或花费时间的限额并没有一个客观明确的规定。因此，免税组织应谨慎行事，以避免相关质疑。

## 3. 什么时候适合成立营利性附属公司，什么时候适合成立独立的合资企业？

当 UBI 达到一个显著水平时，私人基金会以外的其他非营利组织应考虑成立营利性子公司来经营 UBI 活动：将 UBI 活动转移到子公司，免税的母公司将继续运行免税目的相关的活动。只要组织间独立运营，子公司的 UBI 活动就不属于母公司，因此，即使子公司的 UBI 活动是其主要运营项目，也不会影响母公司的免税资格。

除了全资子公司，私人基金会以外的免税组织还经常与外部个人或组织合作成立合资企业。美国国税局会对此类活动进行详细的审查，以确保活动能进一步实现组织的豁免目的，并且不向有关个人提供所禁止的私人获益或私人利益。合资企业在税收待遇上通常享有穿透身份（flow-through partnership）（即合作一方的成本和责任不由该方直接承担，而是转嫁到该方的客户或母公司。——译者注），例如有限合伙企业、普通合伙企业、有限责任公司。如果在合资企业中运营的活动进一步促进了豁免合伙人的豁免目的，那么免税合伙人从中获得的任何收入将被视为相关职能收入而无须纳税。但是，如果合资企业的运营没有促进豁免目的，那么免税组织从中获得的相关收入将被视为 UBI。如果与整个组织的相关免税活动相比，UBI 活动并不显著，那么 UBI 活动收入虽然需要纳税，但不会影响组织的免税身份。

合资企业规划中的另一个挑战是有关如何避免私人获益和私人利益。 306 与穿透身份实体和 C 类公司合作的交易可能不会为营利性合资企业提供不正当的私人获益或私人利益，国税局会对此进行仔细的审查，以确保合资企业行为不违反这些禁令。

## 4. 如何保护自己的知识产权？

美国法律体系为"智力劳动成果"的财产所有者提供权利和保护。这种财产被称为"知识产权"，相关的权利和保护是基于版权、商标、专利和国家商业秘密的法律，对象既包括为以营利为目的的商业企业家，也包括社会企业家。一般而言，（1）版权（copyright）保护各种形式的书面和艺术表达；（2）商标（trademarks）及服务标志（service marks）保护识别商品或服务来源的名称或符号；（3）专利（patents）保护各种有形实体的发明；（4）商业秘密（trade secrets）保护提供竞争优势的专有技术。

### 版权

版权是一种法定产权，授予作者、艺术家、作曲家、摄影师或其他创作者在一定时期内拥有其作品（书籍、图像、雕塑作品、音乐、绘画或计算机程序）的权利。版权产生于将作品固定在有形的表达媒介中，可延续至作者逝世再加上 70 年。版权既适用于已出版作品，也适用于未出版的作品，向位于华盛顿特区的版权局注册并不是拥有或使用版权符号（© 1999 John Doe）的必要条件；但是，如果想通过法律诉讼的方式解决侵犯版权的问题，并依法获得赔付及相关费用，那么注册则是一个先决条件。版权注册由美国国会图书馆的版权局管理。

一直以来，美国版权法都支持实际创造工作产品的一方，一个特例是在雇主雇员关系中，员工在其工作范围内创造的产品由雇主根据"雇用工作"原则拥有。但独立承包商或自由职业者创作的作品，则由这些作品的创作者所有，即使委托方实际上已经支付了创作此类作品的费用，除非创作方通过书面形式转让或放弃拥有其作品的权利，或委托方单独提供受版权保护的标的物，在这种情况下，作品可以被视为共同拥有。当博物馆、慈善机构和社团聘请广告代理商、艺术家或设计师创建受版权保护的主题（如贺卡设计、广告活动或其他图形作品）时，作为参与或委托过程的一部分，应要求此类参与方与非营利组织分享对产品的版权利益。

### 商标

商标可以是单独的一个单词、一个短语、一个符号或设计，也可以是这些元素的组合，用于识别和区分商品或服务的来源。服务标识与商标的唯一不同之处是服务标识区分的是某种服务（而非产品）的来源。使用商标或服务标记的目的在于识别商品或服务的来源，而不仅仅是描述商品或服务。无论是对非营利组织还是营利组织而言，贸易身份权（trade identity rights）都非常重要。一般而言，商品的标记会贴在产品或包装上，而服务标记则会出现在相关的广告中。商标权来源于商标的实际使用，或在美国专利和商标局申请注册商标。未注册商标的持有人可使用"TM"符号来表示其对该商标的所有权，或"sm"符号来表示其对服务标记的所有权，但只有在联邦机构注册了商标或服务的持有人才可以在其商标或服务标记中使用注册符号（©）。与专利或版权不同，如果所有者持续使用一个商标来标记商品或服务，那么商标相关的权利则是无限时的。联邦商标注册的初始期限和续签期限均为 10 年。在首次登记之日起的第 5~6 年之间，必须提交一份书面申请，提供相关信息以保持登记的有效性。未提交此书面申请则会导致注册被取消。

虽然商标中的权利是通过使用和采纳来确立的，但商标权利的维护或保护部分取决于商标是否具有独特性、暗示性、描述性或通用性。最强有力的标记是独特的标记，往往是自己创造的、具有随意性的、新颖独特的。EXXON©是一家石油公司的商标，是公司自己创造的词汇，被认为是一种强大的、十分独特的标志。用于威士忌的 OLD CROW©是一个具有随意性的商标，尽管这两个词语可能很常见，但当与威士忌一起使用时，这个商标既不暗示也不描述产品的任何成分或特征。用于钉子的 STRONG-HOLD©是一个具有暗示性的商标，虽然没有描述该产品，但却表明了产品的特征。用于猫粮的 TENDER VITTLES 是一个描述性商标，它强调了产品的成分、质量和特性。最后一种商标可以是与产品名称同义的大众词汇，例如"面巾纸"或"黄油"。

在商标保护中，大众词汇和描述性标记的被拒率很高。描述性词语得到保护的情况是证明它表述了"次要含义"——这个模糊的短语表明该商标已经获得了源指示的重要性和独特性，即使它是描述性的。暗示性标记比描述性标记好一些，但将商标划分为暗示性的还是描述性的界限通常是模糊的。特殊标记被认为是最强的源标识符。

商标侵权要求在相关市场中提供"混淆可能性"的证据，不一定要求实际的混淆。当然，实际的混淆通常是混淆可能性的最好证据。商标侵权可以发生于相似的外观、声音或涵义。虽然实际竞争并不是必要条件，但当以类似商标出售的商品存在竞争或密切相关时，混淆可能性会增加。商标持有人可以在其品牌自然延伸所代表的商品或服务中行使其权利。侵权行为的证明通常通过消费者调查和营销专家的证词。涉及非营利组织的商标侵权案件常见于全国性慈善机构（如基督教青年会）及与其意见向左的地方分支，该地方分支可能已经脱离组织，但却在没有授权的情况下仍然使用组织标记。对地方分支的追责范围通常包括：制造同商标持有人商业身份的虚假关联，盗用其商业身份，稀释商标的价值。

### 专利

发明专利是由美国专利和商标局授予所有者（或继承人或受让人）的，在法律上可强制执行的权利，以防止他人实施该专利中描述和要求保护的发明。专利有效期为自专利申请提交日起 20 年，但其间必须缴纳维护费。与其他形式的财产一样，专利所代表的权利可以继承、出售、出租、抵押，甚至纳税。

国会已经明确规定，如果发明人及时提交申请，并充分描述了适当主题的创新的、有用的、非显而易见的发明，就会授予专利。及时的意思是，申请必须在把专利构思变为产品原型（prototype）的1年内提交。

专利通常授予个人发明者，然后由他们将专利转让给雇主。如果发明属于工作成果，但发明人未将该专利转让给雇主，那么雇主也可获得"利益分享权"，雇主有权在内部运营过程中使用该专利，而无须向发明人缴纳相关费用。许多雇主会要求雇员将任何进展或可获得专利的发现分配给雇主，以避免可能的所有权争议。

专利不一定是发明一个新机器或新设备——许多物品都可以获得专利，包括商业方法、地毯设计、服装配件和设计、计算机软件、织物和织物设计、食品发明、珠宝、植物等。

### 商业秘密

商业秘密涵盖了所有形式和类型的金融、商业、科学、技术、经济或工程信息，包括模式、计划、汇编、程序设备、公式、设计、原型、方法、技术、流程、过程、程序或代码，无论是有形的还是无形的，无论是否被储存记录或以何种方式被存储、编辑或记录（物理的、电子的、图形的、照片的、书面的），只需要满足以下条件即可：（1）所有者已采取合理措施对此类信息进行保密；（2）在不被大众所知或大众无法通过现有方式获取的情况下，该信息具有独立的经济价值（包括实际的和潜在的）。商业秘密通常受到各州法律及雇主和雇员或独立承包商之间的特定协议的保护，以免受到盗用或未经授权的披露。

非营利组织的商业秘密可能包括捐赠者和筹款技术的保密清单、长期战略规划、收购战略等。

### 许可

许可指授予另一方有偿使用其想法、商标、专利或版权，同时许可人保留对该想法、商标、专利或版权的权利。转让（Assign）指出售想法、商标、专利或版权的权利。

知识产权所有者通常可以通过许可协议获得基于固定费率或可变费率的版税。许可人必须保留控制或检查被许可人销售的商品或服务的性质和质量的权利，否则可以视为对该想法、商标或版权的放弃。非营利组织在实践中广泛利用许可来加强组织与其成员、某些商品或服务提供者之间的关系。例如，许多慈善机构（如塞拉俱乐部）发行慈善信用卡，将其中一部分费用捐赠给慈善机构。根据现行的美国国税局解释，发卡机构的被动使用费将视为免税收入，但慈善机构提供的任何辅助服务可能使特许权使用费收入被认定为营业外相关收入。

**不公平竞争**

不公平竞争是在贸易或商业过程中违反诚实原则的行为或做法，包括：（1）可能导致企业产品或服务混淆，或工业或商业活动混淆的行为；（2）可能贬低或诋毁企业的产品或服务、工业或商业活动的虚假指控；（3）可能误导公众的暗示或指控，特别是在有关产品的制造过程或产品或服务的质量、数量或其他特征等方面；（4）非法获取、披露或者使用商业秘密的行为；（5）对他人商标的独特影响力造成稀释或其他损害，或不正当地利用其他企业的商誉或声誉的行为。不公平竞争有时也称为"商业侵权"（Business Torts）。联邦商标法，即"兰哈姆法案"（Lanham Act），已经扩展为联邦不公平竞争法，各州也有许多涉及不公平竞争的法律。不公平竞争索赔不限于商业企业。非营利组织往往很容易受到不公平和欺骗性的贸易行为的影响，特别是那些试图通过采用与知名的、受人尊敬的慈善机构相似的名字或商标来混淆公众的无良筹款人。

## 5. 需要了解哪些互联网使用的相关法律问题？

无论你是否愿意承认，我们都生活在一个数字化的时代。互联网的快速发展预示着商业运作方式的变革。即使不知何为"双击"的人也不得不承认电子商务的兴盛将会是未来的发展潮流。20 世纪 90 年代末，互联网扮演的角色就如同 20 世纪 40 年代的电视机——一种强大的媒介，会影响所有人。互联网和电子商务为以营利为目的的企业、非营利组织以及企业家都带来了全新的极好的营销机遇。消费者已经克服了最初对于隐私和安全问题的恐惧，现在正通过互联网经常性地购买数百万美元的商品和服务。

### 互联网和电子商务

互联网是连接了计算机网络和用户的全球电信网络。互联网实现了即时的、全球范围内的通信和传输。互联网的一个很大的优势（也是一种挑战）在于，为世界各地的人们访问发布的内容和信息提供了途径。事实上，在网络世界里，国际边界和地方管辖权在某种程度上正在消失，地方和国家的有关互联网传输和争议解决的执法及其相互关系将成为21世纪初热议的法律问题之一。例如，为了增加网站访问量，许多企业家会开设诸如赞助抽奖或竞赛之类的活动，不幸的是，太过心急的企业家们有时会忽视了这样一个事实，即，居住在遥远国度的人们也可以像美国居民一样轻松地参加抽奖活动。美国的法律以及许多外国的法律都对机会性游戏（game of chance）进行了具体的规定，而稍不留意，企业家就会违反地方的彩票或赌博的相关法律。

### 网站的使用和管理

要想出现在互联网上，企业必须先建立一个网站。网站是万维网上的电子位置，可以包含文本、图形、可视图像或声音等各类型的信息。网站的访问需要通过唯一且统一的资源定位符（URL）或域名，相当于站点的电话号码或地址。网站域名需向域名注册服务组织申请，例如Network Solutions，Inc（Internic），并由它们发布。这些组织在一段时间内拥有分配域名的专有权。当前有29个组织有权分配顶级域名，即以现在常见的 .com，.net，.org，.edu，.gov 结尾的域名，很快也会有一些其他域名的字符串。虽然 .org 后缀最初是为慈善机构预留的，但.com，.net 和 .org 之间的区别已经变得很模糊，现在 .org 也已不再是慈善组织的同义词。

312　　　　网站管理最重要的一个方面是采取适当的预防措施，以确保网站的开发者（通常是独立的承包商）放弃并转让网站及其超文本标记语言（html）的所有权给委托方。如其他地方所述，如果没有此类书面文件，网站开发人员可以声明对本网站及内容的所有权。本网站的所有者应考虑使用免责声明或关于访问本网站的条款和条件声明来提醒用户有关网站及其内容使用的各种规则或规定。要求用户在访问网站前对此类免责声明和政策声明点击"我接受"图标的行为越来越常见，这就建立了同意的证据记录。同时还应提醒用户，互联网上的传输存在安全隐患，在传输任何信息时（甚至在用户访问该站点时）应预想到可能的隐私泄露。

**红色警示**

网站所有者应谨慎使用从一个网站到另一个网站的"链接"。如果用户被欺骗，或混淆了网站的来源或两个网站的所有者之间的关联，则链接可能会产生法律责任。提供链接也可以被解释为对另一方的商品或服务的认可。

# 附录 B　延伸阅读

## 第一章　社会企业家精神

Peter C. Brinkerhoff, *Social Entrepreneurship* (New York: John Wiley & Sons, 2000).

William D. Bygrave, *The Portable MBA in Entrepreneurship*, ed. 2 (New York: John Wiley & Sons, 1997).

J. Gregory Dees, "Enterprising Nonprofits," *Harvard Business Review*, January-February 1998.

EntreWorld website for more information on social entrepreneurship, and for updates to this book; www. entreworld. com.

Christine W. Letts, William P. Ryan, and Allen Grossman, *Performance Nonprofit Organizations* (New York: John Wiley & Sons, 1999).

Heather McLeod, "The New Social Entrepreneurs," *Who Cares*, April 1997; Roberts Enterprise Development Fund website; www. redf. org.

## 第二章　制定组织使命

Peter F. Drucker, *The Drucker Foundation Self-Assessment Tool: Participant Workbook* (San Francisco: Jossey-Bass, 1998).

Peter F. Drucker, *Innovation and Entrepreneurship* (New York: HarperBusiness, 1985).

Frances Hesselbein, *Excellence in Nonprofit Leadership*, video program (San Francisco: Jossey-Bass, 1998).

Frances Hesselbein and Paul M. Cohen, editors, *Leader to Leader* (San

Francisco: Jossey-Bass, 1999).

Richard Pascale and Anne Miller, "Acting Your Way into a New Way of Thinking," *Leader to Leader*, No. 9, Summer 1998.

Gary J. Stern, *The Drucker Foundation Self-Assessment Tool*: *Process Guide* (San Francisco: Jossey-Bass, 1998).

## 第三章 识别和评估新的机遇

Peter C. Brinckerhoff, *Mission-Based Management*: *Leading Your Not for Profit into the 21st Century* (New York: John Wiley & Sons, 1998).

William D. Bygrave, *The Portable MBA in Entrepreneurship*, ed. 2 (New York: John Wiley & Sons, 1997).

R. E. Gruber and M. Mohr, "Strategic Management for Multiprogram Nonprofit Organizations," *California Management Review*, Spring 1982, pp. 15-22.

Peter Schwartz, *The Art of the Long View*: *Planning for the Future in an Uncertain World* (New York: Doubleday, 1996).

Herbert A Simon, "What We Know About the Creative Process," *paper*, Carnegie-Mellon University.

Howard H. Stevenson, Michael J. Roberts, and H. Irving Grousbeck, *New Business Ventures and the Entrepreneur*, ed. 4 (Burr Ridge, IL: Richard D. Irwin, 1994).

Jim Taylor, Watts Wacker, and Howard Means, *The 500 - Year Delta*: *What Happens After What Comes Next* (New York: Harperbusiness, 1998).

Jeffry A. Timmons, *New Venture Creation*: *Entrepreneurship in the 21st Century*, ed. 5 (Burr Ridge, IL: Richard D. Irwin, 1998).

Jeffry A. Timmons, *New Business Opportunities*: *Getting to the Right Place at the Right Time* (Amherst, NH: Brick House Publishing Co., 1990).

*Measuring Program Outcomes*: *A Practical Approach*, United Way manual.

Karl Vesper, *New Venture Mechanics* (Englewood Cliffs, NJ: Prentice Hall, 1992).

## 第四章 资源动员

Amar Bhide, *The Origin and Evolution of New Businesses* (New York:

314

Oxford University Press，2000).

Amar Bhide and Howard H. Stevenson，" Attracting Stakeholders，" *Harvard Business School*，note #389-139.

J. Gregory Dees，"Enterprising Nonprofits，" *Harvard Business Review*，Jan. -Feb. 1998.

Malcolm Gladwell，*The Tipping Point*：*How Little Things Can Make a Big Difference*（Boston：Little Brown & Company，2000).

Kay Sprinkel Grace，*Beyond Fund Raising*：*New Strategies for Nonprofit Innovation and Investment*（New York：John Wiley & Sons，1997).

Regina Herzlinger，" Effective Oversight：A Guide for Nonprofit Directors，" *Harvard Business Review*，July-August 1994.

Dick Levin，*Buy Low*，*Sell High*，*Collect Early & Pay Late*（Englewood Cliffs，NJ：Prentice-Hall，1983).

Rita Gunther McGrath and Ian MacMillan，" Discovery-Driven Planning，" *Harvard Business Review*，July-Aug. 1995.

Robert D. Putnam，*Bowling Alone*：*The Collapse and Revival of American Community*（New York：Simon & Schuster，2000).

Bob Reiss with Jeffrey L. Cruikshank，*Low Risk*，*High Reward*：*Starting and Growing Your Business with Minimal Risk*（New York：Free Press，2000).

Jennifer A. Starr and Ian C. MacMillan，"Resource Cooptation via Social Contracting：Resource Acquisition Strategies for New Ventures，" *Strategic Management Journal*，vol. 11，1990.

## 第五章　履行受托责任的社会企业家

Adam Brandenberger and Barry Nalebuff，*Co-opetition*：*A Win/Win Mindset that Redefines Competition and Cooperation in the Marketplace*，（New York：Doubleday，1996).

Marc J. Epstein and Bill Birchard，*Counting What Counts*：*Turning Corporate Accountability to Competitive Advantage*（Cambridge，MA：Perseus Publishing，1999).

*Harvard Business Review on Nonprofits*（Boston：Harvard Business School Press，1999).

R. Edward Freeman, *Strategic Management: A Stakeholder Approach* (New York: HarperInformation, 1986).

Regina E. Herzlinger, "Can Public Trust in Nonprofits and Government be Restored?" *Harvard Business Review*, March-April 1996.

Regina E. Herzlinger, "Effective Oversight: A Guide for Nonprofit Directors," *Harvard Business Review*, July-August 1994.

Laura L. Nash, *Good Intentions Aside: A Manager's Guide to Resolving Ethical Problems* (Boston: Harvard Business School Press, 1993).

Oliver Williamson, *The Economic Institutions of Capitalism* (New York: Free Press, 1985).

## 第六章 理解风险、社会企业家和风险管理

Max H. Bazerman, *Judgment in Managerial Decision Making*, ed. 4 (New York: John Wiley & Sons, 1997).

William D. Bygrave, *The Portable MBA in Entrepreneurship*, ed. 2 (New York: John Wiley & Sons, 1997).

Hugh Courtney, Jane Kirkland, and Patrick Viguerie, "Strategy Under Uncertainty," *Harvard Business Review*, November-December 1997.

Ron S. Dembo and Andrew Freeman, *Seeing Tomorrow: Rewriting the Rules of Risk* (New York: John Wiley & Sons, 1998).

Robert F. Haebert and Albert N. Link, *The Entrepreneur: Mainstream Views and Radical Critiques* (Westport, CT: Praeger Publishers, 1982).

John S. Hammond, Ralph L. Keeney, and Howard Raiffa, *Smart Choices: A Practical Guide to Making Better Decisions* (Boston: Harvard Business School Press, 1998).

*Harvard Business Review on Managing Uncertainty* (Boston: Harvard Business School Press, 1999).

Robert D. Hisrich and Michael P. Peters, *Entrepreneurship: Starting, Developing, and Managing a New Enterprise*, ed. 3 (Burr Ridge, IL: Richard D. Irwin Publishers, 1994).

Robert D. Hisrich and Candida Brush, *The Woman Entrepreneur: Starting, Financing, and Managing a Successful New Business* (Lexington, MA: Lexington

316

Books，1990）．

Jim Schell，*The Entrepreneur Magazine Small Business Answer Book*：*Solutions to the 101 Most Common Business Problems*（New York：John Wiley & Sons，1996）．

William A. Sahlman，Howard H. Stevenson，Michael J. Roberts，and Amar Bhide，*The Entrepreneurial Venture*（Boston：Harvard Business School Press，1999）．

Richard W Snowden，*The Complete Guide to Buying a Business*（New York：AMACOM Publishing，1994）．

## 第七章　掌握创新的艺术

David Bornstein，*The Price of a Dream*：*The Story of the Grameen Bank and the Idea that is Helping the Poor to Change Their Lives*（New York：Simon & Schuster，1996）．

Clayton M. Christensen，*The Innovator's Dilemma*（Cambridge，MA：Harvard Business School Press，1997）．

Donald K. Clifford and Richard E. Cavanagh，*The Winning Performance*（New York：Bantam Books，1985）．

Grameen Bank；www. grameen. com.

Alice Howard and Joan Magretta，"Surviving Success：An Interview with the Nature Conservancy's John Sawhill，" *Harvard Business Review*，Sep. -Oct. 1995.

Paul C. Light，*Sustaining Innovation*：*Creating Nonprofit and Government Organizations that Innovate Naturally*，（San Francisco：Jossey-Bass，1998）．

Geoffrey Moore，*Crossing the Chasm*（New York：Harper，1991）．

The Nature Conservancy；www. tnc. org.

Thomas Peters and Robert H. Waterman，*In Search of Excellence*：*Lessons from America's Best-Run Companies*（New York：Harper & Row，1982）．

John C. Sawhill，"Mission Impossible? Measuring Success in Nonprofit Organizations，" *paper*，1999.

Michael L. Tushman and Charles A. O'Reilly III，*Winning through Innovation*：*A Practical Guide to Leading Organizational Change and Renewal*

（Boston：Harvard Business School Press，1997）.

Muhammad Yunus，*Banker to the Poor*：*Micro-Lending and the Battle against World Poverty*（New York：Public Affairs，a member of the Perseus Books Group，1999）.  317

## 第八章  了解和吸引你的"客户"

James C. Anderson and James A. Narus，"Business Marketing：Understand What Customers Value，" *Harvard Business Review*，November-December 1998.

Alan Andreasen，"Cost-Conscious Marketing Research，" *Harvard Business Review*，July-August 1983.

Emily Barker，"The Inner City 100：Creative Branding，" *Inc.* magazine，May 1999.

Thomas Billitteri，"'Branding'：A Hot Trend for Charities，" *the Chronicle of Philanthropy*，May 29，1999；www. philanthropy. com，registration required Jim Collins and Bill Lazier，*Beyond Entrepreneurship*：*Turning Your Business into an Enduring Great Company*（Englewood Cliffs，NJ：Prentice Hall Press，1995）.

Barbara J. Elliot，"A Job Tree Grows in Brooklyn，" Center for Renewal，January 1997；www. centerforrenewal. org.

R. E. Gruber and M. Mohr，"Strategic Management for Multiprogram Nonprofit Organizations，" *California Management Review*，Spring 1982，p. 15-22. Jessica Hale，"The Secret Ingredient，" Business Start-Ups Online，December 1997；www. entrepreneur. com.

*Harvard Business Review on Nonprofits*（Cambridge，MA：Harvard Business School Press，1999）.

Gene Koprowski，"Smart Companies Use Public Relations Tactics to Get Good Ink，" in Dallas Murphy，*The Fast Forward MBA in Marketing*.

Rebecca K. Leet，*Marketing for Mission*（Washington，DC：National Center for Nonprofit Boards，1998）.

Christine W Letts，William P. Ryan，and Allen S. Grossman，*High Performance Nonprofit Organizations*：*Managing Upstream for Greater Impact*（New

York: John Wiley & Sons, 1998).

Jay Conrad Levinson, *Guerilla Marketing Excellence: The 50 Golden Rules for Small-Business Success* (Boston: Guerilla Marketing Series, Houghton Mifflin Company, 1993).

Joshua Macht, "The Inner City 100," *Inc.* magazine, May 1999.

Joshua Macht, "The New Market Research," *Inc.*, July 1998.

Mercer Management Consulting, "Managing Brands as Strategic Assets": A Mercer Commentary, 1997; www. mercermc. com.

Sharon M. Oster, *Strategic Management for Nonprofit Organizations: Theory and Cases* (New York, London: Oxford University Press, 1995).

Larry T. Patterson and Charles D. McCullough, "A Market Study Methodology for Small Business," *Journal of Small Business Management*, July 1980, p. 30.

Michael Porter and Anne Habiby, "Understanding the Economic Potential of the Inner Cities," *Inc.* magazine, May 1999.

V. Kasturi Rangan, Sohel Karim, and Sheryl K. Sandberg, "Do Better at Doing Good," *Harvard Business Review*, May-June 1996.

Adrian Slywotzy and David Morrison, *The Profit Zone: How Strategic Business Design Will Lead You to Tomorrow's Profits* (New York: John Wiley and Sons, 1998).

Tom Stemberg with Stephanie Gruner, "Spies Like Us," *Inc.* magazine, June 1998.

Alan Webber, "The World's Greatest Brands," *Fast Company*, August 1997; www. fastcompany. com.

## 第九章　财务管理

Robert N. Anthony, *Essentials of Accounting* (sixth edition), (Reading, MA: Addison-Wesley Publishing Company, 1997).

Jody Blazek, *Tax Planning and Compliance for Tax-Exempt Organizations*, (New York: John Wiley and Sons, 1993).

Peter C. Brinckerhoff, *Mission-Based Management*, (New York: John Wiley and Sons, 1994).

Peter C. Brinckerhoff, *Financial Empowerment*, (New York: John Wiley and Sons, 1996).

Malvern J. Gross, Jr, William Warshauer, Jr., Richard F. Larkin, *Financial and Accounting Guide for Not-for-Profit Organization* (fourth edition), (New York: John Wiley and Sons, 1991).

Thomas A. McLaughlin, *Streetsmart Financial Basics for Nonprofit Managers*, (New York: John Wiley and Sons, 1995).

Thomas A. McLaughlin, *Trade Secrets for Nonprofit Managers*, (New York: John Wiley and Sons, 2001).

### 网址

FASB

http://www.rutgers.edu/Accounting/raw/fasb/

Summary of FASB 116

http://www.1800net.com/nprc/fasb116.html

Summary of FASB 117

http://www.1800net.com/nprc/fasb117.html

IRS Form 990　　　　　　　　　　　　　　　　　　　　319

http://www.irs.ustreas.gov/prod/forms_ pubs/forms.html

### 其他相关网站

www.guidestar.org

www.wiley.com

www.nptimes.com

www.redf.org

# 索　引

**图书在版编目（CIP）数据**

创业型非营利组织：社会企业家的战略工具／（美）
J.格雷戈里·迪斯（J. Gregory Dees），（美）杰德·艾
默生（Jed Emerson），（美）彼得·伊卡诺米
（Peter Economy）编；李博，崔世存译. -- 北京：社
会科学文献出版社，2021.10
（非营利管理译丛）
书名原文：Enterprising Nonprofits：A Toolkit
for Social Entrepreneurs
ISBN 978-7-5201-8779-4

Ⅰ.①创… Ⅱ.①J… ②杰… ③彼… ④李… ⑤崔…
Ⅲ.①非营利组织-组织管理 Ⅳ.①C912.21

中国版本图书馆 CIP 数据核字（2021）第 174195 号

· 非营利管理译丛 ·

## 创业型非营利组织：社会企业家的战略工具

编　　者／〔美〕J.格雷戈里·迪斯、〔美〕杰德·艾默生、〔美〕彼得·伊卡诺米
译　　者／李　博　崔世存

出 版 人／王利民
责任编辑／高　媛　张建中
责任印制／王京美

出　　版／社会科学文献出版社·政法传媒分社（010）59367156
　　　　　　地址：北京市北三环中路甲 29 号院华龙大厦　邮编：100029
　　　　　　网址：www.ssap.com.cn
发　　行／市场营销中心（010）59367081　59367083
印　　装／三河市龙林印务有限公司

规　　格／开　本：787mm×1092mm　1/16
　　　　　　印　张：22　字　数：349 千字
版　　次／2021 年 10 月第 1 版　2021 年 10 月第 1 次印刷
书　　号／ISBN 978-7-5201-8779-4
著作权合同
登 记 号／图字 01-2018-5567 号
定　　价／118.00 元